守正·精业·创新

——上海市新陆职业技术学校征文案例选

王海英　主编

上海交通大学出版社
SHANGHAI JIAO TONG UNIVERSITY PRESS

内容提要

本书为职业教育的教学和实践案例，内容丰富，具有借鉴意义。例如，在总结创新学前教育专业"中本、中高贯通试验"人才培养模式的基础上，开展双证融通人才培养模式，引入国际课程与证书，拓展师生国际视野和专业能力；在汽车运用与维修专业上，采用"永达冠名班"培养模式，提前将永达企业文化融入课堂教学，定期组织师生参与企业活动；在艺术设计新专业上，对标课程标准和企业用人需求，加强实践教学，让学生乐享专业学习；在果洛藏族学生的课程安排中，大力弘扬民族传统文化，加深汉藏融合，打造特色校园，乐享职业体验，探索教与学"1+1"结合。本书可作为职业教育教学和研究的参考用书。

图书在版编目（CIP）数据

守正·精业·创新：上海市新陆职业技术学校征文案例选 / 王海英主编 . —上海：上海交通大学出版社，2022.7

ISBN 978-7-313-27055-9

Ⅰ.①守… Ⅱ.①王… Ⅲ.①中等专业学校 – 教案（教育）– 汇编 – 上海 Ⅳ.① G718.3

中国版本图书馆 CIP 数据核字 (2022) 第 117096 号

守正·精业·创新——上海市新陆职业技术学校征文案例选
SHOUZHENG JINGYE CHUANGXIN——SHANGHAISHI XINLU ZHIYE JISHU XUEXIAO ZHENGWEN ANLIXUAN

主　　编：王海英			
出版发行：上海交通大学出版社	地　　址：上海市番禺路 951 号		
邮政编码：200030	电　　话：021-64071208		
印　　刷：上海天地海设计印刷有限公司	经　　销：全国新华书店		
开　　本：710mm×1000mm　1/16	印　　张：19.75		
字　　数：310 千字			
版　　次：2022 年 7 月第 1 版	印　　次：2022 年 7 月第 1 次印刷		
书　　号：ISBN 978-7-313-27055-9			
定　　价：78.00 元			

编委会成员

主　编：王海英

编　委：王海英　俞　燕　魏　魏

　　　　徐　晖　丁维忠　陈扬兴

序 一

我郑重推荐《守正·精业·创新》一书。上海市新陆职业技术学校教师们将平时在职业教育过程中的所思所想、所感所念，通过案例形式记录下来，真诚、温暖、感人。我以为，守正者就是坚持培养学生"铁的纪律、金的人格"，精业者就是教育者要做到"灯亮一盏、光撒成片"，创新者就是学校的所有师生要努力"与时俱进、日新月异"。这本书是可以启迪人的。

周汉民

2022 年 6 月 20 日

序　二

似水流年，我们踏着 2021 年的脚步，不经意地迈进了 2022 年的门槛。笑看祖国大地生机盎然，千帆竞发，风景如画，欢欢喜喜地迎接虎年的到来。

刚刚结束的十九届六中全会，是在我们党百年华诞之际，在全面建成小康社会、实现第一个百年奋斗目标、开启全面建设社会主义现代化国家新征程的重大历史节点召开的一次极为重要的会议，对于推动全党进一步统一思想、统一意志、统一行动，团结带领全国各族人民夺取新时代中国特色社会主义新的伟大胜利，具有重大现实意义和深远历史意义。

在"两个一百年"交汇节点，中共上海市新陆职业技术学校支部委员会在新区教育局党工委的领导下，全面贯彻落实中央、市委、区委、局党工委部署要求，紧紧围绕"学党史、悟思想、办实事、开新局"的指示，结合学校工作，扎实开展党史学习教育活动。《守正·精业·创新》案例的出版，总结了学校党组织面对新的历史使命，在思想上、政治上、行动上，切实做到学史明理、学史增信、学史崇德、学史力行，不断深化党员同志党性修养的经验和成果；展现了爱党爱国、教书育人、敬业爱岗、无私奉献的优秀人物与事迹；激励了新陆职校党支部以更加昂扬的精神状态和奋斗姿态加快职业教育的发展。

不久前，教育部等九部门印发的《职业教育提质培优行动计划（2020—2023 年）》中明确应"提质培优、增值赋能、以质图强，加快推进职业教育现代化"，正如鲁迅先生曾经说过："愿青年都摆脱冷气，只是向上走，不必听自暴自弃者流的话。能做事的做事，能发声的发声。有一分热，发一分光。"新时期职业教育的发展更应紧紧跟随中国共产党的步伐，以昂扬向上的精气神，奋进新时代，开启学校第十四个五年新的征程。

历史是留给我们最好的一本教科书，新陆职校党支部深入地进行党史学习的教育，让全体党员铭记历史，不忘初心，筑牢守初心担使命的思想根基；让党员干部知史爱党、知史爱国，不断强化爱党爱国的思想自觉和行动自觉；让全校师生以史为师、以史为鉴，把新时代的长征路走得更稳更好。以大历史观察古观今，从社会制度的兴废变迁中、从不同文明的盛衰转移中、从中国与世界的交流互动中，探究规律、总结经验，掌握历史思维、获得历史启迪，用历史智慧助力职业教育复兴，让历史之光照亮学校的未来。

习近平总书记指出："历史的启迪和教训是人类的共同精神财富。忘记历史就意味着背叛。"这深刻揭示了坚持正确历史观的科学内涵和基本要求，新陆职校党支部只有学习历史、研究历史，自觉运用蕴含其中的文明进步的思想精华，不断发掘和继承人类创造的一切优秀思想文化，才能更好认识世界、认识社会、认识自己，才能建设一个更加美好的新陆职业技术学校。

高国忠

浦东新区教育局党工委书记、局长

2022 年 1 月

序 三

在全国职业教育大会上，习近平总书记表达了"在全面建设社会主义现代化国家新征程中，职业教育前途广阔、大有可为"的殷切期盼，对"坚持立德树人，优化职业教育类型定位，深化产教融合、校企合作，深入推进育人方式、办学模式、管理体制、保障机制改革"作出重要指示，为职业教育新发展提供了根本遵循，指明了发展方向。落实全国职业教育大会精神，大力推进新时代职业教育的高质量发展尤为迫切，而把优化类型定位作为推动职业教育高质量发展的重大战略性举措，则抓住了我国现代职业教育高质量发展的关键和根本。

职业教育落实立德树人根本任务，充分体现了当代职业教育的"高度"。要坚持"守正""精业""创新"三者统一，以"守正"确保方向不偏、底色不改、基因不变、根本不松；以"精业"突显德技并修、产教融合、校企合作、育训结合；以"创新"更新职教理念、强化队伍、优化内容、革新形式，从而回答好职业教育"培养什么人、怎样培养人、为谁培养人"这一根本性问题。我们看到上海市新陆职业技术学校的《守正·精业·创新》案例的创作，正是学校提高政治站位，强化责任担当，把习近平总书记对职业教育"大有可为"的殷切期盼，转化为职业教育"大有作为"的具体行动。

从"层次"到"类型"，职业教育已驶入改革发展的快车道，在实现职业教育立德树人"高度"的同时，也要打造职业教育的"温度"，关爱职校教师与学生，让教师"乐教"，学生"乐学"，让职业教育成为教师发展、学生成才的力量之源。"国将兴，必贵师而重傅"，德技并修的专业化教师队伍，是职业教育特色与优势的突出展示，是提升教学质量、促进职业教育长足发展的重要保障。《守正·精业·创新》案例集充分展现了当代职校教师们用自己的实际行动坚持在教学中探索，在教书中研究，在职教改革中奉献社会，用锐意进取演绎着平凡而崇高的事业。

该案例集扎根一线教育教学，锚定学校办学目标，重在坚持，在"守正"上下功夫；成在实践，在"精业"上做文章；贵在改革，在"创新"上求突破。它是新陆职校师生砥砺求索，用改革推动发展，用发展凝聚人心，奋力逐梦，踏实落笔，擘画的一幅精彩的新时代"新陆画卷"："引领篇"展示了建党百年之际，学校扎实推进党史学习教育，切实把学习成效转化为推动教育改革发展的强劲动力；"思政篇"构建了具有职业教育特色的课程思政教学模式，在专业教育之中有效实施德育渗透，有机融入了劳动精神、工匠精神、民族精神、社会主义核心价值观等教育内容；"实践篇"结合了专业教育、中高贯通、对口支援等视角充分展示学校在专业设置和人才培养模式上的创新之举。

在迈入新发展阶段、构建新发展格局的大背景下，职业教育进入了提质培优、增值赋能的新阶段。希望新陆职校抢抓机遇，在伟大的时代中准备好承担自己的使命，不驰于空想、不骛于虚声，勇做职业教育改革发展的排头兵，勇做时代之问的答卷人，勉力敬事，拓路踏歌，创新驱动，深挖内涵，以培养大国工匠为己任，以人才培养质量高、社会服务声誉好的优质职教名校为目标，奋楫笃行，逐梦未来！

马树超

上海市职业教育协会会长

2022 年 1 月

前　言

习近平总书记指出，发展职业教育"前途广阔、大有可为"，这从党和国家工作全局的高度，深刻阐明了发展职业教育的重大意义。为贯彻党的十九届五中全会精神，扎实推进学校"十四五"规划各项目标任务，进一步提升办学能力，集中体现学校教学改革成果的《守正·精业·创新》案例集应时而生。

本案例集于2021年秋经校党支部和校长室倡议，教学科研部门参与，历经了教师个人申请、团队研讨和专家评审等环节才逐步成型。42篇案例成果凝聚了学校教师平时教育教学中诸多的思考，反映了学校近年来各项教育教学成果，体现了新陆人对职业教育的探索与实践。

本案例集厚植一线教育教学，内容源于我校专业布局和专业设置的特色，体现了我校在专业设置和人才培养模式上的创新之举。学前教育专业在总结"中本、中高贯通试验"的基础上，开展双证融通人才培养模式探索，引入国际课程与证书，拓展师生专业能力和国际视野。汽车运用与维修专业采用"永达冠名班"培养模式，提前将永达企业文化融入课堂教学，定期组织师生参与企业活动；艺术设计新专业则对标课程标准和企业用人需求，加强实践教学，让学生乐享专业学习。在果洛藏族学生的课程安排中，大力弘扬民族传统文化，加深汉藏融合，打造特色校园，加强职业体验，探索教与学"1+1"结合。本案例集深入展示了学校"强文化基础＋强技能训练"和"强工匠精神＋强信息素养"的实践模式。

本案例集在汇编过程中，始终坚持立德树人根本目标，擦亮育人底色，用红色基因涵养时代新人，使之成为学校育人的主方向。尽管中等职业教育担负多重职责，但是立德树人始终是学校发展着眼的根基。在收录的案例中，拥有相当篇幅的学科育人思考，集中体现了我校建构的"学科、专业、课程、教师、教材"＋"思政"五位一体的课程思政建设体系，提炼了大量本校师生深度参与的经典励志故事，建成了内容丰富、特色鲜明的教育教学资源库。

　　本案例集不仅是对学校内涵建设历程和轨迹的记录，更是学校夯实基础、转型发展、深化内涵、创新提升的生动写照。全体新陆人要在新区教育局的领导下，在区域经济社会的引领下，开启征程，多思力行，乘着职业教育发展的东风，秉持木铎之心，素履之往的教育追求，朝着建成"特色鲜明、市区知名、质量优异的品牌学校"的目标阔步迈进。未来已来，将至已至，我们将继续守正创新，行稳致远地引领师生走向更宽广的人生！

王海英

上海市新陆职业技术学校党支部书记、校长

2022 年 1 月

目 录

实践篇

引领篇

学史力行践初心　砥砺奋进开新局

上海市新陆职业技术学校

王海英　张华　俞燕　徐晖　陆浩磊

【摘　要】全党开展党史学习教育以来，上海市新陆职校党支部在上级党委的正确领导下，全面贯彻落实中央、市委、区委、教育党工委部署要求，深入学习贯彻习近平总书记在党史学习教育动员大会上的重要讲话精神，紧紧围绕"学党史、悟思想、办实事、开新局"的目标要求，结合学校工作实际，扎实开展党史学习教育活动。基于此，本文以案例形式展示了新陆职校党史学习教育期间的所学所思所行所悟，切实把学习成效转化为推动教育改革发展的强劲动力，努力开创"十四五"时期学校发展的新局面。

【关键词】党史学习教育　党的建设　立德树人　高质量发展

一、实施背景

（一）党史学习的宏大历史背景与时代意义

在全党开展党史学习教育，是党中央立足党的百年历史新起点、统筹中华民族伟大复兴战略全局和世界百年未有之大变局、为动员全党全国满怀信心投身全面建设社会主义现代化国家而作出的重大决策。在党史学习教育动员大会上，习近平总书记指出，在庆祝我们党百年华诞的重大时刻，在"两个一百年"奋斗目标历史交汇的关键节点，在全党集中开展党史学习教育，正当其时，十分必要。习近平总书记的重要文章《在党史学习教育动员大会上的讲话》中也明确党史学习的三个重要意义："第一，在全党开展党史学习教育，是牢记初心使命、推进中华民族伟大复兴历史伟业的必然要求。第二，在全党开展党史学习教育，是坚定信仰信念、在新时代坚持和发展中国特色社会主义的必然要求。第三，在全党开展党史学习教育，是推进党的自我革命、永葆党的生机活力的必然要求。"

（二）学校开展党史学习教育的现实意义

2021年，是中国共产党成立100周年，是全面建设社会主义现代化国家新征程的开启之年，是实施"十四五"的开局之年，也是浦东建设上海市教育综合改革示范区的启动之年。在这极其特殊而重要的年度里，新陆职校党支部遵循浦东新区教育工作党委工作要点、浦东新区教育系统基层党建工作责任制要点和高中中心党委工作要点，以党的十九大和十九届四中、五中全会精神为指导，深入学习贯彻习近平新时代中国特色社会主义思想，深入开展中共党史学习教育，进一步激励党员不忘初心，牢记使命。学校以育人方式改革和大中小学思政一体化建设为主线，进一步加强和改进党支部思想建设、组织建设和作风建设，不断增强党组织的战斗力和凝聚力，充分发挥党组织的政治核心作用，为学校高质量发展提供坚强的思想和组织保障。

二、实施目标

本案例的实施目标是：紧密围绕学习宣传贯彻习近平新时代中国特色社会主义思想，把学习宣传习近平总书记在庆祝中国共产党成立100周年大会上的重要讲话精神作为当前理论武装工作的重中之重，并将该讲话精神作为党史学习教育的核心内容。积极组织引导师生善用百年党史中的"信仰故事"，彰显"信仰力量"，从党史学习中激发信仰、坚定自信，不断增强做中国人的志气、骨气、底气，胸怀"国之大者"，涵养家国情怀，将个人理想与国家、民族的命运紧密相连，树立为祖国为人民永久奋斗、赤诚奉献的坚定理想，书写人生华丽篇章。学校党支部将围绕学校教育教学这一中心工作，团结带领全体党员干部和教职工，以昂扬向上、奋发有为的精神状态，脚踏实地、真抓实干的工作作风，凝心聚力、开拓进取，为学校更快更好发展而不懈努力。

三、实施过程

（一）高度重视，迅速安排部署

新陆职校党支部高度重视党史学习教育工作，在教育局工作党委召开党史学习教育部署会后，2021年3月成立以党支部书记王海英同志为组长的党史学习教育领导小组，认真学习习近平总书记在党史学习教育动员大会上的讲话精神、落实党史学习教育有关要求。3月26日，召开了党史学习教育动员大会，动员全校上下深刻领会和把握党史学习教育的重大意义，对"百年激荡、点亮之旅"主题系列活动的"九个一"学习实践进行了安排部署。为进一步推进党史学习教育工作，学校根据上级党委党史学习教育文件精神要求，于5月21日研究制定了《上海市新陆职校党支部党史学习教育实施方案》《党史学习教育重点工作分工方案》，明确了具体任务、完成时限、责任人，使全校党史学习教育有章可循，努力做到党史学习教育组织到位、人员到位、工作到位、责任到位。7月14日，校党支部研究制定了"学党史、悟思想、办实事、开新局"党史学习教育专题组织生活会方案，并于7月29日在学校国学园会议室召开全体党员大会。

（二）精心策划，稳步推进落实

学校党支部认真贯彻落实习近平总书记提出的党史学习要求，切实增强学习的政治自觉、思想自觉和行动自觉，准确把握党史学习教育的目标要求、学习方向以及工作安排，高标准高质量地组织开展了形式多样、内容丰富的学习教育活动。如：组织党员坚持每周1小时的自学和每月1次的集中学习活动；结合"学习读书会"品牌开展了深入学习习近平总书记在党史学习教育动员大会上的重要讲话和习近平《论中国共产党历史》的专题学习；党章专题学习交流活动；党史学习系列读书活动；井冈山精神、长征精神、抗疫精神的专题学习交流活动等。组织开展了丰富多彩的"永远跟党走"主题学习教育活动，如：组织师生到高桥烈士陵园参加祭扫活动，进行爱国主义教育；重走杨浦滨江感受祖国发展变化；到嘉兴南湖革命纪念馆，传承红船精神；到四史展览馆，重温入党誓词，过"政治生日"等。通过对红色资源的参观瞻仰和学习教育活动，引导青少年厚植爱党爱国爱社会主义的情感，让红色基因、革命薪火代代传承。学校党支部非常注重对学生进行节日里的党史教育和"四史"宣传教育，在清明节、五四青年节、上海解放日等节日里，组织学生开展了"青春筑梦想、永远跟党走""少年学党史""讲党史故事比赛"等活动。在党史宣讲方面，学校党支部邀请专家到学校为师生开展了《鲁迅风骨和鲁迅精神》《追寻浦东的红色足迹》等主题讲座，使广大师生进一步了解革命志士的红色精神和爱国情怀。党员教师们积极参加了党史宣讲活动，走进班级进行微讲座，还将一个个鲜活感人的党史故事制作成音频资料，在学校公众号里进行专题推送，引导青年学生学党史、感党恩、跟党走，激发青年一代奋进力量。6月29日，按照上级党委要求，学校党支部召开了七一前夕的专题组织生活会，党员们交流党史学习心得体会，支部书记王海英同志给全体党员们上了一节主题为《中国共产党早期革命与上海石库门》的专题党课，带领大家一起缅怀老上海，从红色故事中汲取前行的力量，将红色精神发扬光大。6月30日，学校全体党员及部分学生来到了位于浦东的四史教育馆参观学习，了解党和国家的发展。通过这次活动，师生们又学到了许多关于党的历史，同时激发了师生们爱党爱国的热情。

（三）办好实事，厚植为民情怀

学校党支部坚持以习近平新时代中国特色社会主义思想为指导，把学习党史同总结经验、观照现实、推动工作相结合，弘扬党的光荣传统、优良作风，践行党的初心使命、根本宗旨，扎实开展"我为群众办实事"实践活动，组织开展了各类志愿服务活动。如：为退休教职工送清凉送温暖；为高行消防支队的官兵们开展硬笔书法课程教学；组织全校师生进行爱心义卖为困难学生送去温暖等。在藏族学生突发病症需要进行肝脏手术时，我们的党员领导干部第一时间联系东方医院医护人员沟通学生病情，并一直守护在手术室外，直到学生苏醒，学校还为学生妥善安排了护工进行全程照顾，让她远在家乡的亲人安心放心，真正落实了习近平总书记寄予的"手足相亲、守望相助"的工作要求，铸牢了中华民族共同体意识。今年年初，我校有一名党员教师家里突发事故失去了亲人，家庭、生活、工作和自己的精神状态都面临极大困境，学校党支部和工会全方位给与她和家庭无微不至的关心和帮助，让她感到了组织的力量和温暖，对生活重拾了信心，身心逐渐恢复，目前已回归学校开始工作。暑假期间，学校党政工领导冒着酷暑，对80岁以上的退休教工进行了送清凉家访慰问，每位党员教师也对结对的退休教工送上了电话慰问，让退休教工们感受到了组织的温暖。对于青海果洛的孤儿学生，学校党支部也给与了无微不至的关心与资助，让她们深深地感受到了来自学校的温暖与爱护。

四、实施保障

(一)组织动员,激发全员党史学习教育热情

支部组织全体党员深入学习贯彻习近平总书记在党史学习教育动员大会上的重要讲话精神,严格按照《中共中央关于在全党开展党史学习教育的通知》等要求开展学习,组织集中收看庆祝中国共产党成立100周年大会直播,并分党小组围绕习近平总书记在庆祝大会上的重要讲话精神开展学习讨论,深入贯彻落实习近平总书记"七一"重要讲话精神,及时学习贯彻落实《中国共产党组织工作条例》等,开展主题活动当日,党员教师们面对鲜红的党旗庄严宣誓,在党史学习中变被动为主动,掀起党史学习热潮。

(二)加强教育,提升广大党员干部理论素养

历史是最好的教科书,党史是最好的营养剂。学校通过支部书记上党课等多种形式的教育活动开展党史学习教育,鼓励全校党员,聚焦重点内容,深挖党史"富矿",确保学有所知、学有所悟、学有所得。支部结合学校发展实际,组织党员干部学习习近平总书记在中青年干部培训班开班式上重要讲话精神,要求党员干部要对标"七种能力",持之以恒加强党性淬炼,切实提高政治判断力、政治领悟力和政治执行力。

(三)创新活动,推动党史学习教育走深走实

在中国共产党建党一百周年之际,以"百年激荡 点亮之旅"为主题,依托丰富的红色资源和厚重的红色文化,积极创新党员教育学习形式,如:党建知识竞赛、大手牵小手,带领果洛学生参观红色教育基地、撰写党建工作案例、讲好优秀党员的小故事、党员微党课等形式,进一步加强党史教育、传承红色基因、弘扬优良传统,引导党员干部不忘革命初心、担当时代使命。支部还通过挖掘传承红色基因,组织相关现场实地实物的参观学习,以及共绣党旗、党史诗歌朗诵、参观黄炎培故居等活动,让党员们在丰富的实践活动中学党史,在行动中强信念,高举信仰之旗,汲取前进力量。

五、特色与成果

(一)融入传统文化,抒发爱国情怀

在党史学习教育过程中,学校党支部充分结合学校的专业特色、发掘民族文化课程资源,发挥优秀教师的专业技艺,将党史学习教育和主题

教育活动的开展变得更加富有民族传统特色，更能走进师生心里。在"永远跟党走"主题教育活动中，组织党员老师们与学生一起进行了绣党旗活动。美术教研组何宁老师带领学生同党员们一起共绣红旗，一针一线绣出对党的无限忠诚和热爱，绣出对美好生活的无限憧憬和向往。侯俭燕老师带领全体党员和学生代表一起进行了手工制作教学活动，学习用手工纸折党徽、折党旗，通过生动的折纸主题教学活动，进一步增强了青少年的爱党爱国情怀。这些活动充分调动了党员们党史学习的积极性和主动性，激励党员老师们将对党的热爱转化为前进的动力，认真做好本职工作，用实际行动践行共产党人的初心和使命，在全校营造了爱党、敬党、颂党的良好氛围。师生积极参加建党百年系列比赛活动，孙隽云等老师指导的《红船载初心 青春担使命》影视作品荣获上海市二等奖。

（二）用心对口帮扶，聚力民族团结

新陆职校有着一群来自青海果洛州的"格桑花"。自从2013年学校开始承担对口支援工作任务以来，学校党支部、果洛民族班工作组以及专业部和任课教师们在思想上十分关心她们的成长，在学习和生活上也都给予了她们无微不至的关怀。几年来，学校已为青海省果洛藏族自治州培养了一百多名幼儿教师基础人才。目前，在校就读的学生有56名，为了丰富她们的课余文化生活，增强她们的融入感和归属感，学校为她们精心组织策划了各种形式多样、内容丰富的活动。如：节假日里带她们走进上海博物馆、科技馆、自然博物馆进行参观学习，为她们过集体生日等让她们感受组织的关怀和温暖。在喜迎党的百年华诞之际，学校党支部组织民族班的学生们到二大会址纪念馆、宋庆龄故居等红色圣地接受党的教育和思想洗礼；组织开展了大手牵小手红色之旅活动，党员老师们带着她们参观了嘉兴南湖纪念馆，给她们讲红船故事和红船精神，她们在鲜活的故事中感悟到了党的初心使命，增进了爱党、爱国情怀和民族自豪感，进一步激发了她们奋发图强，建设家乡，报效祖国的决心和感恩之情。

（三）团课示范引领，教研成效显著

新陆职校的教师们以党史学习教育为契机，积极地把学习成果转化为解决实际问题的能力，提升工作水平。我校孙隽云老师在浦东新区率先推出的"中学共青团公开课"中，鲜活演绎了"浦东新区中学共青团标准化课程"，吸引了台下近百名高中和职校的团委书记聆听，不但引导了学生树立远大理想、热爱伟大祖国、担当时代责任，也展示了浦东新区标准中学团课的新风尚。此外，新陆职校的教师也持续将党史学习教育成效转化为工作动力，不断提升教学科研能力，真正做到"学史力行"。在国家教材委员会组织开展的首届全国教材建设奖评选工作中，新陆职校主持编写的《幼儿卫生与保健（第二版）》获全国优秀教材（职业教育与继续教育类）二等奖，也是上海唯一一家独立主持编写教材获得该项奖项的中职学校。在其他教学科研项目中，新陆职校也发挥着重要的排头兵作用。在党史学习教育的影响下，在学校科学谋划与教师科研带动下，学校呈现高质量发展的态势，在专业内涵建设上取得一定成效，尤其是学前教育专业，作为学校优势专业，上海市精品特色专业，该专业的2021年中本（高）贯通最低录取分数线在浦东新区七所职校中居于榜首。上述这些特色与成果，正是新陆职校党史学习教育期间，深化思想认识、强化行动自觉、全力推动党史学习教育走深、走实的现实成效。

六、体会与思考

回望过往的奋斗路，眺望前方的奋进路，我们必须把党的历史学习好、总结好，把党的成功经验传承好、发扬好。

（一）加强理论武装，夯实学史力行的思想根基

党史学习教育开展以来，学校党支部坚持强化理论武装、深挖红色资源，注重融会贯通，贴心为民服务，高标准高质量推进党史学习教育。但是，在党史学习教育的过程中，我们也时常对照检查，及时发现存在的问题和不足。如：在理论学习过程中，由于教育教学工作繁忙，集中学习时间有限等因素，使得理论学习变得碎片化，存在理论学习系统性不足，学习深度不够等问题。党史学习教育事关学校固本铸魂工作的成效，事关广大师生坚定信仰信念的基础，必须健全完善党史学习教育制度机制，做到常态化落实。要建立理论学习机制，完善理论学习的时间、方法、内容和要求，提升党史理论学习的持续性。对此，学校党支部将加强党小组的学习安排，党小组可以根据组内党员的实际情况，制定小组理论学习计划，通过灵活多样的学习方法，做到全面系统学习与专题研讨相结合，自主学习与集中

学习相结合，写心得体会与专题讨论相结合，切实保证学习质量，提高学习的效果。

（二）聚焦落地增效，提高学史力行的实际效果

学校党支部将继续深入贯彻落实习近平总书记重要讲话精神及市委、区委党史学习教育部署，全面推进党史学习教育走深走实。接下来将着重做好以下工作：夯实党史学习基础，提高政治站位。把坚持集中学习和自学相结合，对不懂的问题集中学、重点学，对不懂的地方经常学、反复学，用心感受真理的力量，真正让广大党员干部群众对党史有一个全面的了解，切实把握好党史学习的关键。而下一步的重点也在于办实事，开新局。党史学习教育的最终目的就是要办实事要开新局。党员干部要时刻牢记党的根本宗旨，切实服务好师生，将推进党史学习教育与学校工作紧密结合，让广大群众深切体会到党史学习教育成果，感受到学校发展的新变化。

学习历史，要用党的实践创造和历史经验启迪智慧、砥砺品格，让我们在复杂形势面前不迷航，在艰巨斗争面前不退缩。新陆职校将以习近平新时代中国特色社会主义思想为指导，继续把学习党史同总结经验、观照现实、推动工作结合起来，把增进为民服务实效作为检验党史学习教育的重要标准和推动工作的强大动力，为推进学校高质量发展和浦东新区乃至上海市职业教育发展贡献更多更大的力量。

参考文献

[1] 陈松友.党史学习教育的百年历程与基本经验[J].北京交通大学学报(社会科学版)，2021（10）.

[2] 任晓锋，王俊涛.关于持续推进党史学习教育的几点思考[J].政工学刊2021(10).

[3] 吴玉婷.让理想信念之光照亮新征程——新时代党史学习教育中"学史增信"的逻辑理路 [J]. 哈尔滨工业大学学报（社会科学版），2021（09）.

[4] 王世京.论以党史学习教育加强基层党建工作的意义和路径[J].党建研究，2021（09）.

回顾历史，传承梦想，砥砺前行
——学前教育专业提升班主任工作成效的探索

上海市新陆职业技术学校　何宁

【摘　要】笔者借助中职班主任工作这一平台，将党员先锋模范作用融入日常班级管理和育人中进行探索。从国家发展、长辈影响、工作对象等三大视角阐述了实施背景，然后围绕创设主题情境、开展感恩教育，缓解亲子关系、重燃人生理想，创新管理模式、树立责任意识等五大环节具体实施，最后总结出管理创新、拓展德育育人形式等提升德育育人实效的三大特色与成果。

【关键词】党员　班主任　管理　育人　实效

习近平总书记指出，"历史是最好的教科书""中国革命历史是最好的营养剂"。真正了解过去才能正确认识现在，正确认识现在才能科学把握未来。在班级管理和育人中，如何发挥班主任的党员作用，将共产党的发展历史、精神谱系融入具体工作中，是一项值得研究的课题。

一、实施背景

（一）从国家发展角度——学史明理，学史增信

2021年是中国共产党成立100周年，一百年来，中国共产党团结带领中国人民进行的一切奋斗、一切牺牲、一切创造，归结起来就是一个主题：实现中华民族伟大复兴。革命先辈们怀揣着伟大梦想建立了中华人民共和国，让中国人民从此站了起来，为中国历史的发展开启了新纪元。正如习近平总书记在纪念五四运动时的讲话中提到的，"有信念、有梦想、有奋斗、有奉献的人生，才是有意义的人生"。历史和现实都告诉我们，青年一代有理想、有担当，国家就有前途，民族就有希望，实现中华民族伟大复兴就有源源不断的强大力量。

（二）从长辈影响角度——心怀教育，党员先行

笔者的父亲是一名光荣的人民教师，同时也是一名优秀的共产党员。小时候别人对笔者的定位是"何老师的女儿"；对父亲的评价是"英语教得很好！人也很好，很愿意帮助有困难的学生"。而父亲对于上述评价，只会微笑着说："我是共产党员，这都是我应该做的。我有个梦想，就是帮助更多矿上的孩子学好知识，走出去，去看看外面的世界。相信他们的人生会更精彩！"这是一名优秀的老党员的初心，也正是在坚守这份初心的过程中，让笔者对父亲的朴实肃然起敬，在笔者的心田埋下种子——做一个像父亲一样光荣的人民党员教师，将这份坚持传承下去，而且还要让这个小小的种子不断长大、引导学生也建立自己梦想的大树，将梦想不断传承下去。

（三）从工作对象角度——学史崇德，学史力行

作为一名班主任，笔者面对的群体是中职学生。该群体一般是被应试教育刷下来的一批，自身学习基础较为薄弱，学习的主动性和积极性不强。就学前专业而言，大部分学生的梦想是成为一名出色的幼儿教师，但也有部分同学们没有任何方向，还有些同学们甚至认为自己考入职校，前途渺茫，梦想就是一句空话。对学习兴趣不强，对职业缺乏规划，浑浑噩噩混日子的不在少数。因此，如何帮助这些学生建立自己梦想，提升德育育人实效性，是班主任工作首要解决的难题。

二、实施目标

针对当前中职学校生源情况而言，借助主题班会课、生涯规划教育、青春期教育、创新的自我管理模式等形式，在活动中开展班主任育人工作，将育人理念浸润到整个过程中，从而帮助学生进行自我心理调节，塑造积极向上、知足乐观的阳光心态。点燃梦想，把学习当作一种享受，为实现自己的梦想不断努力奋斗。

三、实施过程

结合班级学生实际，笔者通过对班级思想教育工作内容进行调整后以系列教育活动的形式实施探索活动。

（一）创设主题情境，开展感恩教育

中职生群体正处于青春期，与父母缺乏沟通，交流频率较低。再加上独生子女较多，大多以自我为中心，对父母的关心与爱护视为理所当然。当父母忙于生计而冷落他们的时候，就会感觉自己被遗弃。在学校里面，有些学生由于学业不理想，往往在班级处于边缘化的境地。上述现象造成很多学生对家庭、学校甚至社会都充满了抱怨。

针对这一现象，笔者经过观察、研究、分析后认为，当前大部分中职生缺少发现爱的眼睛，不懂得感恩。笔者以此为抓手开展感恩教育，主要利用午自习和班会课时间，在班级播放视频，一起阅读一些感恩类文章故事，并围绕主题开展大讨论。同时还结合母亲节等各种节日开展主题活动，使同学们在潜移默化中，慢慢感知幸福，学会感恩。

（二）缓解亲子关系，重燃人生理想

在应试教育的指挥棒下，学业压力的提升导致亲子关系也变得日趋紧张。在调查中笔者发现，部分学生是拥有自己的梦想的，但是被有些家长无情地抹去了；还有些学生因为考上职校，便认为家长对她们失望，因此放弃了梦想。为了改变上述情况，笔者在家长会上将学生进入职校后的学习过程、升学途径和方法、就业方向等进行说明，方便家长了解学生生涯发展。家长在充分了解中职学校育人模式和就业前景后，纷纷表示愿意配合学校老师，对孩子们进行鼓励，为美好的明天做好准备。

基于上述背景，笔者设置了"一封信"的活动。首先，由家长为孩子写一封信，写上对孩子们的期望和鼓励。当第二天孩子们收到家长的信的时候，都沉默了，甚至还有孩子流下来眼泪。她们感受到了温暖，也再次燃起了梦想。再者，是学生给两年后的自己写一封信，写出要实现的梦想，给自己定出三个月、一年、两年的近、远期目标。写好后装入信封，密封保存在笔者处。三个月以后我会请她们打开自己写的目标看看，引导她们写出没有完成的原因和改正计划，再装入信封。一年后对两个目标再继续修改。两年后再把信封打开，看看她们通过两年的努力达到了多少目标，也可以继续为了目标努力。这些活动帮助学生缓解了亲子关系，重燃起人生理想。

(三)明晰自我定位,激发内生动力

有梦想只是第一步,而且有的同学的梦想还只是停留在比较低的层面上。再加上很多同学们对自己的人生没有合理的规划,对于梦想没有感觉,只是抱着走一步算一步的心态。青春期的他们,自我意识开始不断觉醒,有一种强烈的成人感和独立意识,但是往往也很浮躁,在情感上或者学业上的误解和失败都会使其产生强烈的挫折感,他们的行动具有很强的盲从性,缺乏远大的理想和高远的追求。

据此,笔者通过开展"学党史、树梦想"系列主题班会活动,引导同学们了解党史,理解"没有共产党就没有新中国"的深刻内涵,认识到坚持共产党的领导是祖国昌盛、民族复兴的根本保证,提升同学们对党的感恩之情,激发社会责任感和使命感,牢固树立"爱我中华,兴我中华"的梦想。进而明晰自我定位,激发内生动力,认识青春的宝贵,珍惜时间,拥有为祖国强盛而努力奋斗的远大梦想,树立正确的人生观和价值观,为实现人生目标而努力。

(四)引入竞争意识,实现自立自强

拥有进取心,是人生的一笔巨大财富,尤其是在认清自我,重新找回人生理想的当口。拥有了进取心就等于拥有了旺盛的求知欲,它是推动学习的重要动力。在日常的班级互动中,笔者通过开展"我真的不如她吗?"专题讨论,让学生真正认清自我,找寻差距。在讨论中围绕"进取心"设计了"为什么我不如别的同学出色?""为什么我的行为规范没有别人做得到位?"等议题。

通过此次大讨论,笔者充分调动了同学们比学赶超的积极性。在日常学习中引入竞争意识后,同学们都鼓足干劲,学习风气也有了很大的改观。在自我不断加压与突破的过程中,真正实现自立自强。

(五)创新管理模式,树立责任意识

责任心是梦想实现的前提,是一个人立足于社会的根本。只有拥有较强的责任心,才有可能正确应对工作中出现的困难,才能在激烈的社会竞争中立于不败之地。责任心的形成不是一蹴而就的,需要在日常的生活和学习中加以培养。

为了提高同学们的责任心,笔者在班级中创设了"小组长责任制,班

长负责制"的管理模式,把同学们从被动接受管理转变为主动服从管理,进而上升为自我管理。不但使全体同学都参与到班级管理中,而且还极大地激发了同学的自觉性,培养其责任感。在具体操作中,一些班级管理小事放手给学生参与,使其在日常的学习生活中,逐渐了解到集体中的每个人都有责任去建设它、维护它,从而把这份责任心带到以后的工作中去。

四、实施保障

(一)师资队伍

提升班主任工作成效首先需要建立高质量的班主任团队。这些团队中的班主任大多是任课教师兼职的,一方面可以借助学科或专业背景优势,使得班主任管理工作更具有专业性,另一方面也能够实现不同背景班主任之间育人理念和模式的互补。与此同时,学校还给予班主任更多的培训和学习平台,助推班主任工作走向专业化道路。

(二)家校联动共育人才

提升育人实效光靠学校是不可能完成的,也需要家长的参与。班主任与家长之间保持密切联系,除了就学生事宜与家长沟通之外,还要充分发挥主题班会、家长会等平台,让家长更多地参与到学校育人中来。

(三)资源获取与利用

除了邀请家长参与学校育人外,还要充分发挥行业企业、爱国主义教育基地、红色资源的作用。职业教育是跨界教育,育人的空间不应局限在校园和家庭两点一线中,要打开学生视野,让学生走出去接受社会的教育和熏陶。

五、特色与成果

(一)管理创新,拓展德育育人形式

班级管理是班主任日常管理工作的主要组成部分,是育人的重要载体。很多时候班主任工作会埋没在事务性的工作中,事无巨细,一手包办。这不仅不利于民主型师生关系的形成,也不利于学生能力发展。笔者在总结经验教训的基础上,创设了"小组长责任制,班长负责制"的管理模式。在该模式的实施过程中,班级里的每一名同学都积极参与到班级管理中,

增加了他们的班集体意识和主人翁意识。将一些管理班级琐事的权利放权给学生，让学生在克服困难的过程中学会成长，在将一些同学矛盾放权给学生解决的基础上，班主任加以引导，教会学生处理此类事件的方法。

（二）以史为鉴，丰富德育育人载体

育人的载体是多元的，小到生活垃圾分类大到国家管理、民族团结，都可以成为班主任开展德育育人工作的载体。以往的班主任育人工作往往聚焦在学生的行为规范、亲子关系、思想政治教育等方面。随着历史课程的加入，丰富了德育育人载体。恰逢中国共产党建党百年华诞，笔者借助这一契机组织开展的系列主题班会活动，效果颇丰。正所谓"青年兴则国兴，青年强则国强"。通过厚重的党史知识的介绍与体悟，让学生再次回顾中国共产党一路走来的艰辛和经历的苦难。这些最真实、最直观的事实定会在学生的心头引发共鸣，从中汲取力量。以史为鉴，在史实史料中学习，在砥砺前行中感悟，从而达到润物细无声的德育育人成效。

（三）家校共育，提升德育育人实效

《中等职业学校德育大纲（2014年修订）》中提出："学校要充分发挥主导作用，与家庭、社会密切配合，拓宽德育途径，实现全员、全程、全方位育人。"家校共育是当前育人的主流理念，这就要求学校要通过家长委员会、家长学校、家长接待日、家访等，密切与家长联系，指导和改进家庭教育，促使家长协助配合学校开展德育工作。此外，更要调动党员家长群体参与学校育人活动的积极性，将其成长经历和职场经验在课堂上分享。笔者在班级管理中充分发挥了家长会的平台，在家长会上设计加强家校互动的环节，设计增强亲子互动的活动，加强家长对孩子之间的了解，积极引导家长参与到班级管理中，参与到孩子的成长过程中。实践证明，笔者的努力是有成效的。通过系列主题活动，家长对孩子有了更为深刻的了解，对孩子的未来生涯发展有了一定的认知，亲子沟通变多了，感恩教育收到了良好的效果。

六、体会与思考

针对当前中职学生群体而言，学习单纯的历史知识不是目的，而是应该结合具体的历史事件、人物和影响，引发共鸣。伟大的中国共产党需要梦想,青春一样需要梦想,需要方向。在后续工作中,要引导学生学会从历史事件和人物中吸取经验教训,激励自己,重新捡起丢掉的自信,朝着自己的目标努力。作为学前教育专业学生,有的以后会成为一名光荣的幼儿教师,有的会成为保育员,无论哪一行,她们同样承担着教育幼儿、辅助幼儿健康成长的责任。因此,让学生重燃奋斗之志,找回丢失的初心,珍惜韶华、奋发有为,勇做走在时代前面的奋进者、开拓者、奉献者,努力使自己成为祖国建设的有用之才、栋梁之材,为实现中国梦奉献智慧和力量,把梦想一代代传承下去。

班级是学校德育工作的基层单位,班主任是组织班级管理和德育的直接实施者。班主任应结合专业特点和学生实际,充分利用家长、用人单位、行业及社区等资源,开展学生思想教育、班级管理、活动组织、职业指导等工作。尤其要充分借助家长群,挖掘其中的红色资源、劳模精神、职场明星,发挥示范、引领作用。在家校共育的视角下,如何更好发挥并协调学校、家长、社会之间的作用和关系值得未来深入研究。

参考文献

[1] 历史是最好的教科书:不忘来路,才能更好前行[N].人民日报,2020-1-29.

[2] 习近平在庆祝中国共产党成立100周年大会上的讲话(全文)[DB/OL].新华网,2021-7-2.

[3] 张学义.时代的要求,历史的重任——浅谈如何做好中职学校学生德育工作[J].新课程学习(中),2014(1):167.

[4] 朱灿明.大德育观——职业教育的灵魂[J].教育教学论坛,2011(05):121-122.

[5] 范海燕,敖海军.不容忽视的大德育教育[J].中国职工教育,2007(7):49.

坚定信仰勇担当　服务学生助成长

上海市新陆职业技术学校　李根娣

【摘　要】在"四史"学习中，笔者深感作为一名党员的责任，在思想上得到了洗礼，提升了思想境界，也把学习成效转化为工作动力。在教育教学实践中，笔者发现优异的心理素质是一个人事业成功的基石。由于家庭、学校及社会等影响因素，职校少数民族学生存在着强迫症状突出、人际关系敏感、情绪抑郁等诸多问题。笔者从果洛班一名学生的心理个案辅导出发，为提升少数民族学生心理健康教育水平提供一些可参考的路径与方法，助力少数民族学生健康成长成才。

【关键词】信仰担当　少数民族　心理健康教育

一、实施背景

（一）红心向党，发现少数民族学生心理健康问题突出现状

新陆职校党支部深入开展中共党史教育学习，作为一名党员教师，笔者在学习过程中从内心深处生出对历史的敬畏和对党的崇敬。对照革命先烈、先进楷模，从他们的平生事迹中摄取奋进力量，坚定理想信念，以饱满的热情，昂扬的斗志，投身到教育教学工作之中。近年来，响应脱贫攻坚号召，落实结对精准帮扶，学校按照上海市教委部署，对口支援青海果洛教育工作已四年有余，育人效果显著。但在育人过程中，笔者也发现了一些问题，比如受语言、学习、文化等多种因素影响，越来越多的少数民族学生来到内地学校学习期间，心理健康问题日益突出，成为困扰少数民族学生成长的一个难题，也成为职校少数民族学生教育管理工作中亟待解决的一个问题。

（二）守正创新，努力提升少数民族学生心理健康教育水平

基于上述现象，笔者反思当前的少数民族学生心理健康教育确实存在一些问题：一是对少数民族学生群体照顾多引领少，这种理念极易助长学

生"等、靠、要"的依赖思想；二是对加强少数民族学生心理健康教育工作的重要性、紧迫性认识不够；三是对少数民族学生家乡的风土人情、日常习惯等都十分模糊，对少数民族学生进入学校后所产生的心理波动也因沟通少而知之不多；四是注重在面上开展工作，缺乏点对点的个性指导，学生的心理诉求、学业落后、纪律性差等问题迟迟得不到改观。作为一名党员教师，在将党史学习教育转化为实践的过程中，更加有责任有义务去解决这些实际问题，切实帮助民族班学生健康成长。正如习近平总书记在全国脱贫攻坚总结表彰大会上的讲话中所说："在全面建设社会主义现代化国家新征程中，我们必须把促进全体人民共同富裕摆在更加重要的位置，脚踏实地、久久为功，向着这个目标更加积极有为地进行努力，促进人的全面发展和社会全面进步，让广大人民群众获得感、幸福感、安全感更加充实、更有保障、更可持续。"

二、实施目标

本案例通过笔者的亲身经历，谈谈如何发挥党员先进性，以线上线下相结合的方式引导教育果洛班学生走出心理困境并健康地成长起来。本案例的目标是通过笔者点对点的心理辅导实践，展示学校教师对少数民族学生心理健康教育状况的关注，更为后续工作提供有效的理论与实践参考。

三、实施过程

（一）主动关心，发现问题

新冠疫情期间，学校开展线上教学。有一天早上，果洛班级的一位同学在线上请假，说感冒了所以这几天能不能上课，包括体育课。笔者委婉地告诉她感冒不影响上课，建议她多喝点水，体育课可以量力而行。中午美术老师打电话给笔者，反映了她的异常情况，并把她俩在QQ中谈话的内容截图发了过来，这位同学在QQ对话中说："为什么你们都不相信我，我是不是不该出现在这个世界，只要消失了才会安心吗？我真的好累啊！有点想休息了！我想结束。"由于民族的特性和网络信号的问题，笔者只能在QQ和微信里留言，先询问她的身体情况怎样，并要求她看到留言后马上与笔者联系。一天之后，QQ 中有了她的回应，于是师生开始了一场艰难的谈话，谈话的方式在 QQ、微信语音或视频、电话中不断切换。面对这样的情况，笔者深知谈话时不能直接进入话题，只能慢慢地渗透。谈话的过程是漫长而艰难的，加之网络不稳定，这场谈话持续了大半天。最后学生终于说出了有"想轻生的念头"。此时的心情，既欣慰又棘手，欣慰的是学生终于说出了心里话，棘手的是怎样使她打消这种念想，慢慢地走出心理的阴霾，振作起来。

（二）耐心倾听，挖掘根源

通过深入的了解，笔者发现该学生出现上述情绪状态的原因主要有以下四点：一是曾祖父去世、爷爷生病；二是疫情间因家在牧区，网络不好，无法正常线上学习，只能偶尔去表姐家才能上网学习；三是家里经济状况不好，仅靠父亲一人承担，爸爸患有高血压，天天吃药，妈妈得了子宫多发肌瘤，已手术多次，仍需吃药维持，身体不适，需要有人照顾，妹妹年纪小还在学习；四是学生自己身体上的不适（痛经、胃病，需要住院治疗），这些因素累积一起，使原本性格内向的她不知道该如何应对。情绪低落，精神恍惚，以至于产生了轻生的念头。

（三）心灵对话，纾解情绪

了解上述情况后，笔者通过以下方式进行劝导。第一，语言安慰和情绪上的安抚。告诉她老师能理解感受到她此时的心情和煎熬。第二，给予她鼓励。表扬她是一个很棒的孩子，能向老师说出心里话，信任老师。第三，给予她力量。告诉她，老师会和她一起面对困难。第四，用自己的成长经历，现身说法，使师生进行了一场心灵的对话，用美国 NBA 篮球巨星科比的曼巴精神来激励她。告诉她家庭中的困难和生活中的不幸，很多人都会遇到，我们应该学会坚强面对而不是选择逃避，遇到困难时我们应该通过哪些途径来解决，以及当线上教学无法进行时可以做些什么。最后让学生认识到情绪对人的影响很大，对生活中的矛盾和事件引起的反应要学会以适宜的方式纾解情绪，应该以乐观的态度及时地缓解紧张的心理状态。

（四）开展家访，做好约定

为了更好地做好学生的思想工作，笔者在线上与这位同学的妈妈进行了一次家访。为了网络畅通，她和妈妈穿着很厚衣服，戴着帽子坐在草原上与笔者视频。因为语言不通，只能是学生同声翻译。别样的家访，让牧民感受到了来自千里之外上海教师对果洛学生的关怀。此外，笔者也与该生做好了"君子协议"，主要包含以下几个方面：第一，每周1次向老师汇报生活学习情况；第二，如果自己需住院治疗及时告知老师；第三，复习普通话、保育员中级试题，为后面返校普通话、保育员考证做准备；第四，尝试每天找出一件自己做得比较好的事，表扬自己，每天抽出5~10分钟，看几则笑话或者搞笑视频。

（五）持续关注，解决问题

学生的思想工作不是一蹴而就的，是一场持久战。本学期在普通话课上，因语音不准，老师让她再朗读时，她抵触情绪很大，扬言不参加考试。普通话张老师找她谈话后，情绪低落的她在询问下又哭了。事后在与张老师及时沟通交流后，笔者又找其他学生了解她的近况，最后笔者在与这位同学的谈话中，建议她从老师的角度考虑问题，帮助她从考证与否对自己发展的利弊去分析问题，鼓励她试着自己去解决问题。谈话后，她主动与张老师沟通，继续要求老师辅导普通话。笔者和张老师在处理这件事中，都是以鼓励、激励为主，动之以情，晓之以理。自此以后她学习变得主动了，成绩也进步了。此外，针对班级其他个别学生心理问题的苗头，本学期笔者精心设计和开设了一堂《珍爱生命 绽放精彩》的主题班会课，教会学生调适心理的方法。

四、实施保障

本案例能取得成功，离不开党组织的学习教育作用的发挥和学校教师们的责任心、爱心、敏锐度，笔者与同事之间的有效沟通与协作为本案例实施提供了有力保障。

（一）学校党组织的学习教育

学史力行，贵在实干。开展党史学习教育，既要取得认识成果，更要取得实践成果，要努力把学习教育的成效落实到为人民服务的行动中，更好地履行党的使命任务，切实办几件看得见摸得着的实事好事。习近平总书记强调，要把学习党史同总结经验、观照现实、推动工作结合起来，同解决实际问题结合起来，开展好"我为群众办实事"实践活动，把学习成效转化为工作动力和成效,防止学习和工作"两张皮"。学习的目的在于运用,衡量党史学习教育的成效,既要看是否学出坚强党性、学出信仰担当,更要看是否在办实事上有新担当、开新局。正是在这样一种环境与背景下,教师们的责任担当意识不断增强。

(二)教师的责任心与敏锐度

学校教师,尤其是少数民族班级的班主任都具有高度的责任心,是一支人文素养高的师资队伍,他们有针对性地通过主题班会、寝室走访、集体座谈和个别谈心等方式,积极主动地融入少数民族学生群体,及时掌握每位少数民族学生的思想动态。学生的心理问题,这也是通过日积月累的相处以及用心才能感受到。想要成功地帮助学生度过心理不适期或者是解决一些复杂的心理问题,老师之间的配合也是必不可少的,有时候甚至会取得事半功倍的效果。多交流多沟通,多双眼睛关注学生,多个角度关爱学生,都能够给存在心理问题的学生,尤其是少数民族学生心理慰藉。

五、特色与成果

在党组织党史学习教育期间,全体党员教师们提高了政治站位,迅速把思想和行动统一到党中央和学校的部署要求上来,切实增强了抓好党史学习教育的思想自觉、政治自觉、行动自觉。在实施过程中,笔者也深刻认识到少数民族学生出现的心理问题,仅仅依靠简单的说教或行政管理手段难以解决,有时甚至会适得其反。"心病还需心药医",学校针对少数民族学生出现的心理问题,积极开展心理咨询与辅导,帮助他们排除或者缓解内心烦恼,使心理问题能够及早顺利地解决。

教师通过自身专业的心理辅导知识以及较为成熟的实践技能,帮助少数民族学生成功地度过了心理不适期,也帮助她学会了很多调解心理的方法与技巧,这种点对点的案例,为之后少数民族学生心理健康教育提供了有效的理论与实践参考。而少数民族学生也会将其切身经历以及老师对她帮助的方法传播至其他需要帮助的少数民族学生中去,有时候也能当老师们的小帮手,能敏锐察觉到同学的一些心理问题,解决不了的时候及时提醒向老师寻求帮助。

六、体会与思考

本案例中，笔者最大的体会就是，在党史学习教育期间，从党的光辉历史中汲取砥砺奋进的精神力量，切实把"学史明理、学史增信、学史崇德、学史力行"的目标要求贯穿党史学习教育始终，用实际行动证明了学习成效。

（一）民族班无小事，做学生温暖的守护者

民族班学生远离家长，学校就是她的家，老师就是她的依靠。因此，她们的生活和学习中的每一件事情我们都不能忽视。对于班级中存在心理问题的学生，在漫长的转变过程中，需要有足够的耐心去引导，足够的爱心去感化，足够的恒心去坚持。尽管藏族家长都不会讲普通话，工作难度大，可能起不到普通家校合作的效果，但是笔者还是精心准备了视频访问的内容，传递的是来自学校的温暖，让学生感受到关注和爱。

（二）加强情感教育，做学生喜欢的关爱者

著名的教育家夏丏尊说过："教育没有情感，没有爱，如同池塘没有水一样。没有水，就不能成其为池塘；没有情感，没有爱，也就没有教育。"班主任要转化一名学生，单靠丰富的知识去教育学生是不够的，还得用爱心去感化他们，倾听他们的心声，并及时客观地分析原因，正确引导、点拨，发现他们的闪光点加以鼓励，慢慢地引导他们走向成功的彼岸。

（三）选用适宜方式，做学生情绪的疏导者

纾解情绪的方法很多，有些人会痛哭一场，有些人找三五好友诉苦一番，有些人会逛街、听音乐、散步或逼自己做别的事情转移注意力。有了不舒服的感觉，要教会学生勇敢地面对，仔细想想难过生气的原因，以及自己可以怎么做，将来才不会重蹈覆辙？怎么做可以降低自己的不愉快感？这么做会不会带来更大的伤害？根据这几个角度去选择适合自己且能有效纾解情绪的方式，就能够控制情绪，而不是被情绪控制。

总之，作为一名党员教师，笔者将紧扣本职工作中发现的需求和问题，聚焦学生需求，把党史学习教育成效转化为提振精神、攻坚克难的强大动力，转化为推动学校事业发展的具体行动和实际成效，坚持学党史、悟思想、办实事、开新局，接好时代的接力棒。在党组织的正确引领下，新陆职校也将继续加强民族班级班主任队伍的建设工作，在少数民族学生的学习生活上体贴用心，动之以情，关注少数民族学生的精神需求和心理体验，帮助他们提升适应社会的能力，切身了解和体会身边的文化，提高文化素质，强化自身心理素质。

参考文献

[1] 中共中央关于制定国民经济和社会发展第十四个五年规划和二〇三五年远景目标的建议［N］.人民日报，2020-11-04.

[2] 迪丽娜尔·阿不力孜.思想政治教育人文关怀与心理疏导新理念[J].边疆经济与文化，2018(1).

[3] 梁俊，刘进.高职院校少数民族学生心理素质现状分析与提升策略[J].潍坊工程职业学院学报，2021（7）.

胸怀梦想筑信仰　心怀感恩促成长

上海市新陆职业技术学校 张华

【摘　要】在中国共产党建党一百周年之际，广大党员同志都胸怀梦想、坚定理想信念，不断追求自身进步，实现与党的共同成长。我在日常工作生活中，边做事边学习，用理论知识武装头脑边学习边思考，用高站位驱动深度；边思考边凝练，用综合能力担当职责。在多方力量的保障下，由于爱心、真心，我做好了教育工作；深藏耐心、细心，我做好了行政工作；坚持用心、用情，我做好了支部工作。在今后的工作中，我将谨记习近平总书记对青年干部的谆谆教诲，在自己的工作岗位上不断做出新成绩，努力为党的教育事业贡献新的力量。

【关键词】党员信仰　成长　党组织

一、实施背景

（一）党史党风，成就锐意进取的不竭动力

在中国共产党建党一百周年、国家开启"十四五"新征程之年，在学校党支部带领全体党员重温党史活动中坚定我们的信仰，筑牢我们的担当，从而不断增强"四个意识"，坚定"四个自信"，做到"两个维护"，以更加高昂的精神状态和奋斗姿态开启新征程。一直以来，我们学校的每一个党员都在党支部组织的各种学习教育活动中汲取信仰的力量，时刻牢记党的根本宗旨，把理论学习与实际工作相结合，在工作中积极发挥党员的先锋模范作用，立足本职岗位，踏实勤奋、尽心尽责地把各项工作做好、做实，真正做到思想上有认识，行动上有体现。

（二）成长经历，铸就勇往直前的核心力量

本人于2009年5月加入中国共产党，2009年8月调入新陆职校，成为学校大家庭中的一员。在党组织的关心和培养下，在学习、工作和个人能力等方面都得到了锻炼和提高。作为一名教师，始终把提高教学质量，培养学生能力放在首位，为学生搭建成长的平台。作为一名中层干部，积极为学校发展建言献策，做好上下沟通协调的桥梁和纽带作用；作为一名支部委员，对自己高标准、严要求，履职尽责，发挥模范带头作用。工作中，我能认真仔细地做好每一项工作，全力以赴地完成党组织交给我的每一个任务。工作期间曾先后荣获浙江省桐乡市教育系统优秀团干部、上海市园丁奖、浦东新区教育系统三八红旗手、全国优秀教练员等荣誉称号。

二、实施目标

探索坚定党员的理想信念的方法策略，多渠道帮助党员同志实现个人成长，不断进取。

在学校日常工作学习中，发挥优秀党员的引领示范作用，带领党员和广大人民群众共同进步。

三、实施过程

（一）边做事边学习，用理论知识武装头脑

1. 用梦想指引，在工作中不断反思

同广大党员同志一样，我的梦想是做一名合格的党员，进而做一名优秀的党员，为实现中华民族的伟大梦想贡献出自己的一份力量。梦想是必须要有的，但梦想的实现既要依靠信仰的力量，又不能仅靠信仰的力量，更要依靠知识的力量。多年的工作经历告诉我，理论知识在问题解决过程中犹如源头活水，总能帮助生成多样的问题解决方法，而这正是我所需要加强的地方。为了保持党员的先进模范作用，必须不断学习充实，只有学习，才能不断持续进步。工作场所中学习的最佳路径是边工作边学习，从而发现自己在解决问题过程中所欠缺的能力，并有目标有计划地去提升自己的能力。

2. 针对自身不足，加强理论学习

在支部组织的各种学习和活动中，我意识到学习的重要性和必要性。学习政治理论和文献，坚定了我的理想信念；学习政策文件和会议精神，开阔了我的眼界；学习专业知识，增强了我的业务能力；在各种学习教育活动中，提升了我的综合素养。回顾自己在思想、工作和作风上的情况，做到了

听党话、跟党走、政治立场坚定、宗旨意识明确、工作认真、踏实努力、为人正直、廉洁自律，经受住了组织的考验，在不断学习的过程中，成长的步伐越走越快。我深刻感受到，学习能使自己的政策理论水平和实际应用水平不断提高，工作的预见性、系统性和创造性进一步增强，创新实践能力也在新形势发展和新任务需要中得到了有效提升。

(二)边学习边思考，用高站位驱动深度

1.感恩机遇，在培训中系统学习

2020年5月，在党组织的关怀和培养下，我有幸成为中共上海市浦东新区教育工作委员会党校第25期青干班的学员，并挂职于浦东新区教育局高中(职业)与终身教育处。于我而言，这是一次自我学习、自我教育、自我改进、自我提高的良好机遇。内心怀着对党组织栽培的无限感恩之情，我充分利用培训机会，进行了深入的系统的学习。通过培训，不仅丰富了自己的知识体系，提高了自己的理论水平，同时还发现了自身的不足，明确了努力方向，更教会我深入思考。一年多的党校学习和挂职锻炼，让我更加坚定了理想信念，加强了党性锻炼，提升了党性修养，更加牢固地树立了"为人民服务"的宗旨意识和"工作无小事"的观念，以严谨细致的工作态度，关注到每一个细节，做好每一项工作，坚持用心谋事、务实干事，自觉锤炼严谨务实的工作作风，努力提升自己为学校发展和师生服务的能力。

2.学思相长，用深思加速成长

作为一名青年干部，要有学会思考，提高认识的紧迫感。只有思想认识、能力水平达到了一定高度，才能有明辨是非的政治能力，才能对各种问题和现象有较为全面的了解和掌握。在教育局挂职锻炼期间，无论是协助处室老师处理工作事务，还是学习阅读的各类文件、参加会议，我都随时注意用当下的思维反思自己以往的工作思路和工作方法，坚持取人所长，弥补自己所短。始终不忘对照自己的工作实际，做深度思考，努力解放思想、开阔思路，使工作方法变得更加灵活有效，不断增强责任感和精神动力，使自己在思想上有更高的站位，见解上有更广的视角，思想上有更新的理念。

(三)边思考边凝练，用综合能力担当职责

1.在学与思中凝结成综合能力

面对新形势、新要求，新时代的党员干部不仅要具有勇于解放思想、练

强本领，敢于担当、善于作为的精神和意识。还要努力提高自己的政治能力、组织领导能力、合作共事能力和解决自身问题的能力。在以后的工作中，我会继续认真履职尽责，并结合工作实际，勤于思考总结，以最快的速度提高自己的综合素养和能力，同时，面对工作中的各种困难和挑战，要勇于担当，给自己压担子，努力使自己尽快成为一名综合素养高、工作能力强、责任有担当，让组织放心、让师生满意的好干部。

2. 多元能力支撑多领域工作

承蒙党组织对我的信任，我在学校承担了教育工作、行政工作和支部工作。多样化的岗位职责，给我带来了挑战和机遇。党组织的需要就是我的专业，于是我努力提升自己的综合能力，不断充电学习，用心做好自己分内的每一件事情，让自己成为一个"多面手"。在这一份份努力和付出的背后，支撑我的是梦想的力量、信仰的力量和感恩的力量，而这些努力和付出，又反过来促进了我的不断成长。

四、实施保障

（一）加强党组织建设，为成长提供强大后盾

强大的组织力量能为党员的前行提供无限能量，在背后推着党员进步。学校党组织要积极鼓励广大师生积极加入党组织中，扩大基层党组织的党员队伍，提高组织的覆盖范围，增强学校内部的凝聚力。同时，党组织也要积极联系群众，把广大群众动员起来、组织起来，听取群众意见，调动群众的主观能动性，提高党的影响力。另外，要开展并严格执行党的组织生活的根本组织制度，重视舆论引导机制、监督机制和评价制度等的建设，使党的组织生活制度化、常态化和长效化，为每个党员的成长提供强大的组织后盾。

（二）创造学习机会，为成长提供源头活水

赫伯特·西蒙认为"组织是一个平衡系统，人之所以参与一个组织，作出贡献，就是因为该组织能给他最大的满足，即组织与成员之间是一种贡献与满足相互取得的关系。"而获得个人的成长就是组织基于党员的一种重大满足。所以，学校党支部要定期调研党员同志们的学习需求，了解党员们在日常工作中遇到的困惑或难题，关心党员们亟须提升的能力。在需

求调研的基础上，积极组织和开发针对性的学习培训项目，鼓励党员们参与学习，用理论武装头脑。同时，学校党支部还要注重引导党员树立终身学习的观念，建立学习小组，使学习任务常态化。总之，学校要为党员营造向学、乐学、学习不止的风气，为党员不断成长提供源头活水。

（三）重视引领作用，发挥优秀党员的示范作用

中国共产党具有先锋模范作用，而优秀党员是先锋中的先锋，要充分发挥他们的领头雁作用。"近朱者赤，近墨者黑"，优秀党员在坚定党员理想信念过程中有着重要的示范引领意义。学校重视对优秀党员的优秀事迹的宣传，建立了校园党员风采栏，通过官网、公众号等网络平台宣传优秀事迹，树立榜样标杆，借以强化对党员同志们的理想信念教育。在宣传教育中，熏陶党员的人格修养和道德情操，见贤思齐，自觉向先进人物、先进事例学习。总之，学校要重视引领作用，发挥积极因素的作用，促进党员及人民群众坚定理想信念，砥砺前行。

五、特色与成果

（一）饱有爱心、真心，做好了教育工作

作为一名党员教师，认真贯彻执行党的教育方针政策，坚持立德树人，我始终把提高教学质量、培养学生能力放在首位，关心学生成长，关注学生身心健康。立足学生实际，因材施教、分层教学，注重对学生终身体育观念的渗透，培养他们养成良好的运动习惯。担任班主任工作期间，所带班级被评为浦东新区优秀班集体；作为一名社团指导教师，自己所带训的校健美操队连续11年荣获浦东新区、上海市学生阳光体育大联赛健美操啦啦操比赛一等奖，国家级奖项十余项，数十位学生因具备健美操啦啦操等专业特长而被高等院校免试录取。

（二）深藏耐心、细心，做好了行政工作

在党组织的信任和培养下，我从2014年开始担任行政工作，先后担任政教处助理、政教副主任、教务副主任、教务主任等职务。作为一名中层干部，我积极参加学校中心组学习，认真学习各种政策文件和通知精神，不断提升自己的责任意识和工作能力，努力为师生发展做好服务工作，积极为学校发展建言献策，切实起到上下沟通协调的桥梁和纽带作用。在政教处

负责艺教、体育、心理健康等工作期间,努力为师生创设发展的空间,搭建展示的平台,积极开展各类文体活动,营造良好的校园文化氛围。学校在艺术、体育、心理健康等各级各类比赛中都取得了非常优异的成绩,多次荣获"优秀组织奖",在各种评估考核中均被评为"优秀"。2018年开始在教务处工作,进一步规范了学校实训中心的管理,加强了学校信息化及网络安全建设,同时注重内涵建设,成功组织申报并开设了社会文化艺术专业,组织制定了社区早教专业的课程标准等重点工作。平时做好日常教学常规管理,组织好学校的各项教学活动,认真做好各种教学专项检查或督导工作。在新冠疫情防控期间,面对即将开展线上教学的全新挑战,我不断思考探索,积极准备筹划,在学校领导的正确指导下,在各处室的大力支持和全体老师的积极配合下,我校线上教学稳中有序地顺利开展,后期与线下教学的过渡得到了合理衔接。尽管过程异常复杂而辛苦,但却深感意义重大,因为我深知作为一名党员干部,在困难面前,就应该有一种勇往直前、敢于担当的精神。

(三)坚持用心、用情,做好了支部工作

在2017年和2020年连续两届的学校党支部换届选举中,我都被推选为学校党支部委员,在感谢党组织和同事们对我信任的同时,我也倍感肩上责任重大。作为一名支部委员,我对自己高标准、严要求,履职尽责,为学校发展献计献策,与其他支委一起努力做好党支部各项工作,并在志愿服务、关心群众、专题学习等各项活动中积极发挥党员模范带头作用。同时,我也深知自己要学的知识、要努力的地方有很多,在以后的工作中,我要继续坚持学习,在学通上下功夫,往深处学,深化理论知识;往广处学,丰富自己的知识结构和知识储备;往高处学,不断提升自己的眼界和综合素质。因为,唯有不断学习,增长自己的才干,才能更好地服务于师生,更好地为学校的发展贡献力量。

六、体会与思考

习近平总书记指出,我们正处在大有可为的新时代。面对新时代好时代,我们风华正茂,正逢其时,理应不负青春,不负韶华,努力奋斗。在今后的工作中,我将谨记习近平总书记对青年干部的谆谆教诲,"在常学常新中加强理论修养，在真学真信中坚定理想信念，在学思践悟中牢记初心使命，在细照笃行中不断修炼自我，在知行合一中主动担当作为"，在自己的工作岗位上不断做出新成绩，努力为党的教育事业贡献新的力量。

参考文献

[1] 邓宏烈,杨倩.百年党建视阈下基层党组织组织力建设的四维思考[J].阿坝师范学院学报，2021（03）.

[2] 孙超.着力推进基层党组织建设"七标准"[J].企业文明,2021（09）.

[3] 高振岗.新时代党的基层组织提升组织力的理论探源与实践路向[J].探索，2018（02）.

厚植志愿精神　培养时代新人

上海市新陆职业技术学校　孙隽云

【摘　要】本案例主要介绍笔者在新冠肺炎疫情期间，发挥党员先进性，响应党组织号召，积极参加志愿服务，切身感受到志愿服务的真实情境，感受到了志愿服务对于自身成长的作用，也体会到了实践育人的重要性，并将所行所感运用于中学共青团公开课之中，将理想信念、爱国主义、团员意识等厚植学生的脑与心。

【关键词】责任担当　志愿服务 立德树人

一、实施背景

（一）伟大抗疫精神的生成逻辑

在2020年春节来临之际，一场不见硝烟、不闻炮响的战争打响了。"新型冠状病毒"这个令人谈虎色变的字眼，跳跃到人们的眼前，牵动了每一位中国人的心。昔日车水马龙、人流不断的城市悄无声息，大街小巷中的商铺纷纷关门，药店也相继贴出"口罩已售完"的公告。街道上本就稀少的行人，皆戴口罩，面色凝重地提着消毒液和酒精匆忙步行。工厂停工、学校停学，整个社会都被按下了暂停键。疫情的爆发，全国医生护士进入紧急备战，不仅如此，各地医疗用品也相继出现紧缺。为此，国家向全国各地发起号召，紧急加产制造医疗用品。就在这样一个特殊的年份中，各级党组织和广大党员在围绕中心、服务大局，在抗击新冠肺炎疫情中发挥了战斗堡垒和先锋模范作用。抗疫斗争的伟大实践集中体现了中华文明人命关天的道德观念、中国人民深厚的仁爱传统、中国共产党人执政为民的治理理念和以人民为中心的价值追求。

（二）志愿服务行动的重要意义

和谐社会倡导人与人相互关爱、人与社会相互融合，我为人人、人人为我的价值取向。这种价值取向如果能够在社会广泛传播并成为社会的主流,就会在调节人际关系,维护社会秩序、促进社会和谐方面发挥不可替代的作用,使每个社会成员都能充分感受到社会的温暖和亲和力,增加个人对社会的认同感、责任感、归属感,在全社会形成共享和谐的良好氛围。志愿活动既是传承和弘扬中华民族传统美德,提高个人品德修养的需要,也是构建社会主义和谐社会的需要,还是构建和谐校园文化环境的需要。当前,全社会志愿服务活动如火如荼,在提高全民族道德水平,创新社会治理体制,加强精神文明建设等方面发挥了很好的示范作用。但是由于种种原因,对中职校学生开展志愿服务活动,在认识上还不够统一,在时间上还不够日常,在形式上还比较单一,在效果上还不够明显。

二、实施目标

正是基于上述认识,本案例的目标即是,通过笔者自身参与抗击疫情期间的志愿活动的亲身经历和所思所想,明确了理想信念的作用以及志愿活动的意义,从而针对中职学生设计开展多种形式的共青团课、多种类型的志愿活动,以中职校师生全员参与的形式,激发师生服务热情,提升师生思想道德水平,为社会培育满足国家与社会的发展需要的人才,在帮助他人、服务社会的过程中增强社会责任感。

三、实施过程

(一)临危受命,发挥党员先锋毫不犹豫

2020年2月,全国疫情正处于高峰时期,上海浦东一家工作制服生产厂家,在政府的统筹安排下,临危受命,紧急更改生产流水线,为全国各地医院提供医用防护服。因为全国需求量日益增大,工厂许多工人因为疫情未能回沪上岗,工厂紧急向全市青年发出志愿者招募信息,希望可以尽可能多地生产出医用防护服,为奋战在一线的"白衣天使"披上战甲,守护他们的生命安全。

笔者是一名青年党员,担任新陆职校团委书记一职。在日常工作中,一直教导团员青年积极奉献、勇挑重担,发挥团员先锋模范作用。对于自己,也严格要求、万事带头,用实际行动做好学生的榜样。在看到这则防疫志愿者招募信息时,笔者瞒着家人,毫不犹豫地报了名。报名两周后,浦东

新区团区委工作人员来电通知我准时上岗，工作内容为粘贴防护服领口标签。

（二）艰苦劳作，感受人生价值提升过程

2020年2月17日，疫情仍处于高危时期，我早上7点出发，驱车40公里来到位于浦东周浦的一处工业园区，与来自全市各地的志愿者们一起进入生产车间。看着制衣工人们不分昼夜地埋头苦干，看到生产车间挂着的激情满满的抗疫标语，我内心被点燃了。放下来时的紧张不安，开始信心满满地撸起袖子准备大干一场。

看似简单的贴标签工作，做起来却并不容易。如何能更快更好地分离原标签？如何可以精准地贴到领口位置？这些工作需要反复尝试、练习，并不断总结经验技巧，最后才能找到"小窍门"，提高工作效率。与本人搭档的伙伴是曾经的一位学生，两人分工合作，不断探索，最终成为这条流水线上速度最快的一组。

半小时的午餐结束后，大家调整状态，以最快的速度重新回到各自岗位，争分夺秒地再次投入生产。下午依旧是4个半小时的不间断工作时间。志愿者们为了多赶一件防护服，尽量少喝水，以减少上厕所的时间。太阳下山后，大家也迎来了最难熬的时刻。经过9个小时的高强度工作，大家出现麻木感和疲惫感，连晚餐也因劳累而失去了胃口。2月份是最冷的季节，我们所处的临时流水线位于工厂的走廊。晚上冷风呼呼，直往大家的领口和裤脚钻。这对怕冷的本人而言成了一种煎熬，冷风让人开始犯困，重复的机械式工作也使得动作迟钝。为了振奋精神，同伴们边工作边聊天，以此来提神。21点后，一天的志愿者工作终于结束。当工厂的负责人告诉我们今天完成了2000件防护服时，小伙伴们的表情终于从疲惫不堪到咧嘴大笑。从8点到21点，整整13个小时，本人体验了一次从未有过的人生经历，这不仅仅是一次志愿服务，更是一次人生价值的体验。

（三）所思所感，带领同事付诸实践

当天回家后，因手臂酸痛而彻夜未眠。然而10天后，本人再一次走进防护服厂的生产车间。这一次，我不是一个人去"战斗"，我通过微信群和朋友圈招募了7位志同道合的小伙伴，主动联系浦东新区团区委要求组队为防疫工作献一份力量。这期间也让我有几点感触：第一，立足本职，永葆

先进。如果说，我的第一次报名防疫志愿者带有一点的"小冲动"，那么第二次组队参加则是一位共产党员教师的坚定信念推动了我。和平年代，并不需要我们每个党员都用生命去体现党员先进性，也不可能每个人都干出一番惊天动地的大事，但是只要我们立足本职岗位，时刻牢记党的宗旨，走每一步，做每一件事，都高标准、严要求、扎扎实实、任劳任怨，那就不失其先进性。第二，不计得失，作风扎实。学校工作虽小，但是教育是大事。在工作中党员教师更应具有大局意识和组织观念，凡是需以工作为重，不计个人得失，全心全意为社会服务，严格遵守各项工作制度。从事中职教育工作，培养祖国建设中的中流砥柱人才，就需要中职教师扎实、务实、奉献的工作作风，方能助力国家中职教育事业。第三，勇担责任，知行合一。责任担当是党员的基本义务，也是党员的自律准则。责任担当不仅仅是一份压力，更是一份对自己家身上肩负的光荣和使命的付出。立足中职教育本职，以学促思，从学习理论到知行合一，做到明责、知责、尽责。

（四）立足岗位，鼓励学生奋斗强国

笔者在回归岗位后，也积极通过共青团课，用自己的经历鼓励中职学生们奋斗强国。顺应现代人生命意识的凸现及个性张扬，道德教育须回归生活，因为人的个性是体现在多姿多彩的生活中的。比如在团课中鼓励学生树立远大理想、热爱伟大祖国、担当时代责任、勇于砥砺奋斗，还要练就过硬本领、锤炼品德修为，为自己的发展，为伟大的中国梦而努力奋斗。比如倡导"奉献、友爱、互助、进步"精神的志愿服务，鼓励中职学生们磨砺人生、培养情操。在服务实践中，让年轻的中职生志愿者们感受了现实生活，了解了国情，明确了责任，他们变得脚踏实地了、务实了，在帮助别人的同时，自己的道德水准也得到了提升。职校学生们在团课或者一些实践活动中产生情感共鸣所体验到的东西，将使他们受益一辈子，这些也是学校和社会的巨大财富。

四、实施保障

（一）党员教师的先进性

新陆职校的党员教师们展现了新时代共产党人的良好形象和精神面貌，在全校形成见贤思齐、争做先锋的良好氛围，广大党员教师同志在教育

教学岗位上、在抗击疫情中争当先锋、建功立业，展示了新时代共产党人的良好形象和精神面貌，涌现出一批优秀个人。

（二）志愿服务的经验足

新陆职校在志愿服务方面，尤其是校企合作、对接社区方面的志愿服务经验相当丰富，比如组织学生定期到敬老院、军营、社区进行表演和慰问演出等等。这些都为后续开展更多有意义的志愿服务提供有了有力保障。

五、特色与成果

第一，传承抗疫精神，推动工作落实。新时代党员具有"勇于担当、不计得失"的使命精神。疫情总攻战打响后，举国上下"一条心"，社会各界"一盘棋"，一方有难、八方支援，汇聚起磅礴的抗疫力量，一个个无私的帮助，无不彰显中华民族万众一心、众志成城、守望相助、共克时艰的精神风采。党员干部也时刻弘扬抗疫精神，传承弘扬顾全大局、壮士断腕的"一盘棋"精神，在各自岗位上携手同心，磨砺凝心聚力的意志，发扬同舟共济的精神，有效推动工作的落实。

第二，开展共青团课，鼓舞青年学生。本人也立足岗位，通过"中学共青团公开课"，将培育时代新人的任务切实落实在行动上。在新陆职校礼堂的舞台上，笔者带领学生一同走入"2049"。大屏幕上播放着《觉醒年代》《理想照耀中国》的经典片段，革命前辈的故事激荡着00后学生的心灵。笔者拿出准备好的任务单，请学生分析自己熟悉的英雄人物的心愿、他们具有的个人素养以及付诸的行动；同时，还请他们畅想一下45岁的自己想要实现的梦想，以及为了实现梦想，现今需要实现的"小目标"。并鼓励学生们"你们的青春梦，托起的就是中国梦"……这堂"浦东新区中学共青团标准化课程"的鲜活演绎，吸引了近百名高中和职校的团委书记的现场聆听。

第三，投身实践活动，助力学生发展。志愿服务使广大职校学生积极投身实践，在实践过程中逐步发挥了育人功能。学校通过积极开展志愿服务，一方面要求提高志愿服务参与度，实现志愿服务过程全员覆盖，使广大学生能够积极主动地投身志愿服务实践活动；另一方面要求充分实现志愿服务"助人自助"的功能，提升实践育人效果，使广大职校学生真正实现"德、智、体、美、劳"全面发展。

六、体会与思考

本人通过疫情期间的真实志愿者经历,收获颇丰,立足岗位,也深刻感受到了,党员先锋模范作用以及志愿精神和志愿服务能力的重要性。

(一)加强建设,弘扬抗疫精神,发挥党员先锋模范作用

"积力之所举,则无不胜也;众智之所为,则无不成也。"抗疫斗争伟大实践再次证明,伟大抗疫精神的文化基因必将有力传承下去。新时代党员要深刻理解伟大抗疫精神的重要意义,始终弘扬伟大的抗疫精神,以"不破楼兰终不还"的果断决绝、"千磨万击还坚劲"的坚定意志,进一步发挥党员先锋模范作用。今后,新陆职校的教师们亦要从伟大的抗疫精神中汲取力量,作为年轻党员教师,用臂膀扛起如山的责任,展现出青春激昂的风采,展现出中华民族的希望,用我们的力量,影响着学生,让抗疫精神传承下去。

(二)深入实践,激发团员意识,增强学生志愿服务能力

习近平总书记对青年曾深情寄语:"新时代的中国青年要以实现中华民族伟大复兴为己任,增强做中国人的志气、骨气、底气,不负时代,不负韶华,不负党和人民的殷切期望!"在培养学生方面,首先在思想上要加强中职学生的光荣使命感培养,帮助同学们克服畏难情绪,为了理想持之以恒坚持下去。其次,在志愿服务技能上要加强组织策划能力、人际沟通能力、团队合作能力的培养。今后,新陆职校也将开展丰富的志愿者活动,比如以"服务学校,服务学生"为宗旨,号召广大学生积极"参与志愿服务,共创美好校园",各班利用课余时间,在校园巡视,杜绝不文明现象。其次,走向社会,走进社区。开展如社区的环境清洁活动、孤寡老人的清洁活动或探望活动、公益事业的大型活动,各种助残活动等。通过这些活动,提升师生的志愿服务能力,争取让志愿服务活动变成新陆职校师生的自觉行动。

党的十九大擘画了新时代新征程的宏伟蓝图。新时代是催人奋进的时代,也是大有作为的时代。当代青年生逢强国时代,肩负强国使命,要敢于有梦、勇于追梦、勤于圆梦,在奋斗中释放青春激情,用青春书写无愧于时代和历史的新篇章。把报国之志转化为实际行动,努力成为担当民族复兴大任的时代新人。

参考文献

[1] 马连奇.新形势下深化高中志愿者活动的思考[J].桂林师范高等专科学校学报，2006(9).

[2] 易晨琪.高中生开展志愿服务活动的意义及推进对策[J].辽宁广播电视大学学报，2016(4).

立德树人身体力行　传承中华传统文化
——以思政元素融入舞蹈课程为例

上海市新陆职业技术学校　周伊晚

【摘　要】舞蹈课程本身具有一定的趣味性，在舞蹈课程中融入思政元素，利用中华民族传统文化的博大精深，激发学生的学习兴趣，并在寓教于乐的过程中向学生渗透思想政治教育，让其受到潜移默化的影响，既能传承中华民族传统文化，又能帮助学生树立良好的人生观、价值观和世界观。基于此，本文以中华民族传统文化传承的视角，深入探究思政元素融入学前教育专业舞蹈课程的策略，并提供一些实践方法。

【关键词】学前教育　舞蹈课程　文化传承　思政渗透

一、实施背景

（一）立德树人与文化传承的时代要求

从党的十八大到党的十九大，都明确提出"把立德树人作为教育的根本任务"。我们必须"推动中华优秀传统文化创造性转化、创新性发展，继承革命文化，发展社会主义先进文化，不忘本来、吸收外来、面向未来，更好构筑中国精神、中国价值、中国力量，为人民提供精神指引"。全国教育大会上，习近平总书记再次提出了"以德树人""以美育人""以文化人"的指导思想，强调以提升"文化理解与传承"素养为核心，这对于建立人力资源强国具有深远意义。在经济高速发展的21世纪，人才的培养目标重新引发教育工作者们的思考，新时代下如何培养高素养的物质精神文化建设者已成为当今热议话题。北京师范大学中国教育创新研究院与美国21世纪学习联盟开展合作，在21世纪核心素养4C模型（审辨思维、创新、沟通、合作）的基础上，新增了文化理解与传承素养（Cultural Competence），构成5C模型。将价值观置于核心素养的中心地位，是亚洲特别是受到儒家文化影响的国家或地区的共同趋势。每一位中国公民都应该具备一定的"文化理解与传承"素养,由此,如何将文化的理解与传承素养巧妙地渗透进日常教学教育工作将成为新时代每一位教育工作者思考的议题。

（二）舞蹈教学与德育融合的历史渊源

舞蹈教学和德育的融合,既不是强加的,也不是随意的,而是有历史渊源和现实价值的。早在远古时期,就有着"百兽率舞"的说法,意思是说人们会模仿野兽的动作,并在战胜野兽后利用肢体语言抒发自己的情感。周代时期,伴随着人类社会文明的发展,舞蹈也开始应用于祭祖祭祀活动中,表明了舞蹈在宣传和教育方面的作用。春秋战国时期,不同地区的文化交流深入而频繁,并共同形成了集音乐和舞蹈于一身的"乐"。而孔子则提出了"兴于诗,立于礼,成于乐""乐与政通"等,并逐步发展为乐教思想。近当代以来,舞蹈更是成为一种历史积淀和社会现象,特别是在历史发展的特殊时期,无论是舞蹈创作、欣赏、表演还是舞蹈教育,都对人们的思想和行为起到了全面的影响。在对舞蹈的学习过程中,学生会被舞蹈艺术的美感特征所吸引,并主动去参与到活动中来,获得真、善、美的陶冶与润泽。以春风化雨、润物无声的方式引导学生形成正确的人生观、价值观和世界观。因此职校学前教育专业舞蹈教学中的德育渗透,不仅可行,更是必要,且有着特殊的价值和意义。

二、实施目标

新陆职校自中本贯通班成立以来,一直保持着与群益职业技术学校、上海师范大学天华学院的联合调研,三校自2019年开始筹备联合编写中本贯通教学大纲,我校在舞蹈科目中负责编写的模块是"中国古典舞身韵",笔者是此模块的主笔人。借由此契机,将本课程的主要教学目标设定为,将"文化理解与传承"素养要求渗透入日常学期专业的舞蹈课程的教学中,从课程教学入手,在教授动作技能的同时,融合中国的传统身体哲学文化,让学生们真正理解中国古典舞的文化内涵及精神力量,进而实现思想政治教育的目的。

三、实施过程

（一）实施舞蹈教学，生动融入中国传统文化元素

中国古典舞身韵的教学涵盖身法和神韵两方面。以往的身韵教学方法常常以元素教学法为主，即以单一动作元素为单元进行躯干、手位、步伐动作的教授，再将各元素串联组合形成复合动作或直接构成舞句和舞段。此教学方法对于学生直接掌握古典舞身韵中的身法动作无疑是行之有效的，对于帮助学生理解、记忆身法动作中，尤其是复合动作的来龙去脉及舞段的串联逻辑也是最佳的处理方法。但是在极端强调动作技能的分元素教学过程中，往往忽视了身法动作背后所蕴含的文化内涵，即身法动作形成的内驱力，而这内驱力便是我们传统的身体哲学文化和中国古人的世界观与人生观，了解动作形成的内驱力也就是我们当今强调的文化理解与传承。神韵的获得是建立在文化理解的基础之上，将身法动作带入特定语境或氛围中进行演绎，这不仅要求身法动作的规范和准确，更要求演绎者对于动作语境的认同与理解。身法动作相较之下较容易习得，而神韵的获得往往需要大量的文化沉淀。从道家学说的"气"到儒家学说的"中和"思想，古典舞身韵以气息的"提""沉"为源头，从躯干发散至四肢，并形成了以"画圆"为主的运动规律，以"圆"为首的"拧""倾""曲"的动作特征，成为中国古典舞区别于世界其他民族舞蹈的显著特点。由此，笔者在原有的元素分类基础上，将中国古典舞身韵中的各元素进行重新组合，按照古典舞身韵中身体的画圆规律，将各动作元素按照"平圆""立圆""八字圆"进行重新分类。将原有的元素动作按照"圆"的分类进行归类，以"圆"为单位进行元素动作的教学。

（二）开展理论讲解，理解舞蹈内涵以及动作逻辑

学前教育专业中的舞蹈课不似舞蹈表演专业，对于中国古典舞身韵中神韵的演绎要求并不高，但神韵是古典舞身韵的灵魂，是理解中国传统身体哲学思想的重要切入口，因而对神韵的掌握，我们在演绎层面上不做更高的要求，而将重点放在赏析等理论性层面。由此，笔者在教授动作之余，还在课堂上穿插许多古典哲学思想的讲述，改变舞蹈课只重动作、而轻理论的旧习，从理念层面上帮助学生理解中国古典舞的内涵及动作逻辑，从而达到身心合一的训练目的。课程结构的调整更加突出了中国古典舞的

美学特征——"圆",学生在舞动肢体的同时能清醒地体验中国古典文化在身体动作上的表现。身心结合的学习状态使得学生们学习热情高涨,不少同学在课余主动练习、录制视频发给授课教师,在视频网站上搜索学习古典舞相关的小曲目并分享学习成果。

(三)强化学生主体,充分发挥课堂思想教育作用

在课堂教学活动中充分引导学生发挥其主体作用,将传统的灌输教育模式转变为启发诱导式教育,极大地发挥受教育者的学习积极性。通过探索不同的教育方法,提升育人效果。要破解思政的"难题",需要教育者通过灵活多样化的教学手段方法,避免空洞的说教。例如,在课堂教学中,笔者开发编创红色歌曲与古典舞蹈组合,在传授技能的同时,将组合中蕴含的中国优秀传统文化娓娓道来,发挥美育与德育融合式育人效果。此外,利用古典舞元素,开展多渠道教学实践活动,通过艺术实践、第二课堂等方式达到思政教育的目的。

总之,古典舞蹈与中华传统文化密切相关,具有深厚的文化底蕴和历史内涵,教师既可以在舞蹈教学开始前,讲述古典舞蹈的历史背景或有关故事;在舞蹈教学过程中,详细讲解古典舞与其他舞蹈的区别,让学生理解古典舞所代表的中华传统文化,并从中汲取思想精华,让学生了解中华文化的丰富多彩,从而对中华文明和中华文化产生整体认知,提升中华文化自信心和自豪感。

四、实施保障

(一)强大的组织力量,为学校立德树人提供坚实保障

新陆职校不断提升党组织的组织力和凝聚力,带领学校始终坚持贯彻党的教育方针,坚持社会主义办学方向,落实立德树人的根本任务,不忘为党育人为国育才的初心和使命,全面推进党的建设的自觉性坚定性,坚持党建引领学校高质量发展,大力加强和改进新形势下职校学生思想政治工作,推动形成良好育人环境,为立德树人提供有力保障。

(二)持续的学习动力,为思政融入课程提供丰厚素材

作为新陆职校党支部的一名教师,笔者和其他党员教师一样,积极参与学校党组织开展的学习教育活动,推动理想信念教育入脑入心入行。整

个学习过程让笔者深刻理解到课程中的思政渗透重在凝聚政治向心力,重要责任就在于价值引领,教师教学过程中应该积极传播中华优秀文化精髓,促进民族精神的认同和文化自信的形成;在"四史"学习教育期间,笔者也发现了其中蕴含着丰富的教学资源,这都为将思政融入课程提供了生动素材和鲜活案例。

(三)优秀的教师团队,为推动文化传承提供强大动力

舞蹈老师们不仅外表阳光健康,做人光明磊落,言谈举止中也充满着正能量。精湛的专业能力和纯洁高尚的人格魅力,不仅深深影响着学生,也形成了无形而强大的"校园能量场",示范引导着未来的学前教育者们成为具有高度社会责任感的建设者和接班人。

五、特色与成果

中华民族不仅有着悠久的发展历史,更在历史发展中形成了伟大的民族精神,正是当代人文化自觉、自信的根基所在。舞蹈作为历史、生活、风俗、审美的再现,可谓民族文化的缩影。在具体教学活动中,本案例有了如下收获。

(一)促进学生了解传统文化

通过古典舞蹈的技巧和文化知识的教学,突出了对中国优秀传统文化知识的熏陶和渲染,让学生在学习舞蹈的同时能够明白舞蹈的含义以及了解舞蹈背后的历史和文化意义,明白所学习的舞蹈对于我国优秀文化的传承具有十分深刻且重要的意义,从而能够更加懂得如何通过舞蹈去表达自己,表达和弘扬我国的优秀传统文化,并且将弘扬和传承我国优秀传统文化作为己任,使其能够发扬光大。

(二)培养学生正确的价值观

学习舞蹈不是机械地模仿舞蹈动作,而是在学习过程中感受自身身体的律动,领会舞蹈动作背后的精神内涵和所要表达的情感。学生只有学会通过舞蹈动作释放自身情绪,增强舞蹈动作的感染力,才会对舞蹈中的情感产生更深的理解。情感教育本身与思想政治教育有很深的关联,会影响一个人的思想走向和价值判断。一个拥有强大情感动力的人,其思想也会更加深邃,对社会和世界的认识也会更加清晰。

（三）增强学生专业实践能力

舞蹈教师积极开展教学实践活动，让学生练习团体舞蹈并上台表演，提高学生的自信心，磨炼学生的舞台表演能力，让学生更好地展现自己。除了让学生参加学校文艺表演，教师还可以带领学生参与公益活动，比如让学生在敬老院进行公益表演，培养学生尊敬老人的精神品质。学生只有怀着一颗善良的育人之心，才会在未来成为一位合格的学前教师。

六、体会与思考

（一）身体力行，传承中华优秀文化

习近平总书记在全国宣传思想工作会议上指出，要"讲清楚中华优秀传统文化是中华民族的突出优势，是我们最深厚的文化软实力"，中国古典舞身韵是我国戏曲派古典舞的身段精髓，折射着我国古代哲学文化思想，习近平总书记还指出"世世代代的中华儿女培育和发展了独具特色、博大精深的中华文化，为中华民族克服困难、生生不息提供了强大精神支撑"。在新的历史起点上推进社会主义文化强国建设，需要推动中华优秀传统文化创造性转化、创新性发展，不断增强中华优秀传统文化的生命力和影响力，铸就中华文化新辉煌。教师自身的能量十分重要，在"温故知新"中理解传统文化，并赋予其时代内涵，从而完成"创造性转化"，以新时代的教育方式和方法传递给学生，帮助学生理解自身、理解社会、理解世界。教育工作者是民族文化承上启下的重要连接，我们有责任做好传承人，身体力行地将我国优秀传统文化传递给下一代。

（二）立德树人，对标时代教育要求

舞蹈课程作为学前教育专业的艺术性课程之一，承担着为学前教育行业输送艺术型人才的重要责任。面对新时期教育教学要求，如何在职校学前教育专业舞蹈课堂中融入思想政治教育也是职校教师的重点任务。学前教育专业舞蹈课程的实践性较强，鉴于这一特点，教师们还要继续不断挖掘其蕴含的思想政治教育元素，有效地实现舞蹈专业课堂与思政教育的结合，二者互相促进，在潜移默化中实现对学前教育专业学生的思政教育，引导学生在掌握专业技能的前提下，主动并自觉担负起历史使命以及新时期的社会时代责任，逐渐发展成全面发展、有责任感的好青年。

参考文献

[1] 董杰.舞蹈教育中传统文化传承问题研究[J].戏剧之家，2021(25).

[2] 马娜.论我国传统文化在舞蹈教学中的渗透[J].艺术教育，2020（11）.

[3] 徐建堂.高职院校舞蹈类课程思政教学探索[J].知识文库，2020（04）.

[4] 马克斯文."思政"元素融入学前教育专业舞蹈课程的实践研究[J].艺术教育，2021（08）.

思政 篇

依托课程载体，提升中职校德育实效性研究
——以学前教育专业中（本）贯通为例

上海市新陆职业技术学校

王海英　李青青　孙隽　周姝　俞玉曙

丁忠维　侯俭燕　杨佳蕾　邱芸瑛

【摘　要】中职学校培养技能很重要，可是思政教育更是关乎人才培养的方向性问题。本研究以习近平新时代中国特色社会主义思想为指导，坚持社会主义办学方向，紧紧围绕"培养什么人、怎样培养人、为谁培养人"这个根本问题，牢牢把握立德树人这一根本任务，充分发挥中职课堂教学主渠道作用，按照"所有课程都有育人功能"的要求，深入挖掘各类通识课程、专业课程及各教学环节育人功能，通过挖掘、激活、利用各类课程的思政元素、精准把握中职学校课程思政的教育教学重点，形成各类各门课程协同育人格局，努力培养德智体美劳全面发展的社会主义建设者和接班人。

【关键字】课程思政　德育　实效性

随着我国产业转型升级、经济快速稳步发展，近几年我国职业教育迅速发展，培养了大批技能型人才，为提高劳动者素质、推动经济社会发展和促进就业做出了重要贡献，职业教育成为培养技能型创新人才的重要途径。和传统的技能人才相比，技能型创新人才不仅要有精湛的技能，更要有正确的价值观和过硬的综合素质。培养技能很重要，可是思政教育更是关乎"为谁培养人"和"培养什么样的人"这两个重要问题。

目前，中职校对学生的技能培养方面较为重视，也取得了相当的成效，而在思政教育方面，却还存在一定的问题。本课题研究则以此为出发点，探究课程思政视域下如何提升中职校德育的时效性。项目主要依托上海市新陆职业技术学校（以下简称新陆职校）学前教育专业为例进行，以期对中等职业教育具有一定的辐射作用。学前教育专业作为新陆职校的王牌

专业，该专业与上海师范大学天华学院开展中本、中高贯通人才培养。两所院校的学前教育专业均是依据上海现代服务业发展而较早开设的社会需求较为稳定的专业。历年来，两所院校依托各自的行业和政府背景之有利条件，充分利用各种教学资源、凭借雄厚的师资力量、良好的实训设备、专业发展的前瞻性把握等方面的优势，招生和就业一直保持良好势头，其毕业学生业已成为上海各幼儿园、早教中心的首选对象。从目前学前教育的发展定位来看，尤其是上海放开二胎生育的政策下，学前教育必将是一个有着稳定市场需求的长线专业。从这一点来看更增强本课题研究的实际价值。而在这一专业背景下，学校的德育建设如何呢？新陆职校在设计和规划德育课程时结合自身实际和发展需要，确立了"文化积淀、自主发展、健康成长"的德育课程总体目标。学校德育课程立足于学校实际，以培养学生良好思想道德素质、健康的心理品质和健康人格为主要目标，以教材的处理与开发、活动的设计与实践、资源的挖掘与整合，努力构建以思想品德教育为本、以文化建设为核的校本德育课程体系。

一、项目研究意义

首先，拓宽中职校核心价值观传播途径。中职校需要在宏观上整体把握和推进学校思政育人模式，扩大辐射范围，秉持"全面思政教育、立体思政教育、创新思政教育"理念，主动转变思路，开启课程思政建设，促进包括通识课、专业课在内的各类课程和思政教育的有机结合，挖掘和充实各类课程的思政教育资源，从而使得学校核心价值观的传播途径得以拓宽。

其次，提高育人活动的应用价值。在课程思政视域下，研究中职校德育实效性，倡导课堂德育与主体德育，激发德育主体的能动性，有利于把外化的道德理论内化为根植于主体心底的道德认知，从而为解决社会实际问题服务，达到学以致用、知行合一的目的。

最后，是提升中职校学生主体思想道德素质的必然选择。当前人才培养要靠教育，而育人为本，又以德育为先。在课程思政的新理念下，增强中职校学生主体德育实效性研究有助于培养与现行体制相适应的高素质与技能型人才。所以，这也是时代的呼唤和社会发展的必然选择。

二、项目研究现状

（一）国内研究

国内关于课程思政的研究还主要是在探索和整体架构阶段，认识到架构"课程思政"体系的终极目标就是要形成学生的文化自觉和自信，将社会主义核心价值观内化于心、外化于行。打造课程思政的一体两翼，全面提高学校人才培养能力。同时也意识到"课程思政"打造需要加强党对学校工作的领导，需要切实提升教师德育意识和价值教育能力，课程设计需要遵循教书育人规律。

国内关于德育实效的研究还是比较多的，如《德育实效性问题与世纪抉择》《增强德育的实效性问题研究》《马克思主义理论教育规律及其实效性研究》《思想政治教育有效性研究》《浅谈中职校的课程思政教育》等，学者们从心理学、管理学、行为科学、教育学、哲学等不同视角对提高学校学生德育实效性问题进行了广泛探索。

（二）国外研究

国外虽然没有思政这种说法，但在研究中也有的涉及了一些思政方面的内容，如公民意识、道德品质、身心健康、敬业精神、奉献精神、团队合作、民族精神、爱国主义情感等，他们也特别重视对学生开展德育工作。在德育实效性层面，国外更加注意审视人类实践的思想道德前提，国际教育出现了人本化、伦理化的趋势。从客体德育到主体德育、从知性德育到行为德育，学校育人工作更加注重学生道德素质的形成性和发展性评价，不断增强德育理论和实践的科学性、针对性和实效性。

三、项目研究目标

第一，厘清课程思政教育的内涵，架构课程思政体系。课程思政体系的整体架构离不开传统思政课程的引领示范。学校思想政治理论课是巩固马克思主义在意识形态领域指导地位、坚持社会主义办学方向的重要阵地，传统思政课程要充分发挥示范效应，凸显其作为主渠道、主课堂的显性功能。立足办学特色拓展通识课程思政内涵，专业课要充分挖掘自身特色和优势，提炼专业课程中蕴含的文化基因和价值范式，将其转化为社会主义核心价值观具体化、生动化的有效教学载体。

第二，厘清课程思政视域下学校德育实效性内涵。课程思政教育视野下学生德育实效性就是从课程思政教育的视野出发，以学生为本，教书与育人相结合，德育为先，全员、全过程、全方位地开展学生德育工作，切实有效地提高包括德育效果、德育效益、德育效率在内的学生德育时效性。

第三，架构学校德育实效性的衡量标准。德育实效性的衡量主要体现在内在效果，即个体的自由全面发展；外在效益，即教育服务社会的效果；整体效率，即充分挖掘和整合校内外德育资源，形成全方位、多层次的德育机制，实现德育成效的最大化。

第四，本项目主要由新陆职校牵头开展，该校建立了完善的德育工作架构，育人总目标、实施教育的分层细目标以及机制核心途径等内容。学校建立了德育工作领导小组，形成校长负责、分管校领导主管、学生工作部门实施、教学与后勤等行政部门密切配合、共青团和学生会积极参与的德育工作组织体系。通过此项课题的开展，也会将相关研究成果融入学校人才培养方案的制订（修订）过程中，将德育目标体现在人才培养的具体目标中，从而更好地服务学校的人才培养。

四、项目研究内容

（一）核心概念界定

1.德育的含义

什么是德育？简单地说，德育就是把一定时期社会的思想观点、政治准则和道德规范，转化为受教育者个体的思想品德的社会实践活动，是教育者培养受教育者思想品德的教育。它主要包括道德品质教育、思想品质教育和政治品质教育等方面。德育强调道德教育、思想教育和政治教育的内在的紧密联系。

德育是一个系统工程，它涉及社会的方方面面和社会学、心理学等各个领域，直接影响千家万户。德育可分为校内领域和校外领域两大范围。校内领域主要是指学校范围校内的一切有计划、有目的、有组织地培养学生科学的世界观、人生观、价值观，良好的道德品质和行为习惯的教育活动。校外领域是指影响学生品德成长的家庭、网络、影视传媒等社会环境。

2. 德育的功能

第一，德育的社会性功能。德育的社会性功能是指学校德育把一定社会的思想、政治和道德等社会意识、行为规范传递给年轻一代，使他们具有社会所要求的思想品德，成为社会所需要的人，以促进社会的发展和进步。具体地说，德育的社会性功能是指德育对社会、文化、经济、政治以及生态环境等发生影响的文化功能、经济功能、政治功能、生态功能等。在今天，我国学校德育的重要任务就是要培养学生对社会主义制度的深刻理解和认同，培养合格的"四有新人"，为社会主义现代化建设服务，推进我国改革开放的深入和发展，加快我国的市场经济步伐，推动我国生产力的迅猛发展，营造良好的社会舆论和道德风尚。

在德育功能的社会性层面，新陆职校将价值观和职业发展需要依托外显的知识与能力，将知识与能力作为意识层面的可视、可操作载体，以此来提升学生的主动性和自觉意识。

第二，德育的个体性功能。德育的个体性功能则是指德育对个体发展能够产生的实际影响。它主要是指学校通过有目的的教育活动，促使受教育者的身心充分、自由的发展，造就具有和谐个性的人。德育和整个教育最终要完善人的个性。个性的发展是实现个体社会化的过程，它包括知识、技能和思想品德的发展。德育在促进学生思想品德的形成发展中，离不开个性的发展，而个性发展又依赖于思想品德等个性特点的发展，因此，思想品德的形成和个性的和谐发展是一致的。德育不仅仅要有目的地培养学生的思想品德，而且要促进整个学生个性的发展，塑造和谐的个性是德育追求的最终目标。

德育要造就和谐个性的人，需要实现个人价值和社会价值的统一。德育在个性发展中具有定向作用，即德育是解决人的思想方向问题的，个性发展沿着什么方向进行，要依靠德育加以引导。德育在个性发展中具有合理的建构作用。即全面发展的和谐个性并非天然形成的，它要依靠人的塑造，依靠教育的加工，人的个性是由各方面特质有机构成的统一体，某方面特质有缺陷就影响着个性的和谐发展，因此应当把塑造教育和改造教育结合起来，发扬个性中优良的因素，克服、矫正其消极因素。德育在个性发展中还具有心理保健作用，即一个心理健康的人，个性才能得到健全的发展，它的智力才能正常发挥，情绪才能稳定愉快，行为和思想才能统一而协调，才能有正确的自我观念、良好的人际关系和有效的社会适应能力。在现代社会，德育的心理保健更应重视预防心理不良状况的发生。

第三，德育的教育性功能。德育的目标是使受教育者成为道德纯洁、理想高尚的人。赫尔巴特说过："我不承认有任何无教育的教学。"教学中包含着教育，教育能促进教学，教育是应该包含有教导和学习的因素在内，教育无完全脱离教育价值的教学，更没有脱离德育任务的智育、体育和美育。德智体美诸育是相互融通的一个整体，德育可以为受教育者提供强大的学习动机，为受教育者提供努力和前进的方向，可以为受教育者提供良好行为习惯和学习方式、方法上的直接支持。

在这一点上，新陆职校以"全员德育"的观念来制订管理策略、课程内容、实施途径，合理组织与调动学校内部各个部门、各个层级以及学校外部（家庭、社会）的力量，使其协调一致地和谐联动，取得最佳的教育效果；同时强调整体育人，以帮助学生可持续发展为目标，全面提高学生的综合素质。

3. 德育实效性概念

德育实效性是指德育工作的实际效果和真实效应。中职校德育教育的实效性主要是指中职校运用一定的方法开展思想教育、政治教育和道德教育这些德育工作时所取得的实际效果和真实效应。它具有综合性和长期性的特点。实效性是中职校德育教育工作的生命和灵魂，欠缺实效性，德育教育工作便失去了意义。

为开展德育的实效性研究，新陆职校牵头调研了学生对于"学会正确选择人生发展道路的相关知识，具备自主、自立、自强的态度和能力"认同度几乎为100%，但在平常教学过程中，学生能够主动发现问题、解决问题、建立良好学习习惯，以实际行动落实该德育目标的行为，却少而又少。并非德育目标缺失，最主要的是德育实效的隐现。

因此在这里有必要对中职学前教育专业学生德育特点进行简单分析。第一，中职学前教育专业学生基础文化知识相对较弱，缺乏自己期望中的肯定，容易不自信甚至否定自己而产生自卑心理。第二，行为表现力较强，但自控力和心理承受能力偏低。第三，对职业有一定的概念认识，但对职业道德的认识模糊。而本研究的开展正是在遵循特定群体认知结构的基础上进行的。

（二）学校德育现状

近年来，中职校加强了教学改革，德育课程也在不断加强，尽管如此，德育教育现状仍然不容乐观，投入与实际效果不成正比，德育教育也没有达到社会和学校对学生的期望。新陆职校牵头开展了《上海市浦东新区中等职业学校德育实效性调研》，问卷分为学生卷和教师卷，具体现状如下：

1. 对德育认识不到位

中职校人才培养具有职业性、技能性的特点，当前学生面临巨大的就业压力，教育者在实践教学过程中更多的是采取实用的态度，重智育轻德育。许多中职校过分强调职业特色，突出学生专业技能的培养，甚至部分教师认为德育是班主任的事，从而忽略了学生的道德素养。一般情况下，德育课程给学生的印象是教师讲，学生听，死记硬背。学生也没有认识到德育对他们成长的重要性，对德育课程提不起兴趣甚至产生抵触的心理。例如在关于德育现状（教师卷）的调研中，被问及除了专门德育课程之外，专业课程中是否有德育渗透？只有55%的教师认为有很大的渗透，而42%的教师认为一般，还有部分教师认为很少或者说不清。从这一点来看，说明德育的大概念在中职校尚未完全确立，德育教育有时还是存在从专业教育中剥离的现象。

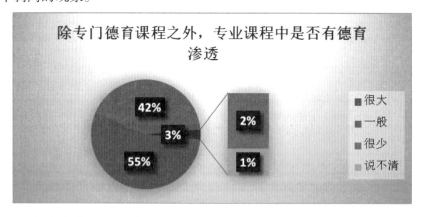

2. 德育内容与实际相脱节

中职校在德育教学内容的设计上存在诸多不足之处，内容上过于强调道德信条和行为规范，忽略学生的个体需要；教育内容过于理想化，流于形式，与实际生活相脱节，即使学生背得滚瓜烂熟，但是却很难内化为道德观念。因此，德育教育内容难以满足中职校学生的需求，无法取得理想的效果。例如，在关于学校德育（教师卷）调研中，你认为学校德育最需要加强哪方面的工作？其中教师认为最需要加强依托社会实践提升德育的实效性，这一项占比最高，达到了39%，其次为学科渗透和德育课程教学。而关于学校德育特色的调研中，当问及被调研教师是否了解学校德育的德育特色时，在全员育人理念下，只有67%的教师了解，28%的教师仅仅知道一点，而还有5%的教师竟然是不清楚。这也从另一方面折射出德育的实效性不是很强。

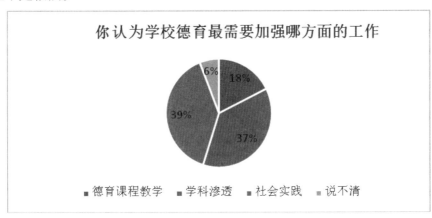

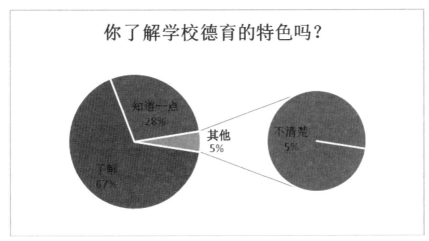

3. 教学方式相对单一

目前，一些中职校将德育等同于智育，甚至以智育代替德育，形成以知识传授为主旨的德育教学方式，忽略了学生的主体性地位。在学习的过程中，重形不重神，强调学生对道德知识的理解与记忆，学生的内心体验得不到满足。再加上中职校的学生本身自主学习能力较为低下、学习注意力不集中、自我控制能力差，严重制约了中职校德育教育的实效性。例如在调研学生关于德育课的开展形式如何时，其中学习方式和教学方式相对单一的占比达到了41%。而在关于德育课教学形式的调研中（你所在班级德育教学的教学形式是怎样的？），了解到主要形式是教师讲授和课堂讨论，学生自学与学社活动等相对较少。

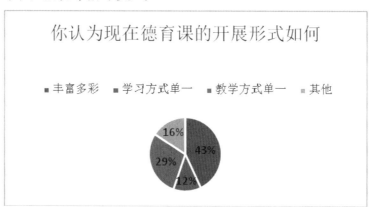

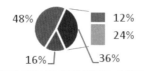

4.社会道德环境复杂

如今我国进入了社会转型时期，政治经济体制改革不断深化，给社会思想方面带来了深刻的变革。当前中职校学生所处的德育环境发生了很大的变化，给学生的思想带来了巨大冲击，思想高尚的人经常遭到不公平的对待,任劳任怨的人未必能致富,通过投机取巧反而更容易致富等。学生的道德需要乏力,给中职校德育教育带来严峻的考验。

5. 德育评价欠缺设计

德育评价具有重要作用,这当然也应该包括德育工作的评价。可是在工作中,人们往往在进行德育评价时,只评价德育工作的主要结果即学生的思想品德,而且对学生的思想品德评价也往往只是总结性的评价。对于学生来讲,主要是采用期末考试和任课教师打的平时成绩相结合的方法。品德评价是为了更好地进行德育教育,同时在品德评价的过程中也可以随时进行德育教育,可是很多德育工作者往往是把评价结果交给学生,评价工作就宣告结束,从而失去了在评价过程中教育学生的契机,也没有在评价后针对存在的德育问题进行弥补。不难看出德育评价体系还不尽合理,他人评价较多,自我评价较少;对德育的评价不仅要采用定量的方法,还应把定性和定量结合起来;应该提高形成性评价所占的比例;在评价中减少主观因素的影响,在评价方法和评价技术上下功夫,提高评价的客观性;重视德育评价过程中的德育教育和评价结果出来后的德育教育。例如就德育考核方式对学生进行调研中,我们发现,学生更喜欢综合性的评价方式,如评价内容上将课堂表现、德育作业、日常行为等相结合;评价主体上教师评价、学生自评与同伴互评相结合;评价方法更倾向于开卷评价方法。

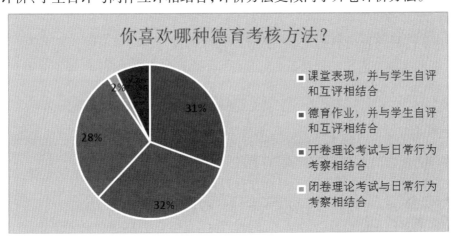

（三）德育影响因素分析

制约中职校德育实效性最重要的原因在于德育没有树立以人为本的

理念，忽视了学生是一个现实的人，一个生活于现实的有需要、有情感、有思想、有一定德育发展水平和各种思想困惑的人，只是把学生纯粹视为教育的对象，进行德育理论的灌输和行为约束，具体表现如下：

1. 德育目标理想化

德育目标的制定要从客观实际出发，根据一定社会对其公民的思想品德的基本要求和受教育者身心发展的需要，并受到一定社会文化背景的教育价值观的影响而提出来的。因此，学校在制定德育目标时，既要有面向全体学生的共同的总体发展目标，同时也应有满足不同层次学生的心理特点、思想品德实际、认知能力的具体目标。而事实上，我们中职校在制定德育目标时却忽略了这一点，总是突出社会需要、总体要求，德育目标显得"高、大、同"。

2. 德育功能的错位

德育既有社会性功能也有个体性功能。我国传统的德育价值取向是以社会为本位的，特别强调个人从属于集体、社会和国家，所以德育总是在教育学生如何"为他人或社会着想，为他人或社会付出"，忽视学生需要什么，赞成什么、反对什么，德育又能为人做些什么？当社会需要什么，德育就抓什么，而忽视了德育的本性，即对人及人性完善的关注。

3. 德育内容不能满足学生需要

受传统教育观的影响，人们对学校德育的理解定位在学生在校接受教育期间，对德育内容的理解局限在思想政治理论课教科书中，而目前很多中职校在德育内容的设置上，套用的是普通教育德育内容，以至不同类型、不同层次学校的德育内容大同小异。

4. 德育过程认知化

传统德育习惯于把德育过程等同于知识的认知过程，把德育当作一门科学文化知识来教，很多学校存在我们的任课教师不能把抽象的理论和学生的思想、生活结合起来。教师往往对教材钻研的多，对学生的思想、生活实际了解的少；学校往往对德育理论课程关注的多，对学生日常思想行为指导的少。德育课程如果不能满足学生的精神需要和调适其心理困惑，那么只能成为空洞的说教，让学生感到反感和排斥。二是教育方法的"应试化"。很多学校存在将德育教育转化为单纯的记忆学科。

5. 德育方法的保守性和德育评价的不科学性

目前我国的德育方法已有较大的改观,但是总体上仍然未摆脱硬性灌输为主的传统模式,忽视了学生的主体地位,把他们简单地当成教育对象,一味地灌输现成结论,只注重对他们进行观念的说教、规范的灌输、行为的约束,忽视了道德能力的培养和行为的养成。德育过程忽略了学生的主体参与和人与人之间的情感交流,以及环境、现代教育手段、教育者的人格魅力等对教育对象的熏陶作用。教育家杜威曾经说过,灌输的本质是强制的、封闭人的思想的,是限制人的知识和道德发展的。

(四)德育实施的有效原则分析

在对中职校德育实施途径、原因分析的基础上,如何选择恰当的德育实施途径成为亟待解决的问题,针对中职校德育的特殊性,拓展中职校德育途径需要遵循如下原则。

1. 学生主体性原则

中职校学生德育工作既要重视教师主导作用的发挥,又要尊重学生的主体地位,遵循学生主体原则要求中职校在德育实施选择的过程中做到改变陈旧的学习方法,创新新的德育路径。中职校德育实施的途径需要具体的实施方法,在实施过程中要鼓励学生进行自主探索、自主发现,激发学生个人兴趣,改变现有的灌输式学习方法,把被动接受的学生地位放在自己学习的学习地位,进而提高学生的德育实践能力和道德行为。

在这一点上,新陆职校除了发挥学生主体性原则之外,充分体现鲜明的学校特色,立足学校实际,确立校本发展的理念,形成学校有特色、有实效的德育课程。同时课程设置、内容选择的切入口要小、要实,从理念、方法、内容等各方面都能被师生接受和认同,操作性要强,才能取得较好的教育效果。

2. 协调统一性原则

中职校德育途径选择上要注重整体协调一致,注意德育途径选择上的配合,既能节约现有的德育资源,又能增加学生的德育效果。在具体的实施上,尽量多运用案例分析法、事件角色互换法、场景模拟法等方法进行德育实施;学校既可以利用学校资源如社团活动等途径进行中职校学生的德育工作,也可以组织学生以到企业实习或参观的形式,增加学生见闻,进而进行思想道德和职业道德教育。

例如新陆职校以"全员德育"的观念来制订管理策略、课程内容、实施途径，合理组织与调动学校内部各个部门、各个层级以及学校外部（家庭、社会）的力量，使其协调一致地和谐联动，取得最佳的教育效果；同时强调整体育人，以帮助学生可持续发展为目标，全面提高学生的综合素质。

3. 区别性原则

中职校在对学生进行德育教育时要注意所要达到的具体德育目标，根据不同的德育目标和德育内容选择相应的德育途径。通常我们将德育目标分为如下几个方面：第一，政治思想方面所要达到的目标。第二，职业技术能力所要达到的目标。第三，学生之所以为"人"方面的目标，即生命健康教育、自尊教育、人际关系教育、挫折教育等，在德育途径的选择上可以结合具体的实践活动或社会道德教育实践基地等。

在这一点上，新陆职校充分考虑到学校实际情况和师生特点，采用广大师生易于接受的形式来实施有效教育。此外，各类规章制度、管理措施都是主动适应学校环境和师生群体特点，以求得社会、家长及师生对德育课程的认同。

五、项目研究建议

课程思政视域下德育时效性是德育管理追求的结果，坚持德育时效性原则必然要求运用德育管理手段，强化管理措施来增强德育的时效性。

（一）协调责权利的关系，优化德育管理体制

德育管理者应根据学校实际和特点建立一个层次清晰、职责明确、责权利相一致、相互协调、目标一致、有效运作、功能整合的学校德育管理体制，这是应对责权不明、推诿扯皮、多头管理、无人负责的对策，也是现代德育管理的内在要求。中职校的德育工作应由书记统一领导，书记是学校德育管理工作的第一责任人，校长负责组织德育目标和计划的制定与执行。学校德育工作在校长的带领下，由学生管理部门牵头，提出德育目标的实施方案，负责协调和督促检查德育。

在这一方面新陆职校走在了前面。学校建立了完善的德育工作架构，育人总目标、实施教育的分层细目标以及机制核心途径等。建立了德育工

作领导小组,形成书记领导、校长负责、分管校领导主管、学生工作部门实施、教学与后勤等行政部门密切配合、共青团和学生会积极参与的德育工作组织体系。在这一领导机制下,学校领导注重发挥学校文化"润物细无声"的教育作用,学校利用每周的升国旗来激发学生的爱国情怀,践行社会主义核心价值观。同时学校运用标语教育提升学生的精气神和文化素养,标语是情的教育,也是目标的教育。

(二)德育目标要科学化,清晰务实具操作性

德育目标管理是学校依据党和国家的政策方针、学校外部和内部的环境条件,确定学校在一定时期内预期达到的德育成效,制定出具体目标,并为实现目标而进行的组织、激励、控制、检查等工作的管理方法和制度。中职校德育目标要具体、务实,同时要注意关注如下三个层面:第一,中职校的德育目标必须增加道德价值判断和选择能力的成分。第二,在全面提高学生的文化素养,培养学生专业和实践技能的同时,关注学生的个性发展,把个性发展和人格的社会性培养结合起来。第三,中职校德育目标的确立要依据受教育者的身心发展规律,德育目标既要以各级各类教育的品德培养目标为基础,同时还要通过具体的德育目标去落实,需要反映不同学段受教育对象的共同性与特殊性。与此同时,在德育的实施过程中也要注意如下几点:把德育目标自上而下分解到部门和个人、有具体措施来保证分目标和总目标、要围绕德育工作的落实情况及时发现和解决问题、绘制德育实施进度表、进行目标实施中的监督和检查等。学校德育系统要发挥整体优势,围绕德育目标,上下一心,团结协作,保证德育目标的顺利完成。

德育中的知识学习最终要转化为价值学习,以塑造人的品德人格为目的。新陆职校对德育课程教学实施严格的管理模式,做到大纲、教材、教师、课时和考核"五落实"。不仅按照国家规定,开足开齐《职业生涯规划与就业创业》《职业道德与法律》《经济政治与社会》《哲学与人生》等德育课程,还要针对学校实际进行德育教育内容扩充,以符合时代性和政治性;编写具有地方特色的德育校本教材1本以上,每年开设2次以上专题讲座和特色德育活动。学校在课程设计中深入分析中职德育原则与要求,找寻德育原则中能够与学生已有经验相结合的点,进行知识筛选。同时以体验的方式进行课程设计,通过活动系列化课程,让学生能够在活动中,亲自参与

体验,从感知、体验、反思和分享的过程中,达到德育课程的目标。最后学校还要关注学生体验后的自主交流,鼓励学生在课堂之外的继续学习。

(三)优化德育课程渠道,拓宽专业课程途径

当前德育课程教学方法多采用强制灌输的方式向学生进行思想政治教育,中职校学生对这种教学方法存在很大的抵触和畏难情绪,在相关中职校德育课程教学方法的改革中可以采用隐性教学法,德育课程教学过程中使用隐性教学法意指在课堂中由对学生的知识强制性灌输改变为对学生的引导过程,教师可以根据学生的思想实际状况,结合课程的总体目标,为学生自由选题,在规定的时间内提交相关报告,由学生自己安排时间和制定进度计划,培养学生自我管理的能力和自主发现的精神。同时在教学过程中应穿插案例教学法来完善隐性德育实施效果。由于德育课程性质,德育课程内容有很多的理论知识,纯理论的教学方式不能提高德育效果,还会在上课的过程中增加学生压力与反感,穿插案例教学的方法,有助于将中职校学生的理论学习引入到相关事件的背景学习,能够使课堂氛围轻松愉快。拓宽专业课程的德育途径,可以分为选修性质的,也可以分为专业核心课程。可以将思想品德教育、人文教育、职业道德教育和专业学习连为一体,在学习的过程中,能帮助学生从多角度深入理解不同的德育思想。

新陆职校在德育实施过程中,课程载体分为基础型课程、拓展性课程和探究型课程。在基础型课程实施过程中要求教师要牢固确立"全员育人"的观念,通过各基础型课程的学科教学对学生进行思想品德教育,除了要准确把握本学科教学中的"知识和技能""过程和方法"方面的目标,更要关注"情感态度与价值观"等德育目标和德育内容,并落实在备课、听课、评课、教研等各个环节中。要充分考虑学生实际、师生关系、教学环境等要素,采用灵活多样的教学方法,让学生在潜移默化中受到感染和启迪,真正做到教好书育好人,充分体现德育主渠道的功能,使课堂成为温馨教室的重要体现。拓展性课程包括专题教育、班团队活动课程、社区服务和社会实践活动等。同时学校制定探究型课程实施方案,要求教师根据实际设计课题,指导学生开展课题探究。横向贯通、纵向衔接、分层递进、螺旋上升,经过德育实践活动的"内化"与"外化"的过程,促进学生德行的整体化发

展。与此同时学校还以各种活动和竞赛为载体,在每个中国传统节日和重大节日举办文艺或竞赛活动,开展形式多样、丰富多彩的正能量活动,潜移默化地渗透德育,拓展了学生德育课堂教学的形式和内容,同时为学生提供了锻炼的平台。

(四)课程思政融入实践,增加德育实践路径

中职校培养目标高度的职业化特色要求中职校在培养人才的过程中拓展多种培养渠道模式的必要性,增加中职校学生的实践活动能够帮助学生在实践中构筑职业意识,形成完备的职业道德,帮助学生更好地融入群体,增加团队合作感。当前中职校都在积极拓展实践环节中德育实施路径,其中 EPI-CDIO 理念由于与中职校职业特色的高度契合性逐步被作为拓展高职院校德育实施的新模式。CDIO 工程教育模式是2000年麻省理工学院和瑞典皇家工学院等四所大学组成的跨国研究理念,CDIO 具体含义分别代表构思(conceive)、设计(design)、实现(implement)和运作(operate),CDIO 理念贯穿了从产品生产到正式投入市场经营的生命周期全部过程,通过让学生建立实践内容、课程理论之间的联系程度培养学生完成任务的主动性。在这一点上,中职校可以依托深化校企合作模式、拓宽第二课堂等途径,增加中职校学生的实践技能和职业道德品质,进而推动学校德育建设工作。

新陆职校依托创新创业教育推进学校德育工作的开展,将其打造为德育实施的有效载体。开展创新创业教育,以创新精神、创业意识和创新能力培养为导向,创新人才培养体制机制,全面深化人才培养模式和教育教学方法改革,推动专业教育与创新创业教育有机融合,积极探索产教协同、科教协同等育人模式,实现学生、教师和课程的全覆盖。充分挖掘互联网环境下优质教育资源,不断丰富数字化资源,积极实行多种形式的翻转课堂教学,开展"研究式""参与式"等教学方式方法改革,建设多学科交叉课程,促进优质教学资源共享,打造基于网络信息技术的"互联网 + 创新创业教育"新模式。

与此同时,新陆职校是以学前教育为品牌专业的中职院校,学生毕业后的工作对象是低幼年龄的孩子,孩子是我们的未来和希望,所以,对学前教育专业学生的要求更高。因此在德育工作中更需要将德育理念融入实

践中，因此学校开展了教师下企业，教师在下企业过程中，除了基本的技能学习，同时了解企业文化，将企业文化渗透到课堂教学中。从学生层面，学校注重实习反思，促进教学能力和专业技能发展。通过教育实习，学前教育专业学生可以观察并认识到幼儿身心发展的特点和个性差异，了解在幼儿园中需要实行怎样的环境创设，需要在一日生活中设计怎样的组织与保育、游戏等其他教育活动。对于学前教育专业学生返校后，要主动收集分析相关信息，制订个人专业发展规划，通过不断学习、实践、反思来提升自身专业素质，提高学前教育职业意识与职业技能，从而为学前教育质量的提升和幼儿的健康发展打下良好的基础。

（五）提高全员师德水平，加强德育队伍管理

在课程思政视域下，德育工作不能光靠德育管理者和教学人员，全校教工都会影响德育工作的开展。对学生来说，学校的每位教师都是他们了解这个学校的窗口，也都会影响他们的言行和价值判断。中职校要想做好德育工作，提高德育工作的时效性，一定要提高全员师德水平，包括学生管理部门、后勤服务部门、实习工厂和实践基地。否则课堂上德育教师讲一套，课下德育教师或其他教师做一套，学生会感到教育的滑稽和虚伪，从而使得德育教育效果走向反面。每一位教师，都要时刻提醒自己的职业和职业相应的要求，要清楚自己的言行具备一定的导向作用，会影响到学生，学生还会继续这个影响，把它扩散传播开来，所以教师提高职业道德，从外在的严于律己升华为内在的道德品格是十分必要和重要的。德育工作者是学校德育工作的保证，德育管理要从根本上调动德育工作者的积极性，以促使他们充分发挥主观能动性，因此，德育管理要通过加强管理，建立制度，重视人的因素，提高德育工作的实效。

新陆职校从学校层面、学部层面、专业层面、班级层面为学生制定道德标语，层层深入，促进学生对学校认可、对专业认可、对班级认可并对自己认可。同时在德育队伍建设过程中，新陆职校注重坚持全员育德，重在抓好"五支"队伍建设。第一，学校德育工作能够有效得以实施，领导是关键，因此注重提高德育领导队伍的整体水平。第二，班主任是学校德育工作的骨干力量，班主任素质高低及其工作质量好坏，直接影响到学生思想道德建设的成效，因此注重班主任队伍建设。第三，抓好德育课程教师队伍建

设。第四,抓好专任教师队伍建设。第五,学生干部队伍是身边学生的楷模,也是德育工作的小助手,因此要抓好学生干部队伍建设。

(六)坚持定性定量结合,完善德育评价体系

在德育工作评价中,要建立德育评价的指标体系,德育评价也就有了基础和方向,同时根据德育评价指标体系制定评价尺度,这样德育评价才能避免空洞、主观、走形式。德育评价的衡量尺度是在负责的人的行为的基础上建立的,要有关于人的描述性语言描述,还应有客观的量化分析。对于中职校的德育工作评价应该从德育目标、德育方案、德育组织和德育措施四个方面着手,不仅重视总结性评价还要重视诊断性评价和形成性评价,建立标准内容、标号和标度组成的标准体系,把定性和定量相结合,尽量做到全面、客观、公正,从而达到促进德育实效性的作用。

新陆职校对教师的评价是过程和结果兼重的评价。两者在评价体系中占有同等重要的地位。对学生的评价重点在于参与的过程,包括参与程度、所表现的协作能力、表达交流能力等。可以选择不同的评价方式和手段,既可是"成果式"的,也可以是"过程式"的。对学生的评价注重评价主体的多元化,可以是学生自己,也可以是同学、家长等。

(七)构建德育网络模式,发挥合力育人效果

德育网络是整合学校内部和外部的所有德育力量,由各种社会组织和其沟通渠道组成的系统网络。构建德育网络的目的是把校内外各种教育影响联系起来,形成一种力量,达到合力育人的目的。这种一体化的网络有助于促进受教育者道德品质社会化,有助于全方面素质的发展。首先,全球范围内的文化传播和文化变迁加速,使各国的学校德育面临着危机与挑战,德育工作者必须关注这些因素和这些因素的变化,在变化中寻找德育的发展方向和新方法,提高德育实效性。其次,家长要重视学生的成长,重视家庭对下一代和下几代的影响,注重孩子全面发展,防止重智轻德,重物质轻精神,重现在轻未来,重自己轻他人和社会。再次,大众传媒应创造有利于青少年成长的传媒环境,加强对大众传媒操纵者、制作者、经营者的控制,也包括提高家庭和学校、家长和老师对传媒选择和鉴赏能力。

新陆职校建设了学校、家庭、社区"三位一体"的德育工作机制。即以学校为主导、家庭为基础、社区为平台的德育工作机制,整合学校、家庭和

社区三方面的力量,形成学校、社会、家庭"三位一体"的教育网络,使学校教育与家庭教育、社区教育相互衔接,形成社会化、开放性的德育工作格局。

六、结语

新陆职校以党的十九大精神为指针,以学校工作计划为指导,针对学校实际情况,创新性地开展德育工作,使学校德育工作与学生实际情况相结合,探索出更适合学生年龄与身心特点、更适合社会发展规律的新举措,使德育工作真正落实到学生的学习生活中。然而面对外部发展环境与内部实施环境的变化,如何培养学生既能掌握过硬的应用技能又能具备良好的个人品格是德育工作重要的研究方向。新陆职校将继续坚持以爱国主义教育为主线,进一步以强化行为规范养成教育为重点,不断增强德育工作的主动性、实效性,形成全员、全方位、全过程参与的德育模式,力争在浦东新区做出学校德育工作新特色、新品牌。

参考文献

[1] 顾明远.教育大辞典简编本[M].上海:上海教育出版社,2015.

[2] 吕田甜.参与和体验式教学法在德育课上的应用实践探究[J].亚太教育,2019(03).

[3] 尊重认知规律和学科规律,提高德育实效[J].人民教育,2017(18):19-23。

[4] 教育部.《中小学德育工作指南》(教基〔2017〕8号).2017.

[5] 林海榕. 45分钟见真效——谈如何提高职业德育课课堂教学的实效性[J].考试周刊,2011(56).

[6] 傅洁明. 职业生德育课程及评价方法的探究[J].新课程研究,2009(9).

[7] 林文斌. 关于提升职业学校德育课程实效性的思考[J].吉林省教育学学院学报(学科版),2011(4).

依托课程载体，提升中职校德育实效性研究
——和谐文化在硬笔书法教学中的渗透

上海市新陆职业技术学校　沈旭泉

【摘　要】硬笔书法教学是增进民族班学生理解汉字与汉文化的重要途径，也是学校民族班开设的一门重要课程。借助硬笔书法课程载体，在书法训练的过程中进行德育渗透是提升中职校德育实效性的有效途径。本案例以学校藏族班学生为对象，以硬笔书法课程为载体，通过问题导向、理实结合、升华凝练等环节，充分挖掘硬笔书法教学背后的和谐文化元素，将其有机融入课程训练中，在无形中实现育人目标。在此过程中总结出以学生为中心设计教学，以能力为本位实施教学，以素养为宗旨，定位教学的特色与成果。在后续研究中，仍需认真思考德育元素的渗透和学生中心的定位等问题，以期更好地在硬笔书法教学中提升育人的实效性。

【关键词】中职校　课程　德育　和谐文化　硬笔书法

硬笔书法教学是学校实施民族教育，增强民族凝聚力和认同感的重要依托。对于民族班而言，实施硬笔书法教学既增加了他们对汉字的学习与了解，更增加了他们对中华民族文化的认同感。如何通过硬笔书法教学，提升民族班学生德育实效性是值得探讨的课题。

一、实施背景

所谓和谐文化，是指以崇尚和谐、追求和谐为价值取向，融思想观念、思维方式、行为规范、社会风尚为一体，反映着人们对和谐社会的总体认识、基本理念和理想追求，是中国特色社会主义文化的重要组成部分。汉字和以汉字为载体的中国书法是中华民族的文化瑰宝，是人类文明的宝贵财富。书法教育对培养学生的书写能力、审美能力和文化品质具有重要作用。在书法教学中，好的作品就是和谐文化的具体体现，即笔画、结构、章法等的和谐统一。将和谐文化纳入书法教学的过程，既能丰富书法教学内

涵,同时对于提升学生的书法水平大有好处。基于此,笔者尝试在期中考试后的教学中,将和谐文化在硬笔书法课堂教学中进行渗透。

笔者所教授的班级为19级学前教育9班(藏族班)。该民族班的学生有一定的汉语基础,学习态度认真。经过一段时间的笔画学习后,学生对多数笔画的书写有了一定的认识。硬笔书法课学校每周安排一课时,共一学年。考虑到学生的汉语基础不是很扎实,故实际教学中采用一帖一课时的进度展开教学。从以往作业和期中考试的情况来看,有三分之一的同学能写出书法例字味道的笔画且与之前相比有进步,有三分之一的同学原地踏步但保留一些书写藏文的笔意,还有三分之一的同学有放弃深入学习的迹象。具体而言,只按自己原有的书写习惯进行书写,甚至个别同学的学习态度都出现了问题,不再认真听讲和用心练字。因此,笔者在本课程教学中后段着手进行调整。

二、实施目标

硬笔书法是一种现代汉字书写艺术,兼具艺术性和实用性,是一门重要的工具性基础课程。本课程使用华东师范大学出版社出版、严卫平主编的《硬笔天天练——财经篇》。在教学过程中,以学习硬笔书法的基本知识和基本技能,树立健康的审美情趣和审美意识,培养良好的书写习惯和艺术品格为教学目标。尤其对于民族班而言,通过名篇的赏析、临摹,启迪学生对汉字的理解,认识中国书法的丰富内涵和文化价值,提升文化修养,进而增强民族认同感、自豪感和文化自信。

三、实施过程

书法教育不但具有使用价值和艺术欣赏价值,还具有德育价值。学习书法的过程实际上是一种性情的陶冶、意志的锤炼和精神文明的培育过程。下面主要从问题导向、理实结合、升华凝练等方面开展在硬笔书法教学中渗透德育元素的研究。

(一)问题导向,七嘴八舌找症结

书法的起始阶段是写字。规范、端正的书写汉字,是学生学习能力的基础。观察力是学习书法的首要能力。基于此,笔者将硬笔书法课堂教学环节分为以下五个：①点评上次优秀作业；②新课教学分析笔画；③教师学生演示点评；④学生练习笔画；⑤教师巡回指导。前面四个环节均是对学生观察力的训练，是学生中心理念在教学中的真切体现。

在课程教学中，笔者会结合课堂学生表现，在部分学生注意力不集中时及时提醒。同时结合学生期中考试和前期作业的表现，给学生明确的反馈，对于表现好的学生要及时肯定，对于存在的问题提出来供学生课堂探讨。教师则结合学生的回答加以引导，让学生在实际写字过程中发现的问题与课堂教学中教师讲授的理论知识点进行对照，进而让学生总结得出练习书法的标准——写的和字帖上的字的书法笔意，尤其要注重整体的和谐。学生之间问题的探讨，是基于书写标准的观察和比较，是观察能力的训练和培养。通过引导学生把临写的作业本与范文字的比较，找出欠缺，再次临写时，有意识地克服缺点，也有助于找出问题、发现优点。这种方法能提高学生的独立观察能力，使他们养成良好的自我检查习惯，培养精益求精的求学精神。给予学生对问题的充分探讨是书法课堂教学改革的第一步。

（二）理实结合，技能习得重体验

写字训练是学前专业学生一种职业基本技能的训练。其中，技能是主体，在已有的知识经验基础上，经过练习形成的对待某种任务的活动方式，技能获得的途径是通过重复活动或动作习得。在此过程中，教师扎实的专业知识技能和高尚的人品风范，都会成为学生效仿的对象。这就对教师的教学提出了更高的要求，传统的满堂灌的教学方式已经无法适应当前的教学需求，教师自身必须能够将书法理论知识点讲透，并辅以后续的课堂书法展示，将理论与实践相结合。

硬笔书法学习作为一门实践与应用并重的基础课程，可以让学生在学习的过程中，加强手眼笔等方面的配合，通过训练协调配合能力，不仅可以促进动作的协调性和灵活性，同时可以促进大脑的发展和完善思维模式。鉴于学习的是笔画，就要对笔画写法在轻重快慢的和谐之处进行分析，引导学生写出和谐的书法作品。具体来说，就是要把笔画写的和例字相似，首先要做到的就是要知道作者是怎么写，如何入笔和用力。在研习的过程中，把笔画研究透，写到位。笔者借助硬笔书法笔画训练口诀表展开，多数笔画的书写方式是上面表格各项的组合。在学写书法时，要研习的内容实际上就是从字的形态上找出作者在写例字时用的组合，也即是作者是如何写这个笔画的，那么再根据作者的写法写例字，练习例字，就有的放矢了。教师将书写的理论知识与实际书写相结合，给学生很好地展示了在书写笔画口诀指导下的技能训练，调动了学生的兴趣，使学生在后续的技能训练中灵活运用理论知识。

硬笔书法笔画训练口诀

项目 ＼ 书写	起笔	行笔	收笔
方向	1. 左上—右下 2. 水平	1. 左—右 2. 上—下	1. 左上—右下 2. 水平或垂直
力度	1. 轻（细、快） 2. 重（粗、慢）	1. 轻 2. 重 3. 轻—重 4. 重—轻	1. 轻（提） 2. 重（顿）

（三）升华凝练，和谐文化润心田

中国书法表现和传达的人的精神美的特点，有助于学生张扬个性，形成美的人性品格。学习书法的过程是继承文化遗产的过程，是传承先进文化的过程。和谐是书法追求的一种境界，书法教学中需要渗透中华文化传统中的和谐文化教育。

书法艺术本身就是很好的德育教材。写得一笔好字，是加强学生情感、意志、心理品质教育的有效手段。在书法教育中，引导学生从"字品"中学习做人，使之真正理解"规规矩矩写字"与"堂堂正正做人"的内在联系，从而使学生在书写过程中开阔视野，加强审美能力。笔者在硬笔书法教学中，不仅让学生了解汉字的结构及书法笔画的要义，而且重视书法艺术演变、发展历史的讲解，使学生深刻了解中国传统发出的艺术魅力，在书法学习过程中，更加热爱祖国的传统文化。此外，在书法练习中笔者也会讲述古今名人名家的经典名作和生平事迹，在书法教学中选择历代名家作品，引导学生赏析，让学生从中感受到书法的艺术魅力，感受传统文化的博大精深，激发集成与发扬民族优秀文化的决心。

四、实施保障

（1）师资保障。书法教育真正效果的实现需要具备一支高素质、专业型的师资队伍，为书法课程教学提供有力师资保障，同时也要发挥教师的示范作用，在板书、作业批改和日常书写中发挥教师的表率作用。

（2）制度保障。从制度上规范硬笔书法课程教学的相关要求，从备课、上课、反馈等环节保障教学质量，尤其是在教学中德育元素的渗透，需要吸纳语文、历史、思政等课程教师的加入，组建跨学科的教研团队。这一目的的实现需要学校制度上的保障。

五、特色与成果

（一）以学生为中心设计教学

在书法教学中，要始终围绕以学生为中心的理念开展教学设计。硬笔书法课程作为一门基础技能课程，单纯的笔画训练可能相对枯燥，这就需要教师精心设计教学。从锻炼学生耐心，培养学生情操，促进学生个体和人的整体素质提高等维度，进行教与学的改革，形成点评上次优秀作业、新课教学分析笔画、教师学生演示点评、学生练习笔画、教师巡回指导等五环节的课堂教学策略，真正践行"学生主体、教师主导"的课改理念。课堂教学设计从学生硬笔书法学习的最迫切需求出发，在课堂中给予充分的观点交流与探讨的时间，针对学生不同的学习进度和接收程度，教师给予必要的指导和示范。

（二）以能力为本位实施教学

职业教育注重学生职业素养和职业能力的培养。"字如其人"是用人单位对学生的第一印象。良好的书写能力对于学前专业的学生来说是其进入职场的敲门砖，也是最直接的基本技能和素养。书法教育必须立足学生能力培养，通过名家书法作品赏析、临帖与描摹、书法创作、学生作品品评与评比等环节，使学生的观察力、创造力、感知力、想象力等能力获得全方位提升。基于学生能力本位实施教学，不但能加强书法技能训练，提高书写水平，同时也能更好发挥书法教学在进行综合素质教育、育人功能方面的重要作用。

(三)以素养为宗旨定位教学

从某种意义上讲,书法教学的本身肩负了"技能"和"素养"的双重目标。书法的学习是技能的学习,同时更是文化的学习,还是个人修养的提升和人生境界的追求。这就要求在书法教学中,综合考虑学生的心理特征、个性特征、认知规律、汉语学习基础等因素,要遵循循序渐进的规律,从基本笔画学起,打好扎实的功底。在此基础上,优化教学策略,采用形式多样的教育手段和教学方法,让学生在对优秀文化作品的赏析和临摹中,培养审美能力,形成良好的人性品格,增强对汉字和书法丰富内涵和文化价值的理解,提高自身的文化素养。

六、体会与思考

(一)探寻和谐文化理念指导下的问题解决策略

本教学案例一定程度上克服了前期教学的弊端,首先,明确了学习的目标,让学生在亲身实践和对比的基础上,对写字的方向明晰化。其次,借助相应的口诀表并辅以适当示范,使学生对硬笔书法的笔法做了比较全面的分解和总结。同时纳入和谐的观念让学生学会研习笔画,而不是仅仅给个例字由学生自主摹、临、背,更注重在笔画理解上的整体性拔高。学生学会了研习的方法,学习的积极性和有效性有了明显提高。再次,通过小实验的方法,让学生学会把握力度,克服了书法写字时力度把握的难点。最后,学生学会研习,为接下来学生在课堂上书法的研讨打下基础,从而逐渐培养出学生要写字先研习的学习习惯和方法,不断提高学生的书写水平。

(二)探索学生中心理念在课堂教学中的科学定位

经过半个学期的学习,学生对学习书法的新奇感逐渐变为疲倦感,这和书法的教学程序有相当大的关系,之前书法教学由作业点评、写法分析、写法示范和练习组成,但仍以学生练为主,笔画写法分析主要以教师分析为主,学生主动分析不够。教师在各种教育教学活动中与学生平等相处,尊重学生的自主意识和人格,以"润物细无声"的方式影响和感染学生,才能充分唤醒学生学习的自觉性,开发其自身潜能。伴随着课改理念的深入,以学生为中心的观念得到越来越多教师的认可,但是落实到具体的课堂教学中仍有一定难度。书法课堂教学模式固定,仍旧以学生练习为主,研习比较少,研习方法的学习就更少。不研习只练习,学生就容易产生疲劳感,对于书法的理解就会处于"只见树木不见森林"的境遇,不利于形成对汉字和书法的整体性理解,从而阻碍了书法学习的成效。

参考文献

[1] 教育部关于印发《中小学书法教育指导纲要》的通知[DB/OL].http://www.moe.gov.cn/srcsite/A26/s8001/201301/t20130125_147389.html.

[2] 高职民族预科班书法教学意义及教法初探[J].剑南文学(经典教苑),2012(11).

[3] 池积善.在书法教育中渗透德育[J].现代教育科学,2007(2).

[4] 谈书法教学中文化的渗透和育人功能[DB/OL].https://www.doc88.com/p-4723401175001.html.

依托课程载体，提升中职校德育实效性研究
——以"托幼园所保育工作入门"课程为例

上海市新陆职业技术学校　　孙曼彤

【摘　要】在"托幼园所保育工作入门"课程设计过程中，需要考虑到学生个人习惯、职业行为和心理品质的养成要素，将德育渗透进专业课程的教学中，紧抓教学内容中存在的德育因素，把蕴含在保育专业知识技能的德育因素挖掘出来，尽量做到"寓德于教"，在提高职业技能的同时提升职业素养。该课程除了教会学生正确的保育工作方法，更重要的是重塑学生的科学教育观念，帮助他们真正地从内心理解为人师的意义，完成从少年到成人、从学生到老师逐步的转变。

【关键词】德育渗透　保育员　职业素养

一、实施背景

2018年11月，中央下发的《国务院关于学前教育深化改革规范发展的若干意见》明确指出，办好学前教育、实现幼有所育，是党的十九大做出的重大决策部署，是党和政府为老百姓办实事的重大民生工程。同时也指出，中等职业学校相关专业重点培养保育员。国家对中职学前教育专业人才培养定位做出调整，学前教育专业（保育方向）的培养目标，由幼儿教师转向为面向托幼园所、早期教育机构、社会儿童福利机构等学前教育机构，培养能够独立开展婴幼儿保育工作、协助教师开展婴幼儿教育工作的技术性人才，其对应的岗位是托幼园所和社会福利机构的保育岗位。

随着国家"三胎"政策的全面开放，学前教育行业将迎来巨大的市场。专家预计到2022年，我国在园幼儿数将接近5 800万人，幼儿园预计缺口近11万所，幼儿教师和保育员预计缺口超过300余万人。市场需求扩大的同时，对幼儿教育工作者的要求也在不断提升，学前教育岗位职能将进一

步细化，幼儿园教师、早期教育机构教师、保育员、育婴员等岗位要求将越发明确。为应对职业岗位需要，国家对幼儿教师资格报考条件的改革使中等职业学校学前教育专业人才培养定位做出相应调整，以应对专业发展的挑战与机遇。中职学前教育专业的人才培养目标，除了将学生培养成为具有相应职业资格的专业技术人才，还需将完善学生素质结构作为另一层面的人才培养目标。学生除了具有出色的专业技能外，还需具备合作精神、人文底蕴、创新实践精神及社会责任感等。

本学期，我任教了"托幼园所保育工作入门"课程，授课对象是2019级学前教育（保育）专业的学生，该课程理论与实训相结合，主要内容包括幼儿园保育工作、清洁消毒、生活管理、配合教育活动及安全工作等。由于19级学生入校后尚未接触过专业课程，所以对于所学专业的工作前景不甚了解。课堂上我请同学讲述他们心中的幼儿园保育工作是怎样的，Z同学觉得"保育工作主要由阿姨完成，教师的主要任务是完成教学工作"。大部分学生赞同她的观点，并认为幼儿园的保育工作就是完成为幼儿盛饭、梳头等生活琐事。从他们的回答中明显可以感受到学生对保育工作意识的淡薄，甚至对于保育方向专业学习兴趣的缺乏。而这些学生，毕业后将成为幼儿教师，面对的是祖国未来的希望，专业素养及良好的职业品德对他们来说尤为重要。所以我尝试将德育工作渗透到专业课程的教学工作中去，以专业技能为抓手提升学生的职业素养和道德修养。

二、实施目标

我任教的"托幼园所保育工作入门"课程中德育不仅涉及教学目标的具体实施，更是教学组织形式、教学方法和教学媒介等的总体考虑，实现德育渗透式教学的最优化。本课程考虑到学生个人习惯、职业行为和心理品质的养成需要营造良好的氛围和反复培养和训练，所以将该专业课分为了理论教学和实训两部分。实训是行与知相结合的过程，在训练课中我能利用课程中的幼儿的特点，帮助学生移情，调动学生的情感体验，观察到学生行为习惯和心理品质的状况，便于教师有目的、有意识、有步骤地对学生行为问题进行纠正，在日常的训练中将德育内容自然的转化为学生的行动，实现德育的外化。期望通过本课程的教学能让学生了解幼儿保育工作的重要性，通过课程中的实训部分和德育渗透，教会学生正确的保育工作方法，帮助她们真正地从内心理解为人师的意义，增强他们的职业素养与职业道德。

三、实施过程

为了将德育渗透进教学内容，我紧抓教学内容中存在的一些德育因素，把蕴含在保育专业知识技能的德育因素挖掘出来，尽量做到"寓德于教"，在提高职业技能的同时提升职业素养。

（一）掌握正确保育方法，重塑科学教育观念

在《睡眠中不同情况婴幼儿的保育》一课中，当我组织学生针对尿床儿的护理进行讨论时，D同学说："当有幼儿尿床时，应尽快为其更换衣裤。"学生们也都赞同她的观点。当我继续提问，如果这名幼儿经常尿床，作为保育老师我们应该怎么办时，X学生下意识地说道："揍他！下次他就不敢了！"其余学生哄堂大笑。我抓住这个契机问道："大家小时候有没有尿床的经历？当时老师是如何处理的？"X同学马上回答说："我小时候就一直尿床，后来我爷爷都不肯来幼儿园送衣服了。"原来是X同学小时候经历过不恰当的处理，当转换了身份后，直接沿用了他记忆中简单粗暴的方法。我继而提问"那么爷爷不肯送衣服来的时候你是什么感觉呢？""我觉得很难过，感觉爷爷不喜欢我了，老师也因为这事有点瞧不起我。"X同学回答。我找到切入点追问道："当你在幼儿园尿床的时候，你有什么感受？你害怕老师、家长（成人）出现什么样的行为或语言？""嘲笑我""骂我""我觉得很不好意思"……学生纷纷表达起自己儿时的感受。我继续引导："孩子虽然年幼，但是完全能感受到尿床不是一件好事，心理上也会有负担。而尿床的原因一般是生理不成熟或者未养成排便的好习惯，因此作为教师、保育员我们要怎么做才能最大限度地避免对这些孩子造成心理的伤害呢？"经过思考，X同学回答道："幼儿尿床他们自己也知道这是件丢脸的事，所以要充分理解幼儿，及时缓解他们紧张和羞愧的情绪，帮助并及时提醒幼儿养成及时排尿、定时如厕的习惯。一定不能跟孩子一般计较，毕竟我们是老师嘛。"这次X同学的回答赢得了全班同学的掌声。

中职学生年龄小，还处于青少年时期，要以"成人"或"准教师"的角度

思考问题对于她们而言着实有一些困难，而这些学生的家庭教育方式也常是"简单粗暴"型，所以他们的教育观念多有偏差。对于专业课教师来说，我们不仅要教会学生正确的保育工作方法，更要重塑她们的科学教育观念，帮助她们真正地从内心理解为人师的意义，完成从少年到成人、从学生到老师的角色转变。

（二）增强实训代入感，树立良好保育态度

除了理论学习，本课程还有实训操作的教学内容。在"卧式身长测量"的实训课上，学生以小组为单位对玩具模特进行身长测量的练习。期间 C 同学拎着娃娃的头"咚"一下按在量床上，Y 同学掰扯着娃娃的腿大喊"老师它的腿伸不直呀"，G 同学照着教材的步骤逐字逐句完成操作，但过程中面无表情、毫无生气，一旁的 K 同学手缩在衣袖里扭扭捏捏，不愿练习。这一系列的反映都显示出他们只是把这次的实训课当作一次"游戏"，并未让自己处于保育员的角色。

保育理论知识学习的难度不高，学生对知识的接受度较快，但学生对保育工作的真实情况缺少认识，也缺乏照顾婴幼儿的实际生活经验，因此在实训操作中常出现动作粗暴、情感缺失、练习积极性低等情况，总体实操能力弱。为了解决这些情况，我将学生进行了异质分组，把操作能力稍强和操作能力稍弱的同学组合搭档，这样操作能力稍强的同学能够起到一定的引领和示范作用。另一方面融入模拟考评的情境，让学生从"考生""考评员"的角度进行自我评价和互评，找出操作中的不足，细化操作中的情感态度，增强学生移情能力，树立良好的保育态度。

四、实施保障

（1）组织保障。成立"德育渗透学前教育课改项目"工作小组，教学校长为组长，联合德育处、科研处、学前教育专业课程建设组和一个专家指导团队共同完成此次课改项目。在工作开展过程中，四个职能部门密切协作，有计划、有总结地开展工作。

（2）经费保障。学校对此次"德育渗透专业课程教改项目"高度重视，在资金、设备、人员等方面提供了强有力的保障。

（3）外部支持。借助学前教育界专家、行业专家指导课程改革方向与思路,市示范性、实验性幼儿园园长、骨干教师指导教改中保育员岗位素养提升需求。

五、特色与成果

学期过半,学生的保育知识和技能已有了较大的进步。在期中考试中,我设计了一道论述题:"一天上课时,老师找了一位性格非常内向的小雪来回答问题,其他小朋友看到老师叫她来回答都开始笑。小雪显得很不安,老师笑着说:'不要紧,仔细想一想,想好了慢慢说。'孩子们安静了,小雪涨红着脸,声音也有点小,但说出了答案。小雪各方面的能力都较弱,在班上经常做什么事都特别慢甚至不能独立完成。请你结合案例,谈谈幼儿教师的师德。"

F同学写道:"每一个老师都应该像案例中的教师一样宽容待人、细心对事,不训斥、不辱骂儿童,为幼儿养成良好的习惯,让幼儿在以后能够对事对物充满信心。"X同学写道:"我们理应向文中的教师学习,应热爱儿童、爱岗敬业,做到对每一位幼儿一视同仁。面对问题,我们应善待每一位孩子,以良好的沟通能力处理问题。"P同学写道:"幼儿教师要做到热爱幼儿,热爱自己的事业,尽职尽责教书育人。幼儿教师的目标应是促进幼儿生长发育、养成良好生活习惯,让幼儿更加了解自身价值,发展幼儿价值观、人生观、世界观,使幼儿将来成为对世界有用的人。"

从她们的回答中,可以明显感受到通过"托幼园所保育工作入门"课程的学习,她们了解了3~6岁幼儿特殊的心理和生理情况,认识到保育工作是幼儿教师实施所有教育工作的前提和保障,是实施生活教育的直接途径,理解了保育工作的重要性。从中我发现他们已对保育工作产生了认同感,对教养态度也发生了较大的改变。德育在课程中的渗透取得了较好的效果。

学生思想观念的转变绝非说一顿大道理、讲一个先进事迹就能达成的,它需要日积月累的磨练和浸润。立足提升学生专业素养、职业道德的德育教育是当前保育教学工作中的重要目标之一。在教学过程中,老师应该主动地、有意识地、有目的地将进行德育教育渗透进专业技能的培养过程中。作为教师,我们要遵循学生的身心发展特点与规律,采取多样化的德育形式，让学生在专业技能学习过程中丰富学生的情感、拓展学生的思维、提升学生的品德，进而切实提高学生的职业素养与职业道德。

六、体会与思考

本案例是探讨在保育课程中渗透了德育的教学目标后学生培养的效果。教学目标中德育的渗透体现了教师观念的更新，通过这次尝试，我也认识到在学科教学中渗透德育是学校德育工作的有效途径。学科教学与德育的自然融合，规范了课型结构，明确了渗透式教学过程学生的主体性地位，发展了学生普遍的德育素质和职业素养。教学内容构成了德育教育的实施载体，我们要挖掘教学内容，教学过程中要将德育作为抓手，着眼于学生的知识基础、道德发展水平，展望达成的目标，同时结合学生的接受能力和学习兴趣，密切联系职业要求，形成整合的知识系统。

德育在教学过程中的渗透是建立在学科互相联系之间的，把德育知识融入学科教学中，使学科教学也具有明确的德育目标。德育意识的领悟变成了学生在教学活动中的主动探索、自主体验，道德行为的养成变成了学生在技能学习中的一种能动活动，学生乐于接受思想道德，易于领会行为要求，真正实现了技能与素养的和谐统一，德育不再是说教和道德训诫，而是显性地存在于教学过程中。而此次将德育在教学过程中渗透的尝试，也为德育与其他课程的融合提供了一些可行性参考。

参考文献

[1] 姜静.体验式教学模式在中职学前教育德育课中的应用探索[J].科技资讯, 2019(9).

[2] 王磊,高敏.从"教育"到"保育"——中职学校学前教育专业改革与发展浅谈[J]. 延边教育学院学报,2020(5).

[3] 简裕隆,张兴.中职学生能力培养与职业素养研究——以学前教育专业为例[J].经贸实践, 2018(11X).

依托课程载体，提升中职校德育实效性研究
——以茶艺课程为例

上海市新陆职业技术学校　邱芸瑛

【摘　要】中职校人文素质教育工作应植根于中国优秀传统文化，将优秀传统文化基因植入学校德育课程中，真正提升中职校德育实效性。本案例依托茶艺课程，借助传统文化积淀、学生社团开设、各类活动展示、各级荣誉获得等途径，探讨如何通过茶艺教学，提升个人修养，提高审美能力和自信心，培养人际沟通能力和感恩意识，使学生放下浮躁的心态，沉淀平和的心境，形成集体观念和团队意识，从而提高中职校学生自身综合素质。

【关键词】中职校　课程　德育　实效性　茶艺

中华传统文化博大精深，茶艺作为千百年流传下来的传统文化，有着独特的魅力。如何将中华传统文化与中职校育人相结合，将优秀传统文化融入日常教学中，提升中职校德育成效是一个值得研究的课题。

一、实施背景

（一）立德树人的根本任务呼唤课程优化

教育的本质是培养人，把立德树人作为教育的根本任务，无疑是对教育如何培养人这一本质的新认识。对职业教育人才培养的要求不仅在技术技能水平的提高，更在综合文化素养的提升。为实现立德树人的根本任务，课程育人势在必行，为此学校优化课程体系，在深入挖掘我国传统文化的基础上，开发优质德育课程。

（二）茶艺课程蕴含丰富的育人价值

我国传统的茶文化源远流长，对人之美有仪表、风度、语言等要求。茶艺是指在传统茶道精神指导下的茶事实践，它包括泡茶的技能、品茶的艺术，以及在行茶过程中以茶为媒体去沟通自然、内省自性、完善自我的心理

体验。茶艺教学中存在很多人文素养的元素，如学习者仪容仪表、行为举止、待人接物等文明礼仪；融音乐、插花等艺术形式于一身的审美修养等。茶艺作为中国传统民族文化课程，在中职学生的素质教育中可发挥重要作用。

二、实施目标

（1）通过浸润式的茶艺课程学习，改善自身行为习惯，提升个人修养，增强团队意识，学会感恩。

（2）在学习中感受中华传统文化的魅力，增强文化自信心和自信力，同时能够继承和发扬优秀传统文化。

三、实施过程

（一）开展茶艺教学，积淀传统文化

我校试行在个别专业开设茶艺课程。在这几年的教学实践中，教师从最初的单纯教授学生泡茶品茶逐渐过渡到有意识地在茶艺教学中渗透德育美育。

第一，茶艺教学内容育人。教师在讲授茶艺基本礼仪部分的时候，通过教授学生在冲泡茶叶时的形体、服饰、发型和语言的要求，培养学生茶艺规范，形成一定的茶文化和行为习惯。例如，茶艺的行为规范要求具体包括：①站姿端正，两脚并拢，脚尖略分开，双腿合拢直立，身体重心落在两脚中间，挺胸收腹，微收下颌。双臂自然下垂，双手自然交叉相握（右手在上，左手在下）摆放于腹前。两眼平视，面带微笑。②坐姿端正，自然挺直地坐在椅面的前1/3部位，不要身靠椅背伸直双腿，应双腿并拢，双手自然交叉相握，摆放于腹前或手背向上，四指自然合拢，呈"八"字形放于茶台边。③行茶时，挺胸收腹，头正肩平，肩部不可因操作动作改变而倾斜。表情自然，面带微笑。同时，在茶艺礼仪教授的基础上，还对学生日常的仪表、风度、语言等进行指导，不着奇装异服、不攀比、不化浓妆、不讲脏话粗话和不文明的网络用语，教育学生要有正确的审美观和价值观，在任何场合都要有适合的着装和言行举止。

第二，茶艺教学方式育人。茶艺教学放弃空洞的说教，采用以学生为本的情境教学法。先通过角色扮演、录像视频等方式，抛出问题，让学生身临其境，激发探究欲望。如，泡茶的通用方法是什么？然后给学生提供一些学习支架，让学生以小组为单位，进行自主探究，通过查阅、分析、整理资料等途径学习泡茶。掌握泡茶的主要步骤：赏茶、温杯、置茶、润茶、冲泡、敬茶，并探究泡好一杯茶的三要素：茶量、水温、茶具。最后，搭建平台，让学生展示学到的泡茶技能和泡茶文化，并反思整个学习过程的收获和不足，促进个性发展。

（二）组织各类活动，提供实践机会

在茶艺课堂上学习过基本知识和技能后，学校还积极组织各类茶艺相关活动，给学生提供实践平台，培养学生积极主动的创新精神和实践能力。例如，每年组织"为老人敬茶"活动，组织学生到社区敬老院为老人们冲泡一杯杯的清茶，潜移默化地养成服务社会、关爱他人的品德。还鼓励学生在家里为爸爸和妈妈敬上一杯充满孝心的好茶，让学生学会感恩父母。在茶艺活动中渗透德育美育，让中职学生通过学习茶艺，感受到茶艺的魅力，全面提升学生人文素养和整体素质；同时，提高审美能力和自信心，集体意识和道德观念得到改善。

（三）扩充茶艺社团，发挥引领作用

学校在已有茶艺社团的基础上，全校范围内大量招募学生，扩充茶艺社团，进行一些更高水平的培训学习，致力于让学生像一名真正的茶艺师一样专业。社团成员对茶的理解不仅仅局限于感性认识上，更要对其有着深刻的理性认识，也就是对茶文化的精神有着充分的感悟。他们在社团中要学习中国茶的起源和演变，掌握茶叶的储存与选购，学会不同种类茶的冲泡技能，了解我国特有的长年形成的饮茶习俗。社团的茶艺培训还会不定期面向全校开展茶事活动，在学校经常用它来款待各位来宾，以茶会友，提升校园茶文化建设。由于茶艺社团活动丰富，历年来多次获得浦东新区优秀社团和明星社团称号。经常受邀参加各级各类活动和表演，我校也因此成为浦东新区传统技艺培训基地（茶艺），更是被命名为市级"非遗"进校园优秀传习基地。

四、实施保障

(一)茶文化源远流长,奠定现实基础

我国传统的茶文化源远流长,而且是学生比较熟悉的内容,容易引起学生共鸣,使其在茶艺学习中获得深刻的人文素养体验、感悟与内化,这就为课程开设与实施奠定了现实基础。

(二)社团先期影响,打下学生基础

茶艺课的开设是近几年学校在个别专业试点的尝试,并且相应成立了学生茶艺社团,该社团多次获得区级荣誉,并受邀参加各类活动和表演,一方面扩大了社团的影响力,另一方面也为课程的开设与实施奠定了学生基础,同时通过学生社团平台的搭建,有助于让学生将理论学习转化为实践,真正实现茶艺学习入脑入心。

(三)专项经费支持,提供物质基础

茶艺课程的顺利开展离不开学校财力、物力的支持。学校建造并装饰了专门的茶艺室,营造了良好的学习环境。走进茶艺室,茶香茶色的氛围,熏陶出了学生对茶文化的理解。学习茶艺所用的茶车、茶具、茶艺等也都有学校的专项经费支持。茶艺活动或比赛开展时,学校还会出资给学生量身定做演出服。此外,还提供经费让茶艺老师进行茶艺师的培训,提高师资队伍的专业水平和教学能力。

五、特色与成果

经过茶艺课程学习,学生一改以前萎靡不振的状态,整个人的精气神得以提升,焕发出这个年纪该有的朝气和活力。待人接物的能力也有了明显的提高,团体合作和集体意识也得到了提升。好多家长反馈学生知道感恩了,以前衣来伸手饭来张口,现在会帮着做一些家务,对父母的态度也有了明显改善,不再有以往那种嫌弃和"你好啰嗦"的抱怨了。从深层次角度分析,茶艺课程学习背后是学校德育工作走向实处、走往深处的诠释,特色鲜明,成果显著,概括起来主要有以下五方面。

(一)茶艺活动提升了学生个人修养

中职学生,大多在传统学习中处于"失败者"的地位,往往有着性格上的缺陷或情感上的缺失,其中一部分学生没有普通初中毕业生那样的知识

水平、理解能力和行为习惯，常表现出基于自卑下的"自负"和对周围环境的"敌意"。奇装异服、言行粗鲁是令老师头痛的常见现象。茶艺课程除了能教会学生泡茶品茶，更能通过完整的茶艺流程，帮助学生形成良好的仪容仪表、礼仪和用语习惯，逐渐提升学生个人修养。经过两年的茶艺学习，学生的言行举止和气质都有了明显提升，坐有坐姿，站有站姿，走有走姿，整个人由内而外地散发着自信。职业技术学校除了加强学生的职业技能教育外，更要注重培养学生的德育和美育意识，让学生在茶艺这一传统文化的感染和熏陶下，找回自信、增加人文素养，激发学生主动追求具有积极价值的人生勇气和信念。

（二）茶艺学习增强了学生自信心和成就感

茶的故乡是中国，茶的起源、发展经历了几千年。中职生通过茶艺学习，能学习到茶的起源、发展、传播的过程，而且能弥补他们最为缺少的史学知识。更重要的是，茶艺学习对他们每个人来说起点是一样的，这就给了在基础教育中被归为"失败者"的中职生这一群体一个表现自己能力的平台和机会，让每一个自信心不足或丧失自信心的孩子，在茶艺学习中重新树立自信心，体验成就感，并把这份自信心带到学习和生活中。也能让那些早已把本专业知识学得得心应手的学生找到精神的寄托，丰富他们的课余生活。实践证明，茶艺教学以其独特而丰富的艺术表现力，培养了学生良好的信心，很多学生每次都早早地来到茶艺室，期待每一次的茶艺课。看着一片片形状色彩各异的茶叶经过自己的手，根据各类茶的特点，掌握好水温、投茶量和冲泡时间，泡出一杯杯色香味俱全的茶汤，同学间相互交流品饮，自信心瞬间提升，成就感也油然而生。

（三）茶艺活动培养了学生人际沟通能力和感恩意识

公关场合，清茶一杯，以茶代酒，饮茶是人际沟通的重要手段。围桌饮茶，和气交谈，同事可以增强团结，朋友可以增加友谊，家庭可以充满天伦之乐，商界可以和气生财。总之，天地人和是茶事追求的最高境界。所以，在中职生中普及中国茶艺和茶文化，推广以和为贵的人伦思想，有助于敦睦人际关系，引导他们学会做人。师生同在茶艺教室这一清静的处所，斟上一盏清茶，看茶汤的透彻，观杯中茶叶的沉浮舒展，沉下心来细细体味那始涩而后甘的滋味。茶里氤氲着做人的超然、含蓄、执着的品德，通过饮茶来领悟哲理,感悟人生。茶艺教学中始终贯穿着德育,学生通过茶艺学习待客之道,常怀尊老感恩之心,龙井冲泡中的"凤凰三点头"表示对客人的三鞠躬,烫杯倒水的逆时针代表把客人请进来,严谨的奉茶顺序遵循中国传统的长幼有序,让学生懂得尊敬长辈,感恩长辈。平时在家冲泡好一杯茶,让辛苦操劳了一天的父母长辈喝上一口,用自己的实际行动体现自己的孝心和对家长的感恩之情,回馈长辈。相信每一位喝到自己孩子亲手冲泡的茶的家长,都是会有一种深深的幸福感,无论什么茶都能发自内心地感受到茶的甘美。

（四）茶艺学习使学生放下了浮躁的内心,沉淀了平和的心境

中国茶文化的核心理念是清、静、雅、和。学习茶艺,不仅有助于发扬茶道的"和谐"精神,使人与人之间增进团结,使人与自然之间和谐相处;而且有助于弘扬茶道的"审美"情趣,为人们带来精神的享受;培育茶道的"高洁"意境,提高人的风度与品位。同时通过茶道的"求精"精神,培养人的扎实务实品行;发扬"吃'苦'"精神,使人在苦中寻找人生乐趣;催生"俭朴"精神,让人矜守俭德,力戒贪奢淫享乐;通过茶道的"专注"精神,使人的意念与事业融为一体。总之,以清、静、雅、和的中国茶文化精神陶冶学生,对培养他们高雅的生活情趣和审美情趣能起到一般德育无法比拟的作用。中职生处于比较容易冲动的生理阶段,同学之间经常一言不合就出口大骂,甚至拳脚相向,辱骂老师的也不在少数,茶道讲究静、和,教会学生任何时候都要如同泡茶时一样平心静气,与同学朋友家长和谐相处。经过两年的茶艺学习,学生的心性明显得到净化,茶艺社学员中从未出现打架斗殴现象,同学间形成互帮互助的氛围。

（五）茶艺表演培养了学生的集体观念和团队意识

茶艺表演作为一种集体活动形式,是培养中职学生集体意识的良好途径。茶艺社经常要参加各类活动和演出,茶艺表演的和谐来自全体队员的团结、合作。茶艺表演是构建品行高雅,人际和谐,人与人之间增进团结,人与自然之间和谐相处的"和谐社会"的重要手段。在演练时,要求讲解员、主泡、副泡都要善于与他人合作,并在长期合作的基础上达到心灵与感觉的默契。表演中要自觉地融合到集体中去,和整个队伍团结一致,团结合作和集体意识也在不知不觉中得到培养。

六、体会与思考

茶艺教学不仅传授茶叶冲泡和茶艺表演技能，还要注意茶艺的内涵与学生的成长。茶艺教学中所注重的内在气质的培养，蕴含着丰富的人文元素，在构建大学生懂礼知礼，知美审美，创新创业，团结协作等人文素养上起到了重要的作用。特别是茶艺生命力所寄寓的文化土壤，能使茶艺学习者逐渐形成深厚的文化底蕴，传达出茶艺的"精、气、神"，这些人文元素可以丰富学生的人文情怀，提升学生的人文品位。

茶艺课程旨在通过茶艺教学，帮助学生理解茶艺背后蕴含的博大精深的文化背景，感受中国茶文化的海洋，让细腻温润、内涵丰富的茶文化之"灵泉"感其心，振其心，拂去其浮华之气，提高学生的个人素养和整体素质，培养人际沟通能力和感恩意识，让学生树立自信心，加强集体观念和团队意识，成为社会有用之才。

参考文献

[1]　郑春英.茶艺概论[M].北京：高等教育出版社，2006.
[2]　陈文化.茶艺师[M].北京：中国劳动社会保障出版社，2004.
[3]　李维锦，李三强."茶艺"课程思政改革研究[J].教育教学论坛,2020
　　　（29）.

依托课程载体，提升中职校德育实效性研究
——交往礼仪营造和谐人际关系

上海市新陆职业技术学校　程素文

【摘　要】提升德育实施实效性是当前中职校德育教育面临的重大难题。笔者就如何依托课程载体提升中职校德育教育实效性展开探索。借助"职业道德与法律"课程的相关内容，通过创境激趣、引思明理、体验导行等方法实施课堂教学。在此过程中总结出注重体验、问题导向、以学生为中心的特色与成果。在后续的实施中，坚定以学生为中心的课堂教学改革理念，提高德育教学的实效性。

【关键词】中职校　课程　德育　交往礼仪 人际关系

中国自古以来一直享有"礼仪之邦"的美誉。在人际交往中，礼仪往往是衡量一个人文明程度的准绳。礼仪已经成为我们必不可缺的一部分，掌握良好的礼仪知识是我们走向成功必要的铺路石。在中职校德育实践中，如何在交往中营造良好的人际关系是一个值得探究的课题。

一、实施背景

德育教育实施途径除了社会实践活动、课外校外活动、班会、军事训练活动等，最主要的还是课程教学。课程是中职校开展德育教育，提升德育时效性的重要载体。

中职生受身心、家庭、学习成效、成长环境等因素影响，呈现出特殊的群体特性。从身心发展而言，中职生正处在重要的发展阶段，身心变化大，情感情绪表现出丰富多变的特点。从家庭结构而言，他们中有相当一部分在单亲家庭中成长，长期缺失父爱或母爱，内心容易苦闷、孤独和烦恼。从学习成效而言，他们在传统应试教育的鞭笞下，大部分都经历过学习挫折，受到老师和同学的冷落。从成长环境而言，他们受生活阅历、交往经验和自身品德修养的限制，缺乏与人交往的知识和技巧，容易在人际交往中出

现偏差，形成不和谐的人际关系，但是他们又有与人交往的愿望，乐于与人沟通，渴望提高自己的人际交往能力。通过相关德育课程学习，尤其是学习交往礼仪知识，可帮助学生调节不良情绪，提高品德修养，培养和增进接纳别人的意识，建立良好而和谐的人际关系，为今后的就业和适应社会打下基础。

二、实施目标

从德育课程角度而言，课程实施目标在于了解交往礼仪，理解礼仪蕴含的道德意义，提高礼仪素养，养成文明礼仪习惯。中职生的群体特性对德育课程的实施提出了高要求，也影响德育目标制定。在教学过程中，目标可以具体化为认知目标、情感态度观念目标和运用目标三个维度，即了解礼仪的基本要求，理解礼仪的意义；尊重自己和他人，平等待人、真诚礼貌，追求高尚人格，自觉践行礼仪规范，提升自身品位。

三、实施过程

本案例选取"职业道德与法律"课程中关于"交往礼仪"的部分内容展开论述，主要涵盖课前导入、课堂互动、学以致用三方面。

（一）创境激趣，课前导入初显成效

德育课程不被学生喜爱的很大一部分原因在于理论过多，导致"学究味"过重，忽略了中职学生的特点。近几年职业教育改革的兴起与深入推进，课堂不再是教师的一言堂，而是学生展示自己的舞台。讲授式不再是唯一的授课方法，讨论式、体验式、角色扮演等教学方法逐渐兴起。教学理念的变化、授课形式的多元、教学内容的拓展等正在成为德育课程变革的趋势。

"课伊始，趣味鲜"，一堂有吸引力的课，首先就要从引人入胜的导入说起。以往课程的导入一般使用图片、视频、案例、故事等形式。在导入部分，笔者根据内容的特性，采用了小测试的形式导入。测试内容包含与同学、父母和老师的相处及对他们的态度，这些都是日常学习生活中常见的情景，学生只需结合自身实际选择即可。选择完毕后，教师给予相应的算分原则，并且给出不同分值区间内所体现的人际交往的特点。通过测试，学生可以对自身的人际交往能力有一定的了解，并参照不同分值区间人际交往的特点掌握自己的优缺点。

课前导入的小测验，以量化的形式让学生了解到在与人交往的过程中，为了更好地与人和谐相处，我们需要不断学习以提高交往的能力。导入部分极大地调动了学生的兴趣，引导学生寻找营造和谐人际关系的金钥匙——交往礼仪。

（二）引思明理，课堂互动重章法

"职业道德与法律"课程的任务是提高学生的职业道德素质和法律素质，引导学生树立社会主义荣辱观，增强社会主义法治意识。而在当前的课堂教学中，互动内容较为简单，缺乏一定的深度。在互动中，教师对学生进行提问，学生仅回答答案。这种互动形式流于表面，学生的知识在这种互动形式的影响下，仅仅局限于书本，其思维得不到引导和拓展。

生动学习环境的营造，可以引起学生的新鲜感和亲和感，使他们在交流、暗示过程中，注入自己的热情，主动、积极地参加学习。学生的主动性高了，互动的课堂才能成为可能。互动的课堂要求教师是学生学习的引导者、合作者和促进者。所以，教师要善于"加工"教材，改变教材的呈现方式，把以往单向的"灌输"转为双向的"对话"与"互动"，信息由学生自己搜集，问题由学生自己提出，方法由学生自己选择，结论由学生自己展示。笔者在课前将学生进行分组，并布置了预习任务，在课堂上由各小组代表将准备的内容进行展示。各小组分别就"交往礼仪的基本要求"展开资料搜索，教材理论知识学习，案例整理与讨论等。在整个小组交流过程中，互动的课堂是轻松的、全员的、真实的，是教材与学生、学生与学生、学生与教材的多元对话。

教师在互动中就关键知识点加以说明，并通过讨论的程度，由浅入深地展示交往礼仪的基本要求，学生则通过同伴的介绍、案例的解读、教师的讲解，能更为透彻的了解交往礼仪的基本要求——平等互尊、诚实守信、团结友爱、互利互助。结合生活中的实际情况，教师也简要介绍了校园礼仪、家庭礼仪、公共场所礼仪等基本礼仪规范。

（三）体验导行，学以致用助成长

传统的教育方式往往采取强制性的手段或空洞的说教，但这样很容易引起学生的排斥和反感，无法获得预想的教育效果。这一现象也存在于中职德育课堂教学中。因此，改变传统的说教形式，让学生更多地参与到课堂中，以直接或间接体验的形式，把做人做事的基本道理，内化为心理品格，最终转化为良好的行为习惯。

笔者在授课过程中，积极创设情境，让学生身处其中，真实地理解教学内容，进而在短时间内提高能力、获得认识，生成意义和价值，如创设"一女二男乘坐出租车时候应遵守的礼仪有哪些"的问题情境，充分调动学生兴趣。乘坐出租车是学生日常能够体验的情境，取材贴近学生的实际，如何用好这个素材就需要教师的智慧。在此特定情境中，除了学生讨论与发表意见外，教师要适时地讲解、分析与引导，把感触上升到一定的高度；然后再引导学生把自己的感受讲出来，内化为自己的思想。此外还需要同学之间分享感受和体验，集思广益，多角度了解不同学生的思维方式、价值观念。在此过程中，老师的讲解与引导，学生的体验与感悟，体验之后的分享与内化环环相扣，缺一不可。通过体验与分享，教师合理、适时地加以引导，确保学生把自己的感受和体会渗透到自己的言行中，学以致用，这样才能获得最好的教育效果。

教师在此基础上，再进行理论知识的梳理——交往礼仪以尊重为核心，要求人们尊重他人，同时也是对自我的尊重，在此基础上达到互尊互敬的目标。从个人角度看，交往礼仪是一个人文化修养和优良品德的外在表现；从社会角度看，交往礼仪反映社会风貌和公民文明程度。

四、实施保障

（1）师资保障。以学生为中心的课堂教学理念的实施，除了思维模式的转变，更为重要的是教师一言堂的地位发生了转变，教师成为课堂活动的组织者、引导者，对教师自身专业化发展提出了更为严格的要求。尤其是教学组织中案例的选取、活动的设计与组织等，需要整个教研团队集体备课。

（2）制度保障。德育课堂教学改革的有效实施需要依靠相应的制度保障，比如教师职称评聘、课时费用的区分、学生活动经费保障等。提升德育实效性除了进行课程自身改革外，需要综合考虑教师团队、薪资奖励、学生参与等因素。

五、特色与成果

在依托课程提升德育实施有效性的过程中,笔者从课改动向、问题导向和教学理念等方面总结出以下三大特色与成果。

(一)注重体验,助推德育课改新动向

从职业教育课程改革的趋势和职业教育自身的特殊性来看,理实一体化教学成为职业教育课程改革的新动向。就德育课程而言,理实一体化教学理念的表现形式之一即为体验式教学。学生在教师的启发与引导下,通过主动参与特色的活动和游戏,在与同学的互动中,获取亲身经历,发展自信心与胆识、情绪管理、自立能力、发现及解决问题能力等。体验式德育教育的实施方式可以是活动或游戏项目、角色扮演、情境创设等。上述形式对于学习基础较差、学习积极性不高、缺乏责任感的中职生来说,是一种全新的实践模式。笔者在德育课教学中,通过心理小测验、分组讨论与展示、情景模拟等活动的创设,极大调动了学生的学习兴趣,活跃了课堂氛围,改变了学生原有对德育课的"古板"印象,是一次成功的尝试。

(二)问题导向,解决人际沟通真困惑

课堂设计和教学要紧紧围绕问题展开,以问题为中心。以问题为导向的课堂教学不是教师讲学生听,也不是学生预习自学的过程,而是在教师指导下的自主学习,是让学生尝试着解决问题的探究过程。在本课程实施过程中,笔者抛弃了单纯讲教材的思维方式,而是对教材内容进行整体架构,并结合中职生的群体特点,设计一些贴近学生生活的活动、案例和情境,让学生在不同的场景中体验真实的感受,寓教于乐,比如针对个人人际交往现状的课前心理小测试、生活中乘坐出租车的礼仪规范,在此基础上拓展到不同场合中的礼仪要求等。真正的德育教育是在潜移默化中习得的,这种潜移默化就是要求教师寻找现实生活中的真问题,帮助学生解决人际沟通中的真困惑。通过此次课程教授,学生普遍反映人际交往学问真不少,今后在人际交往中需要善于观察,并将所学的理论知识运用到生活中去。

(三)学生中心,追赶课堂教学新理念

以学生为中心的理念,是课堂教学改革的新理念,也是近年来教育界普遍接受的观点。课堂上有效的师生互动不是简单地以活动的频繁为标

志，也不是简单以课堂气氛活跃为尺度，而是将学生的主体性的充分发挥作为核心参数。摒弃教师中心说的观点，推崇学生中心，能够使学生保持持续的注意力，集中课堂学习；积极参与课堂中各种学习活动；积极与教师、同伴进行交流与互动。笔者在授课过程中，通过各种活动的设计与实施，充分调动学生参与的积极性，在活动中根据学生反应灵活调整教学；给予学生明确、合理的反馈；鼓励和肯定学生，引导学生之间相互尊重与肯定。总而言之，以学生为中心的课堂教学要求教师主动创造条件让学生在课堂上获取成功，品尝成功的喜悦，让课堂真实、全面地活动起来。就这一点而论，笔者的课堂改革初显成效。

六、体会与思考

（一）坚定以学生为中心的课堂教学改革理念

在今后的课堂教学中，继续坚定以学生为中心的课堂教学改革理念。从实施层面而言，以学生为中心，就是要以学生身边事例为内容，让学生参与在教学中，做课堂的主体；以学生活动为落脚点，实现有效的小组合作学习，将本课内容进行分解，每个小组都有一定的任务，课上给学生提供展示的机会，引导学生自主学习，同时尊重学生的主体地位。

（二）推动理论与实践相结合走向教学一线

就今后努力方向而言，继续推动理论与实践相结合走向教学一线。在课堂教学中，笔者发现课程拓展和延伸不够，还应扩大学生的参与面。交往礼仪最终要落到自觉践行交往礼仪规范上，本节课仅做到规范和引导，提高学生的文明意识，最终要落实，这就对教师提出了更高要求，要有足够的教学技巧，敢于让课堂走向真实，把"意外"的问题变成新的教学资源。让学生能在课堂中自己提出问题并解决问题，说说自己学会了什么，有什么感受。借助沉浸式的学习，在潜移默化中将相关礼仪内容内化于心外化于行。

参考文献

[1]　教育部关于印发中等职业学校德育课课程教学大纲的通知[DB/OL].
　　　http://www.moe.gov.cn/srcsite/A07/moe_950/200812/t20081210_79005.html.

[2] 德育教育[DB/OL].https://baike.so.com/doc/5355465–5590933.html.

[3] 浅谈人际交往中的礼仪[DB/OL].https://www.docin.com/p-675774694.
html.

[4] 彭志宏.社交礼仪在大学生人际交往中的作用[J].新校园(上旬),2018(04).

[5] 马丽.浅析人际交往中社交礼仪的作用[J].群文天地,2012(19).

依托课程载体，提升中职校德育实效性研究
——以中职英语课 Sea water and rain water 为例

上海市新陆职业技术学校　魏魏

【摘　要】伴随着教育理念的不断更新，德育已不仅是班主任和德育课教师的工作内容，其他任课教师同样肩负着对学生进行德育的重要使命。本案例以英语课程 Sea water and rain water 为例，利用教材内容与生命教育之间的紧密关联，探索德育渗透的有效途径。首先通过课前预热，让学生基于影片资料进行主动思考，以小组为单位进行自主学习，从而丰富学生的感知体验，为课堂教学蓄势。其次，通过活动引领，引导学生在深度阅读中实现知识的理性升华，在竞赛活动中实现认知和情感的输出表达，实现知识与情感的交融。最后，总结升华，通过自由表达和设计宣传标语两个环节，让生命教育水到渠成。

【关键词】英语教学　德育　生命教育

一、实施背景

（一）德育渗透——英语课程的应有之义

德育不应该仅仅是班主任和德育课教师的工作内容，其他任课教师同样肩负着对学生进行道德教育的重要使命。因为教育的终极目的不单是教会学生知识，更是教会学生做人。英语作为中等职业学校的一门必修课，课程中蕴含着大量的德育素材，英语教师可以充分利用课程内容渗透德育，引导学生树立正确的世界观、人生观和价值观，使学生具备合格职业人的基本素养。《英语课程标准》指出：当前英语教育改革的重点是"改变英语课程过分重视语法和词汇知识的讲解和传授，忽视对学生实际语言运用能力培养的倾向，强调课程从学生兴趣、生活经验和认知水平出发，倡导体验、实践、参与、合作与交流的学习方式和任务型的教学途径，发展学生

综合语言运用能力，使语言学习过程成为学生形成积极的情感态度、主动思维和大胆实践、提高跨文化意识和形成自主学习能力的过程"。由此可见，德育渗透确实是中职英语课程的题中应有之义。

（二）生命教育——道德教育的重要课题

道德教育内涵丰富，包含多方面的内容。其中，生命教育是一个重要的德育主题，它的核心是要让每个学生懂得生命的宝贵，学会珍爱生命。除此之外，也要教育学生关注、热爱他人的生命，当然也包括爱护一切有生命的东西，特别是人类所赖以生存的自然环境。中职英语课程中就有很多关注生命、关注自然环境的题材。我校民族班所使用的牛津英语教材中"Sea water and rain water"一课，就是关于海洋的生态环境和海洋动物的主题，具有很好的生命教育价值，是进行德育渗透的良好契机和载体。

二、实施目标

（1）让学生掌握英语单词和句式，并在英语学习过程中进行生命教育的渗透，教育学生要爱护海洋环境，保护海洋生物。

（2）探索英语课堂教学过程中德育渗透的方法和策略，提高教师的育人能力。

三、实施过程

（一）课前预热，丰富感知体验

1. 基于影片资料的主动思考

为了让学生在课堂学习过程中具有深度的认知和情感体验，教师充分利用课前时间，组织学生们观看著名获奖纪录片《海洋》(Oceans)，丰富学生的视听感官体验，提前让学生进入学习准备状态。同时，也可以自然而然地引出本课课文的主题，接着通过出示几个问题，引导学生们提前展开与海洋有关的一系列思考，如"Why is the sea the cradle of life?""In the video, what animals and plants are you interested in?"等。在问题的引领下，学生会对海洋主题有一个初步的自主性、发散性思考。

2. 以小组为单位的自主学习

为了进一步丰富体验，教师还布置了一些需要小组合作完成的探究性作业。让学生们以小组为单位，合作制作或收集与海洋相关的摄影作品，并可在课前进行作品展示，将学生的手绘海报或摘自网络的照片布置在教室展板上，小组之间互相介绍、欣赏。这样的制作——展示活动，可以使学生在自主学习过程中对海洋形成个性化认识，而不仅是在课堂上被动地学习课本知识。还可以增加小组合作的经验，形成良好的团队合作分工意识。通过以上一系列的课前准备工作，让学生初步了解和认识了海洋，调动了学生已有的知识和生活经验，激发了学生进一步和老师一起探索海洋奥秘的兴趣。

（二）活动引领，知识与情感彼此交融

在教授课文内容的过程中，教师主要设计了阅读理解和知识竞赛两个教学环节。

1. 在深度阅读中实现知识的理性升华

在阅读理解（reading comprehension）环节中，让学生们先自行阅读课文内容，运用查字典等方法初步解决字词和句意问题；然后在教师带领下，解决重点词句，加深对文章内容的细节性理解；接着归纳段落大意，从整体上把握文章结构，升华认知和情感。课文段落内容设计如下：

Para.1：海洋的地球上的分布。 Where can we find ocean on the earth?

Para.2~3：介绍了海洋动物的多样性。 There are different kind of sea animas in the ocean.

Para.4：人们从海洋中获取哪些资源？ What do people get from the ocean?

Para.5：我们必须保护海洋。 We must protect the ocean.

通过通篇阅读和归纳段落的学习任务，让学生们对海洋的理解由课前预热时形成的感性认识上升到理性认识，使学生不仅学到了英语相关知识，更加明白了海洋的重要性，认识到海洋所面临的危机以及保护海洋及其生物的迫切性。

2. 在竞赛活动中实现认知和情感的输出表达

为了增加课堂学习的趣味性和有效性，教师设计了知识竞赛活动，利用竞赛的紧张感和竞争性，激发学生在问题的解答过程中整合认识、升华情感、感悟生命。在竞赛(quiz)活动过程中，学生们首先会看到1~9的数字，然后选择并点击自己喜欢的数字，就会出现与数字相对应的需要回答的问题。为了体现竞赛的特点，也可以采用一方自由选择数字，由对方回答的竞赛方式。这样能提升竞猜的趣味性，也能加深学生对问答知识点的印象，增强情感体验。竞赛问题清单如下：

（1）What covers almost a quarter of the earth?

（2）What covers almost three quarters of the earth?

（3）What is the largest animal on the earth?

（4）Name two intelligent animals on the earth.

（5）What is the largest animal on land?

（6）Name two beautiful things in the oceans.

（7）Name two kinds of seafood people can get from the oceans.

（8）Is water important to people?

（9）What must we do to protect the oceans?

在课文阅读理解之后进行知识竞赛活动，不仅能让学生及时练习相关英语知识，提升对知识点的理解与运用，还给学生提供了整合课内学习与课前学习的机会和途径，让学生把课前与课上、认知与情感、个人与小组等多方面的信息与体验相互交融，进一步让学生认识到海洋对人类的重要性，以及我们应该怎样保护海洋。

（三）总结升华，生命教育水到渠成

1. 自由表达，生命感悟在发言中发散

知识竞赛是基于问题支架的表达练习，而课堂教学最后一个环节中的学生自由发言则属于无支架的、开放式的运用表达。在这个环节中，教师让学生谈谈学习本课后的感悟体会，学生纷纷表示保护海洋与每个人息息相关，是我们人类共同的责任。如有的学生们说"Please don't waste water or other resources.""Don't kill sea protected animals.""We should prevent industrial and human effluent into the ocean. ""We should protect the baby seals."等。很明显，学生们已经学会了运用所学的英语知识来表达对海洋和生命的尊重。

2. 设计标语，生命情感在宣言中浓缩

在学生热情地发言后，教师又顺势抛出一个活动任务——设计保护海洋的宣传标语。全班同学思维碰撞、集思广益，和老师一起讨论。学生在自由发言和班级宣言讨论环节中，态度认真、积极，表示出强烈的社会责任感。可见在本节课的学习中，学生对于保护海洋环境形成了深刻的认识。最后，本课的生命教育成果都浓缩在了短短的标语之中，学生对生命、对海洋环境、对人与自然的理解，由简单到丰满，由丰满到简约浓缩，德育成效就在这一步步的转化过程中逐步夯实。

四、实施保障

（一）组织保障，教研团队制定德育渗透计划

在英语教学中进行德育渗透是一项大工程，一定要有计划性，坚持计划先行。而教学计划的研究和制定，不能依靠教师的单打独斗，一定要从学校层面把教师组织起来，形成教研团队。教研团队的组成要多元化，不仅要包括各年级英语教师，也要包括班主任或者专业的德育教师。教研团队在制定教学计划时，首先要在德育教师的帮助下，掌握道德教育的内容与范围，了解德育的常见主题。其次，要认真研读英语教材，从课文内容中挖掘德育素材，确定每节课的德育主题。中职院校的英语教材紧贴时代发展，内容积极健康，蕴含着丰富的德育素材和契机。教师们也要围绕教材内容进行适当的拓展，为德育成效的夯实提供基础。再次，教学计划中也要为教师的课堂教学提出指导建议，倡导教师灵活采用合作法、讨论法、任务引领法等。总之，德育渗透的教学计划依靠组织的力量形成规范性文本，为教师的教学提供指导性框架。

（二）制度保障，激励德育渗透在教学中的落实

德育渗透成为英语教学的重要内容之后，英语教师们普遍感受到了压力和挑战，尽管有教学计划的支持，但真正要在教学实践中落实到位，还是困难重重。想要突破教学难题，教师们的主观能动性至关重要。如何激励英语教师们的工作热情呢？这就需要学校出台相应的激励性的制度文件，如在教师的教学评价中增加德育渗透的评价维度，给德育渗透方面勇于尝试、成效显著的教师给予物质或荣誉等方面的奖励等。总之，要通过学校的激励制度，在学校中形成良好的探究氛围，让德育渗透在英语课堂教学的过程中呈现百花齐放、彼此启发的景象。

（三）师资保障，加强对教师队伍的德育培训

德育在学科教学中的渗透具有较强的灵活性。即使教学计划设计得再完善，也需要教师在课堂流程、教学细节等方面进行个性化设计和处理，需要教师根据学生具体情况随机应变，这些都对教师的综合素质提出了较高的要求。英语教师在授课时就不能只局限于英语知识的传授，更要拓宽教学思路，加强个人知识储备。因此，学校要定期举办教师德育能力提升培训，针对性地解决教师在德育渗透过程中遇到的各种问题。例如对教师的价值观念进行培训，教师也要与时俱进，结合自身的价值观念深入挖掘英语课文中的道德教育素材和契机，利用与时代接轨的价值观念直接影响学生，提升学生的思维品质和精神素养。

五、特色与成果

（一）主题鲜明，深挖英语素材的德育元素

英语教材内容与德育主题的有效对接，是影响德育渗透成效性的重要因素。本节课在深入分析"Sea water and rain water"一课教学内容的基础上，挖掘出与课文内容紧密相关且具有重要教育价值的德育主题——生命教育，并将其作为重要的课堂教学目标贯穿始终。可以说，生命教育主题的精准确定，使英语教学与德育渗透相辅形成、互相成就。这是本案例取得较好教育教学效果的重要因素，对英语课程中渗透德育具有很好的借鉴意义。所以在备课环节，教师及其教研团队要充分熟知德育的重要主题内容，如爱心教育、诚信教育、责任教育、礼貌教育、勤俭教育等，并巧妙搭建课文素材与德育主题之间的关联，在潜移默化中实现知识技能教学与德育的多重教育目标。

（二）延长前端学习，为课堂教学蓄势

教育教学内容的实施不受课堂45分钟的局限，而是充分利用课前的准备时间，这是本案例的又一重要特点。众所周知，课堂教学时间是有限的，还要经历导入、新知传授、练习、总结等多个教学环节，分配到每一环节的学习时间就更加有限。尤其是导入环节，大多是5分钟之内就要完成，但导入环节其实是非常重要的，它承担着唤醒学生已有知识和生活经验的重要作用，有利于学生全身心地进入学习的准备状态。为了充分激发学生的

学习准备状态,有必要延长前端学习,让学生在进入课堂学习之前,通过自主探究或小组合作等方式,先展开调查研究等。这样既能锻炼学习的自主学习能力,也能给学生充分的时间和空间进行更具深度和广度的探究,有利于学生带着资源和问题进入课堂,为课堂教学积攒足够的能量,提高课堂的学习效率和学习质量,更好地实现英语学习和道德教育的目标。

(三)突破说教桎梏,重视陶冶教育

道德教育的方法早已摆脱了传统的说教,采用更加灵活、更注重体验的教育方法。正是从这样的理念出发,本节课在课堂教学中注重陶冶教育,设置了全班活动、小组活动、竞赛等活动形式,让学生很自觉地参与到语言学习中来,十分自然地把教材内容与学生实际结合在一起,把德育渗透到教学当中。因为教材内容都是具有教育性的,因此从备课到授课,只要精心研究,就可挖掘文中思想内涵与学生学习、生活相联系的题材,使学生耳濡目染,潜移默化。

六、体会与思考

道德教育是不断渗透、不断内化的过程,不应是独立于学科课程而单独存在的。在中职英语教学中融入道德教育,具有优良的条件和土壤。因为英语教学是中西方文化不断交流的过程,英语教材中蕴含着丰富的德育素材。在课程理念和德育理念不断更新的背景下,英语教师要不断用知识和先进教学理念来武装自己,采取适当有效的教学策略,根据日常教学实践经验,对学生行德育渗透,促进学生全面发展。

参考文献

[1] 田蕾.新课程背景下初中英语德育教育的渗透途径[J].教育界,2021.

[2] 梁红梅.“主题语境”框架下新高中英语教材的词汇、语法教学指引变化[J].英语学习,2021.

[3] 刘文龙.初中英语课程中的德育渗透[J].吉林教育,2020.

依托课程载体，提升中职校德育实效性研究
——以礼仪课程为例

上海市新陆职业技术学校　俞玉曙

【摘　要】礼仪教育是中职校德育的重要内容，也是一大难点问题。传统的礼仪教育囿于课堂教授、课件演示等手段，效果并不理想。本案例依托礼仪课程，以礼仪教育为载体强化德育，以生活情境为线索挖掘德育元素，以情景教学为方法增强德育体验，分别从丰富课程内容、挖掘课程资源、改善教学方法等途径提升礼仪课的教学成效。从理实一体的角度开展课程改革，提升礼仪课的德育实效性。

【关键词】课程　中职校　德育　实效性　礼仪

礼仪是人们在漫长的社会实践中逐步形成、演变和发展的。礼仪是人类文明的结晶，是现代文明的重要组成部分。当前大部分中职校均已开设相应的礼仪课，但如何依托礼仪课这一载体，借助课改的春风，提升中职校的德育实效值得探讨。

一、实施背景

《中共中央、国务院关于加强和改进未成年人思想道德建设的若干意见》提出，未成年人思想道德建设的主要任务是：弘扬和培育以爱国主义为核心的伟大民族精神；树立和培育正确的理想信念；培养良好道德品质和文明行为；促进未成年人的全面发展。这里说的四项任务，有着一定的递进关系，其中"培养良好道德品质和文明行为"也与礼仪教育息息相关。可见，礼仪教育是"培养良好道德品质和文明行为"中必不可少的一环。

中职校教育中礼仪教育目前越来越受到关注，在礼仪教学中，结合礼仪课程的新内容，采取有效的教学形式和方法，探索对中职校中高贯通学生德育的新方法和新途径。在礼仪教学中，我们强调的"小事见礼节"活动就是着重突出学生的德育意识。通过学习不但规范了不同场合对待不同

对象的行为,也使学生理解了孝敬老人、尊重他人、爱惜粮食、节约资源的美德。在礼仪教学中突出基本的道德教育,学生在学习礼仪时就容易形成清晰的道德判断,起到明理导行的作用。因此在礼仪教学中注重渗透德育尤为重要。

二、实施目标

(1)通过体验式的情景礼仪课程学习,改善行为规范,训练礼仪品行,提升个人综合素养,将理论学习与实践运用相结合,真正实现知行合一。

(2)在日常生活情景学习中感受中华传统文化的魅力,继承与发扬新时代对青少年提出的不同礼仪要求,增强文化自信心和自信力。

三、实施过程

利用课堂教学,教师需要对学生生活中所关心的各种礼仪问题展开讲解并具体分析,使学生真切感受到学习礼仪知识的现实性、有用性。这就激起学生强烈的学习礼仪知识的需求,引发他们礼仪学习的积极性。学生的学习兴趣一旦受到激发,他们也表现出乐于听讲、参与实践活动的积极态度。当然,在学习时不应只停留在激发兴趣、热闹气氛等层面,教师还要注重学生思维能力、人文素养的培养,注重德育渗透。礼仪课程学习框架的改变,使整个课程的脉络更加清晰,各个环节的安排也较自然、紧凑,教学目标得以较好的体现。

以下是一节礼仪新授课的具体实施过程:在一年级新生的第一次礼仪课上,教师提问学生"礼仪课学习的内容有哪些?"学生们开始七嘴八舌:"礼仪课讲尊重老师""上课时候的坐姿""教我们怎么穿衣服""怎么跟别人讲话"……教师微笑着让同学们安静会儿,并予以掌声肯定:"同学们说的都对,只是还不够完整。礼仪课的学习将不同于初中时候的基础课的学习,将教会大家如何做人。学习礼仪后要践行礼仪、善解人意、提升素养、关注细节、履行诚信。"在后续的礼仪课堂中,教师通过微课视频、图片、案例等形式,采用多样化教学手段,教学生塑造良好的整体形象,如服饰美、仪容美、仪态美;鼓励学生积极参与实践日常交往礼仪,如见面礼仪,谈吐礼仪,礼物馈赠礼仪,电话礼仪,目光距离位置礼仪,各种场合的位次礼仪等；掌握宴请礼仪和涉外礼仪的具体要求。教学时，注重学生日常素质的培养，从细节入手狠抓学生养成教育，为学生更好的学习和从事工作打下良好的人文基础。

由于礼仪教育具有操作性和实践性的特点，因此在教育过程中，就不应该只是采取单一的课堂讲授的方式，还应该与模拟训练和日常养成等方式有机地结合起来。如果说，课堂讲授重在传输礼仪知识，那么，以见面礼仪为例，让学生分别扮演老师、学生、学生家长的角色，学生家长来到学校见老师，了解学生的在校情况。这情景当中要求学生把家长引领到老师办公室，敲门进屋，把家长和老师之间做介绍，同时家长和老师握手、问好。在这个情景中，主要练习了敲门礼、介绍、介绍的顺序、介绍的手势、握手的顺序及手势等相关知识。在情景练习后，让练习的学生做自我表现的评价和总结，让学生能够充分认识到自己的不足和优势。然后再让其他同学做评价，以便在自己练习的时候可以取长补短，教师再做总评。同时在不同角色的扮演中，让学生体会自己所担当的角色行为规范，比如学生家长见了老师，介绍后家长该如何跟老师沟通和交流，对自己的孩子担当起一个做家长的责任。其次再次创设情景提出问题——假如你是家长，假如你是老师，假如你是学生，各自担当的行为规范是什么。作为家长如何对孩子负责，作为老师如何对学生负责，作为学生如何对自己负责，引导学生明白学好知识就是对自己负责，对社会负责。

四、实施保障

上海市新陆职业技术学校有多年的礼仪教学实践经验，拥有梯队合理的专业师资队伍，同时在多年的课改实践中也进行了在礼仪课中融入德育元素，融入生活情景，注重学生体验等的探索，充分体现了"以学生为中心"的宗旨。学校积极组织开展合作研究，构建培育体系。在前期实践探索的基础上，持续深入研究，构建具有示范性的培育体系，以期形成长效机制，发挥示范作用。

中国素来有"礼仪之邦"的美称，源远流长的中华优秀传统文化为我们提供了丰富的素材，方便学生理解。同时贴近生活、贴近实际、贴近学生的情景教学，能够最大限度地为学生的"学以致用"提供现实基础。学校也依靠广大教师，充分调动学生积极性，开展了优秀传统文化融入德育的创新实践。此外，学校也对教师、内容方法以及保障机制进行了系统的架构与组织实施的路径，通过传统优秀文化入校园、入课堂、入读本的形式，充分发挥优秀传统文化的育人价值。

学校也非常重视对教师队伍的培育，提升教师德育育人意识，构建了优秀传统文化"全员"育人新模式。学校将传统文化校本课程的开发融入校园文化建设中，其中包括礼仪素养教育等传统文化课程。鼓励相关教师在教研活动中深挖"诗书礼艺"中蕴含的德育资源，深化优秀传统文化的教育内容和实践形式，推动礼仪教学与德育教育的相容相通。

五、特色与成果

（一）以礼仪教育为载体强化道德教育

中职校在进行礼仪规范教育时，特别是在礼仪课教学中，进行相应的德育十分重要。当前中职校中高职贯通班学生的思想素质参差不齐，部分学生存在不良行为习惯，特别是礼仪观念淡薄，导致思想品德的滑坡。问题虽然出在学生身上，但却暴露出学校的德育力度不够，针对性不强，对学生的礼仪规范教育不足，这些现状不得不引起我们的深思。

以礼仪规范教育为突破口，采取切实有效的方法，对中职生进行思想道德、行为习惯养成教育，如在礼仪教育中尤其强调"礼貌待人，不说脏话粗话；讲卫生，不乱涂乱扔；尊重师长、互帮互助；遵守交通规则，不闯红灯、不横穿马路"等方面的教育，使其强化礼仪范畴和德育意识，形成良好的礼仪行为习惯，从而提升自身的综合素质。

（二）以生活情境为线索挖掘德育元素

礼仪教育和德育息息相关，与个人的行为规范有着千丝万缕的联系，如果没有很强的德育意识，就不可能有良好的行为规范。在礼仪课教学实践中可以发现，虽然学生掌握了礼仪规范，但却未能将所学礼仪规范外化于行，甚至会出现随心所欲、明知故犯的现象。究其原因是学生对自己的行为不负责任，没有德育意识。所以，在礼仪教学的同时必须对学生进行德育教育。

在礼仪教学实践中，应以生活情境为线索充分挖掘身边的德育元素开展教学。在教授公共礼仪时，不仅要教会学生在公共场所应具备的基本礼仪，还应教育学生在公共场所应有的道德素养。比如讲述维护社会环境的礼仪，不仅要讲解礼仪规范的基本内容，还要强调这是每一个公民的神圣职责，是社会公德；在讲述观看演出的礼节时，应强调观看中不大声喧哗说笑，不起哄，不吃零食，不中途退场等礼节，这些细节之处展示的就是一个人的礼节和教养，这是对周围观看人负责，对演员负责，对演出场地负责。此外还可以利用礼仪课进行"家庭的礼仪""进餐的礼仪""待客礼仪"等系列专题课的学习，从中体验道德规范，增强德育意识。

（三）以情景教学为方法增强德育体验

结合以往的礼仪教学实践可以发现，采用讲授法和课件演示法等常用方法进行教学，效果并不是很好。很多学生在课堂上明白了相应的知识点，但却很难将其运用到实际生活和工作中，甚至连最基本的言行举止都没有明显的改善。这充分体现了教学与实践相脱节的问题。如果把礼仪规范只是当作一般知识来传授，"光说不练"，是行不通的，只有经过实际的训练，礼仪教育才能收到较好的成效。

礼仪教育的"知行合一"，是将礼仪教育所学内容灵活运用到生活中，真正实现言行一致，做学合一。这就需要改变传统的教学方法，探索新的教学方法，而情景教学法便是有效的方式之一。教师根据教学目标与教学内容布置任务，设计情景，讲授知识与模拟训练、日常养成等有机结合，让学生通过不同角色扮演的方式，练习所学过的礼仪知识。模拟训练重在体现礼仪教育操作性的特点，而日常养成重在体现礼仪教育实践性的要求。这样既能发挥学生的想象力，锻炼了学生的实际操作能力，又能给学生身临其境的感觉，增强学生学习的德育心向。如果掌握了有关的礼仪知识，也会实际操作，但不愿身体力行；学的是一套，而实际做的则是另一套，这样的礼仪教育肯定是不成功的。学生掌握了礼仪基本理论和礼仪规范，就应该付诸行动，按礼仪的规范、要求去做。不仅需要强化练习，激发其学习兴趣和积极性，而且要将所学理论和规范运用到日常生活中。总之，要增强学生的德育意识，体会不同角色应有的道德规范，使学生在行动中规范自己行为，真正起到在礼仪教学的同时对学生进行德育渗透。

六、体会与思考

德育无处不在，存在于每一个角色，人在社会中生存，就必然要对自己、对家庭、对集体、对国家承担并履行一定的道德规范。教育学生学好礼仪课，规范礼仪行为是对自己将来工作中的一种职业道德培养，同时也提高个人的思想素质，丰富了社会经验，为走向社会打下良好基础。

礼仪教学和德育教育是互相联系又互相促进的关系，如何在教学中更加有效地互相渗透还需要进一步完善。在今后的教学实践中，我们要进一步发挥礼仪在德育教育中的桥梁作用，在引导学生重视礼仪课的前提下，积极探索学校德育教育的新途径，为德育教育创造有利条件，以适应职业教育改革的需要。

参考文献

[1] 王欢.礼仪规范教程［M］.北京：知识出版社，2006.

[2] 马晓红.公共关系与礼仪修养［M］.北京：中国劳动社会保障出版社，2005.

[3] 胡宁，等.中职生礼仪规范教程［M］.北京：科学出版社，2007.

依托课程载体，提升中职校德育实效性研究
——学前教育专业果洛班语文学习习惯的养成

上海市新陆职业技术学校 余婧

【摘 要】党的十八大以来，习近平总书记围绕统一多民族国家的民族团结问题发表了一系列重要讲话，提出了新时代加强民族团结的新理念和新思路。果洛民族班是上海市教委牵头，为更好地探索适合青海果洛学生的人才培养模式，架设协作沟通的桥梁，与果洛藏族自治州教育局的对口教育支援项目。果洛民族班的学生大多来自农村，受藏族地域的环境、习俗和民族母语的影响，他们在学习语文时普遍存在一定的困难。因此，经过反复教研讨论，我校将果洛民族班语文课教授的内容从汉语、汉字，增加到对其语文学习习惯的培养。语文作为一门基础性课程，除了讲授字词句的用法外更应与教授对象的实际情况结合，与德育相结合，增加民族团结性，这也是少数民族语文课程发展的新形势。这在促进民族地区发展、宣扬民族和谐、维护民族团结中起到一定的作用。

【关键词】藏族 汉语文学习 跨民族文化认同

一、实施背景

习近平总书记强调，加强民族团结基础在于搞好民族团结进步教育，建设各民族共有精神家园。要深入践行守望相助理念，深化民族团结进步教育，铸牢中华民族共同体意识，促进各民族像石榴籽一样紧紧抱在一起。各民族团结友爱，是中华民族的光荣传统，是社会主义民族关系的生动体现，是中华民族繁荣发展的重要保证。各民族的团结进步，是国家和平稳定的根本，而少数民族班的存在是少数民族与汉族之间沟通的桥梁，宣传了各民族团结进步的优秀事迹，发扬了爱国主义精神，对各民族的团结进步有着重要的影响。

作为果洛民族班的语文老师，在与学生沟通交流中，我发现地域、习

俗、文化差异使得她们在理解其他民族文化、风俗民情、思维习惯时略有一些无法适应。所以，我意识到不仅是要教会她们汉语、汉字，还需要加强她们语文学习习惯的培养，并且将汉语语文教学与德育相结合，增强民族团结性、增强中华民族共同体意识。所以，我将文学作品欣赏、语言表达方式、德育、爱国主义教育串在语文课程的教育过程中，增强民族班学生跨民族的文化意识与爱国意识。

二、实施目标

藏族有自己的语言和文字，果洛的学生从小在藏语环境中成长，在进入中职校这个全汉语授课的环境中后，部分学生汉语基础薄弱的情况就凸显出来了。加之现在中职校语文教材的工具性弱化，导致学生觉得难学、厌学，而教师也陷入"教而不知其法门"的尴尬境地。本文针对中职藏族学生汉语字词教学的现状及应对措施进行研究，旨在夯实藏族中职生的汉语字词基础，从而提升语文学习能力，培养其语文学习习惯，达到增强跨民族文化意识与爱国意识的效果。

语言，作为最重要的交流工具，其在语文课程中的重要性不言而喻。学好汉语不仅能使果洛班学生拥有与更多人交流的途径，还能帮助其在学前教育专业领域内的学习与提升。汉语博大精深、历史悠久，因此在汉语教学中注入德育因素，把促进民族团结进步的内容适时、适量、适度地注入汉语教学中，既可以提高果洛班学生识记、辨析汉字的能力，也可以让学生在学习汉语的过程中了解汉文化的历史，增进民族之间的文化交流，促进多元文化间的交流和相互认可。

我校果洛民族班学生是双语学生，即拥有少数民族文字，并一直以使用本民族语言文字为主，汉语言文字只作为其第二语言。其中有部分学生连基本的汉语都讲不好，字音不准确，书写中错别字较多，作文句子完全不通顺。面对这种情况，我采用了多种措施并举的方式，不仅加强基础的字词句学习，更注重培养他们良好的语文学习习惯，提高他们的学习能力。

三、实施过程

（一）培养学生良好的学习习惯

汉语作为世界上最难学习的语种，仅通过死记硬背是很难领会其精髓的，对于果洛的双语学生而言更是难上加难了。初识果洛班学生时，我发现班内部分学生对于语文课程学习的状态是"听之忘之"，读文章时"只读不思"，读完后"不知其意"；写字时抄写也会抄错；作文时连最基础的语句通顺都达不到，更不要提字数、情感表达、描写等要求了。这样的基础，也令我陷入沉思，如何才能尽快提升她们的汉语文水平？

于是我在现有语文教材的基础上，加入文化、历史、风俗的元素，这样不仅能够丰富学生的知识面，增加学习的趣味性，也能使汉语的学习更具有语言和历史背景。在激发学生学习兴趣的同时，首先要抓她们踏实认真的学习态度。比如：指导学生预习课文时，我会使用工具书排除阅读上的障碍，还可以摘抄好的文段；对部分书写不认真的同学，则每天要求练一篇小字。语文学习中的每一个环节，都要求学生独立认真去完成，整个过程老师只作为一个引导者。

（二）培养学生良好的口语习惯

果洛学生大多属于藏族，受地域、家庭、学校环境等客观因素的制约，部分学生中小学阶段除了在学校开设的汉语课上说汉语外，其他时间都使用藏语交流。来到中职学校后所有课程都是汉语授课，导致部分学生因为语言障碍，无法完整地参与到各科教学活动中去，久而久之使其产生厌学情绪。所以口语训练非常重要。语言学习第一要素就是"用"，所以我将培养学生口语习惯作为提升语文水平的一大要素。

在日常口语训练中，我对学生的要求是：能注意对象和场合，学会文明得体地进行交流，耐心专注地倾听，能根据对方的话语、表情、手势等，理解对方的观点和意图；自信、负责地表达自己的观点，做到清楚、连续、不偏离话题；注意表情和语气，说话有感染力和说服力。在交流过程中，注意根据需要调整自己的表达内容和方式，不断提高对话的能力，能说适当的话题，作即席讲话和有准备的主题演讲，有自己的观点，有一定说服力。课堂内外讨论问题，能积极发表自己的看法，进行有中心、有条理、有根据的表述，能听出讨论的焦点，并有针对性地发表意见。口语训练就必须要利用好课堂这个主要阵地，让学生能够通过各种典型话题的实践，积累丰富的口语交流经验。同时在学生的日常生活中，引导她们利用各种交际活动来开展学习和锻炼。在与学生交流中得知，几乎所有果洛班的学生在平时的生活交谈中还是习惯使用藏语。所以，我利用在学校的有限时间，经常主动与学生聊天，谈一些她们感兴趣的话题，并鼓励她们多使用汉语进行交谈，及时纠正因方言而导致的一些语法错误和字词音调的错误，并给她们介绍一些当下比较时尚的电视剧、综艺节目，增加她们的汉语"谈资"。我还采取多种口语训练方式，来提高她们的口语表达能力。如利用早、午自习时间，播放一些泛读材料，让她们复述所听内容；进行3分钟课前演讲等活动，让每一个同学都得到充分的口语锻炼，并鼓励她们多与汉族学生交流，这样既提高了她们的语言沟通能力，也促进了汉藏关系的融合。

（三）培养学生良好的"写"习惯

写作是语文教学的重点之一，也是语文教学的难点所在。一直以来，作文教学让老师们费尽心机，学生却越写越不知怎么写。上海市语委要求所有中职生参加普通话等级测试，测试中有一部分内容是三分钟命题说话。这对于果洛班学生来说是难之又难，写作文都成问题的她们，还要根据所给题目即兴说话三分钟，学生们有点不知所措。所以从入学的第一天起，我就要求她们根据普通话测试大纲所给的三十道选题进行写作练习，要写自己的真实感受，要有感而发。此外，还要求每位同学准备一本摘抄本，每天坚持积累一些好词好句，并摘抄一篇佳作。也可根据课内阅读的内容，选择一些贴近生活实际的例子进行课外练笔。例如：读朱自清的《背影》时让学生写出对父爱的理解；学《囚绿记》时让她们讨论文中的"绿囚"有什么引申的含义；讲到《伤仲永》时让学生讨论仲永为何由天才变成了凡人。这样，不仅能增强字词句的练习、丰富学生的写作素材，而且也开阔了她们的视野，增强了对跨民族文化的欣赏度。

所以，从现有教材入手，从其文字、文学、文化常识等诸多方面的深入渗透，使果洛班学生更深切地认识中华文化，培养其深厚的爱国主义情操，并且通过一系列的练笔，逐步提高了学生们的写作兴趣，使她们的语言及思维能力得到发展。

（四）培养学生良好的"读"习惯

古人云："读万卷书，行万里路。"多读书对学生益处极大。对汉语都不能顺畅表达的果洛民族班学生，更应抓好阅读的培养。要让学生养成不动笔墨不读书的好习惯，遇到不认识的生字、不理解的词语、不明白含义的句子就圈画下来，或在旁边做好批注，借助工具书，疏通生字词，了解文章基本含义。所以，一堂好的语文课应该是时而书声朗朗，时而静而无声，时而讨论激烈，而不是老师的独言堂。

《语文课程标准》指出：在语文学习过程中，使学生培养爱国主义感情，社会主义道德品质，逐步形成积极的人生态度和正确的价值观，提高其文化品位和审美情趣；认识中华文化的丰厚博大，吸取民族文化智慧；关心当代文化生活，尊重多样文化，吸取人类优秀文化的营养。藏族有着底蕴深厚的文化资源，影响着一代又一代的藏族同胞。因此，我在学生"读"的过程中有意识地推荐我国各民族的优秀文学作品，让同学了解各民族之间的习俗与文化差异，学会欣赏不同民族的文化。

四、实施保障

（1）学校建立相应的教学指导机构，形成有效的教学研究机制，紧密结合教学实际开展校本教研，并主动寻求专业支持，让教师能够更好地根据学生发展的需要和语文学科的特点，采取各种教学手段，有计划、有目的地对学生施加内在或外在的影响，着重培养学生的情感、态度和价值观，把学生培养成为全面发展的人才。

（2）教师加强学习；改善德育方法，使生活德育、人本德育的理念深化于课堂，服务于课堂德育；优化德育环境，实现民族文化环境、校园文化环境和教室文化环境三者的统一。结合民族班的文化环境，找到提升果洛班课堂语文德育实效的方法，以实现少数民族地区的学生传承民族文化、提高语文德育实效的目标。

（3）提高语文课程管理的科学性。建立与果洛班语文课程发展相适应的课程管理制度与机制，从课程支持、课程组织和课程实施等方面实施对课程的相应管理，形成较为完善的课程管理体系，为课程的开发和实施营造良好的环境。尤其要解决目前与果洛班语文课程相适应、相配套的教育资源严重不足的现状。

五、特色与成果

经过三年的学习，果洛班的学生基本能用汉语准确表达自己的意思，顺畅地与老师和汉族同学们沟通交流。全员参加了普通话水平测试，且大部分学生顺利通过，更有佼佼者已经成为当地的新闻主播。

"道非文不著，文非道不生。"通过语文教学与德育教育的融合，果洛班学生们除了语言上有很大的进步，各方面素养也得到了一定提升，他们学会了欣赏其他民族的历史、文化，也增强了维护祖国统一的信念。实践证明，在语文教学中只要勇于探索，重视文道结合，有机地渗透德育教育，把德育渗透教学全过程，熔知识传授、能力培养、智力开发和思想情操陶冶为一炉，就能真正达到教书育人的目。

六、体会与思考

学生学习习惯的养成是一个长期的过程，需要老师耐心地引导，需要学生循序渐进地转化。面对果洛班的特殊学情，我们的语文教学会不断产生困惑，正如屈原所说"路漫漫其修远兮，吾将上下而求索"，作为语文教师的价值正是在不断地探索和解决困惑的过程中得以实现。希望我能在自己的教学中让果洛民族班学生真正体味到学习语文乐趣的同时，起到德育和美育的作用，弘扬好中华优秀传统文化，养成好的语文学习习惯，真正掌握好汉语，在力所能及的范围内促进汉藏文化的融合。

汉语作为中华文化传承的重要媒介之一，我们应当在教学中加强中华传统文化知识的渗透。从中国传统的文化精髓中发掘人文内涵，使学生通过汉语学习领会到中华民族及藏民族博大精深的文化内涵并从中汲取营养，从而受到潜移默化的影响，不断提高自身的汉语水平和人文素养，从而维护祖国统一，传承民族文化。

参考文献

[1] 习近平出席中央民族工作会议并发表重要讲话[OL].新华社，2021-8-28.

[2] 李海英.内初班少数民族学生语文素养的培养[J].新课程（中学版），
2010(9).

[3] 朱崇先，王远新.双语教学与研究[M].北京：中央民族大学出版社，
2001.

依托课程载体，提升中职校德育实效性研究
——"家校联动"，与学生建立沟通桥梁

上海市新陆职业技术学校　曹俊怀

【摘　要】本案例中小 A 同学从小父母离异由母亲抚养，由于母亲管教严厉造成了他具有一定的逆反心理，与母亲关系紧张。他在班里是出名的"独行侠"，同时存在沉迷网络、与同学交流有一定障碍、具有较强厌学情绪等情况。笔者以小 A 更能接受的沟通方式与话题切入，发现了他温柔、细致、有责任心的一面，并鼓励他在班级积极展示，树立了自信心。之后他更是主动报名参加了校文字输入比赛，荣获三等奖。同时通过家校合作调整与其母亲的沟通方式与技巧，大大缓解了母子矛盾，也让孩子懂得了感恩。

【关键词】沟通方式　家校合作　多元智能

一、实施背景

2019年出台的《国家职业教育改革实施方案》中明确指出，职业教育与普通教育是两种不同的教育类型，具有同等重要地位。职业教育是我国教育中不可缺少的组成部分，发展职业教育对促进我国教育事业的发展具有重要的作用。随着我国职业教育的不断改革与完善，职业教育中的德育也取得了显著的成就，但是在当今多变的社会环境中，职业教育中的德育也面临着诸多新的挑战。加强和改进新时代中等职业学校德育工作，对于培养高素质劳动者和技术技能人才、培养担当民族复兴大任的时代新人，具有重大战略意义。

在社会中，中职学生属于相对弱势的青年群体，他们常被贴上一些负面的标签，变为"负能量"的代名词。他们在自我认知、情绪管理、人际交往和职业规划等方面大都处于迷茫状态，而这些又影响中职学生的成长和踏上工作岗位后的职业素养。所以，重视学生自我认知的发展，从积极自

我、积极情绪、积极关系和积极成就提出相应解决对策，从多元智能角度发挥积极心理教育的作用，着力让中职学生拥有积极向上的良好心态，激发积极行为，提升中职学生的自我认知能力，促进中职学生的心理健康发展，同时促进职业教育高质量创新发展。

小 A 同学在老师和同学们眼中是一名特立独行的"独行侠"。在学习上，他经常不交作业，当老师善意劝导时，他理直气壮地用"我不会、我不懂、我不想做"等理由搪塞；在生活中，与其他同学交流时也会因意见不合大发雷霆，甚至使用暴力相逼。情绪不稳定、冲动易怒是他的性格标签，因此班级不少同学对他"敬而远之"，唯恐避之不及。当笔者主动与他交流时，他总是一副无所谓的态度，说："我知道自己也就这样了，我不行的，你就别在我身上费劲了。"就这样，小 A 在学习、情绪情感、人际交流上的问题让他在班级中显得格格不入。

二、实施目标

本案例中小 A 同学从小父母离异，由母亲抚养，由于母亲管教严厉造成了他具有一定的逆反心理，与母亲关系紧张。同时存在沉迷网络、与同学交流有一定障碍、具有较强厌学情绪等情况。

据笔者与其他班主任沟通得知，我校中职班学生家庭中父母离异率高达 50% 以上，这些孩子由于从小缺失父爱或母爱，往往显得缺乏规则感、性格乖张，与家人关系紧张，而这一切特质又直接影响了他们与同龄人的正常交往。但青春期的学生又是渴望沟通与朋友的，生活中无法与他人沟通使得他们在虚拟世界上找到了出口，每天的生活就是在手机游戏中度过，活在自己的世界中并且乐此不疲，游戏构成了他们生活的全部，使得他们可以暂时忘却现实中的失意。由于中职学生在中小学阶段成绩相对较差，受到诸多来自家长、老师的责备与否定，导致其习得性无助，逐渐丧失了对学习的兴趣与信心，导致有不少像小 A 这样的同学，对于学习的意义与学习的内容根本没兴趣，学习、作业、考试对于他们而言简直是另一个世界的话语。消极的处事方式和暴躁的性格使得他们身边没有能够相处沟通的朋友，而这更加剧了极端性格的形成。

笔者希望通过对小 A 案例的分析，探索出更适合当下学生的沟通方式,寻找到与他们沟通的契机,建立彼此信任的纽带,走进他们的心灵。同时,探寻家校合作的方式与界限,帮助家长走入孩子的内心,帮助家长与孩子建立更融洽的沟通方式。让离异家庭的孩子感受到父母的不易、感受到父母的爱、学会感恩、学会与人沟通的方式,并在此基础上建立起积极的人生观。

三、实施过程

(一)拓展德育教育场景,线上沟通打开学生心扉

针对上述小 A 同学的情况,笔者在经过多次线下交流后,发现面对面沟通容易引发小 A 同学对立情绪且沟通效果较差。因此根据小 A 同学长期沉溺网络,热衷网络沟通的特点,笔者主动利用 QQ 和微信与他进行线上沟通。首先采用了"先言他物以引起所咏之词"的沟通技巧,从评论对方网络头像开始谈起。当时小 A 同学的头像是两只流浪猫,与一般网络头像区别较大,笔者话题就从流浪猫开始,没想到一晚上得到小 A 满屏的回复,他认真详细地讲解了流浪猫的生活习性,分析了收养流浪猫的注意事项,在线上我们有了共同沟通的话题。这次良好的线上沟通使得我俩之后线下的沟通也非常顺利,以至于每天能够听到他在收养流浪猫的过程中的各种奇闻趣事,他逐渐向笔者打开了心扉。线上交流使得笔者与他的沟通变得更为简单,我们彼此都卸下了自身的社会身份,笔者不再是那个对学生严格要求的班主任老师,他也不再是那个让老师们头疼的特立独行的"独行侠"。

随着沟通的不断深入,了解到小 A 在流浪猫收养机构做志愿者,与其他志愿者们之间能有着良好的沟通。所以笔者趁热打铁,鼓励他把在公益机构做志愿者的奇闻趣事在早课上分享给班级同学。当同学们听了他与流浪猫的故事后都不自觉地为他鼓掌,甚至有两位同学主动申请与他一起去公益机构关爱流浪猫。经过这次早课,同学们没想到性格乖张的"独行侠"同学背后竟然有着如此"温柔"的一面。此后班级同学与他的沟通顺畅了很多,他也能主动地打开心扉与其他同学进行沟通,脸上也逐渐有了笑容,性格也变得开朗起来。这个学期更是主动提出要做数学课代表,他想利用数学课代表的"职务之便"向老师多请教些数学题。

（二）家校合作，挖掘孩子更多潜能

现代教育理论认为：家庭是孩子成长的第一所学校，父母是孩子成长的第一任老师。大量事实证明，学生只有家庭关系和谐才能安心学习、适应社会，家长的价值观念、认知方式以及待人接物直接影响到孩子的思维模式和行为方式。父亲在家庭中对孩子坚毅性格的形成上有着不可替代的作用。小 A 父母由于感情不合早年离异，小 A 从小生活在单亲家庭中，父爱缺失，造成他对社会的规则性缺乏认识，另一方面也造成他缺乏走出困境的逆商能力。当小 A 同学遇到学业上的困难和交流上的障碍时，他直接采取放弃策略，不会从自身学习方法、交友方式等方面找原因，而是没有经过尝试和努力便提前预设和断定自己"不行、不能、不会"。

所以在了解小 A 同学家庭情况后，笔者决定邀请小 A 同学的妈妈一起用鼓励的方式改变他。当我把小 A 同学收养流浪猫以及在公益机构做志愿者的事情告诉他妈妈时，他妈妈非常吃惊甚至不相信自己的孩子竟然这么有爱心，与她眼中那个无所事事、特立独行、性格乖张的儿子格格不入。每一个个体，尤其是处于成长期的中学生都需要得到别人的认同与需要，而这种认同感是促进学生自我成长与进步的主要动力，我们应该和家长充分利用并抓住这种成长机遇期，促进学生自我发展。因此笔者建议小 A 妈妈尝试用一些积极性的、正面评价的语言与小 A 沟通，进而提升他的学习自信和沟通自信。小 A 妈妈非常认同这一家庭教育策略，并且表示愿意更加配合学校班主任的教育工作，帮助孩子更好地成长。

四、实施保障

我校"环环相扣"的学生工作保障制度，为班主任日常学生教育、管理工作带来了多重保障。学校层面，每学期都会邀请市里的德育专家为班主任们进行业务培训，这大大提高了班主任们"一线作战"的技巧和水平。德育处是班主任强有力的后盾，每当班级发生棘手且难以解决的问题，或班主任情绪波动较大时，德育处的老师总会细致耐心地开导大家，引导班主任找到问题的根源。学生处严谨的日常行为规范管理为班主任严肃校纪班风提供了强有力的后盾。年级组长则是班主任的"守护神"，就拿小 A 同学这个案例来说，最初当笔者很迷茫、不知从何对小 A "下手"时，年级组

长启发说："是你要走进他的世界，就不能以你习惯的方式着手，你得用他习惯的方式才行。通常不愿沟通、畏难情绪高的孩子可能还有一定的家庭原因。"正是年级组长的这句话为笔者指明了方向。此外，学校的心理咨询中心也是班主任的"智多星"，本案例中心理老师在如何与家长沟通，如何能让家长接受孩子的不完美，如何让家长与孩子更好地沟通和交流方面给了笔者许多建议，一些心理学中的话术在与家长或学生沟通过程中也非常实用。

五、特色与成果

在与小 A 沟通交流了一个学期以及与小 A 妈妈家校合作共同努力后，明显能感受到小 A 在学校的改变，尽管他在学习成绩上仍然处于班级下游，但是在学习态度上已经变得认真且努力，并且对自己提出了学习目标——顺利通过上海市中职生学业水平考试。此外，他在专业技能上也有了新的突破，在学校组织的第八届技能大赛上，他主动代表班集体参加"文字录入"比赛，并且获得了三等奖的好成绩。作为数学课代表，他也能很好地承担起这项任务，最为明显的是他已经完全融入班集体中，与班级同学的相处也是非常融洽，做事也有了积极性，更令人欣喜的是他现在学会了与母亲沟通，感恩母亲的养育之恩，母子关系也日趋融洽。

本案例中笔者采用了小 A 同学更为习惯的网络沟通方式，从他的兴趣着手，挖掘出了他隐藏起的另一面。此外笔者运用多元智能理论，在班级早会上让小 A 展示出了他温暖、善于沟通的一面，使同学感受到他的温度与善良。同时将多元智能理论运用在与他家长的沟通中，达成"家校联动"助力小 A 成长的共识。其次，为小 A 安排数学课代表这一工作，锻炼他的责任感的同时，加强了他学习的动力。

六、体会与思考

在整个案例处理过程中，笔者再次深深感受到家庭教育方式、家庭成员缺失对孩子造成的伤害有多大。特别是离异家庭，一个人既要养家糊口，又要抚养关爱正在青春期性格有些叛逆的孩子特别艰辛。对于这类家庭不完整的孩子，我们在带班过程中需要格外关注他们的心理状况，给予相对于拥有完整家庭教育的处境不利学生更多的关心与呵护。在矫正这些单亲家庭孩子某些行为的过程中我们可以与家长携手，从沟通方式、表达方式，这些日常交流中的小技巧着手，拉近家长与孩子、孩子与老师之间的关系，三者之间形成一个互相支持的"铁三角"。

案例中小A同学具有明显的"双面性"，一面是对于家长、老师、班级同学的冷漠甚至排斥，一面是对于流浪猫及公益志愿者组织的关爱与友善。这一情况在中职学生中并不少见，他们只愿意对自己感兴趣的事物投入时间、感情与精力。所以，找到与他们沟通的切入口非常重要。本案例中笔者采用了小A更为习惯的网络沟通方式，从他感兴趣的流浪猫着手，成为能"懂他""欣赏他"的人，只有这样才能让小A这类孩子对我们敞开心扉，才会让他们愿意接纳我们的意见。

中职学生是一个特殊的群体，他们中的大多数在基础教育中经常被忽视，学习成绩普遍较差，受到老师和家长的表扬相对较少，对学习常有一种回避、厌恶甚至恐惧心理，加上社会对职业教育存在偏见，让他们有种上了中职没出息的错误认知，并普遍缺乏自信。作为中职学校的班主任我们可以运用多元智能理论，根据班级学生特点，挖掘出同学身上的闪光点，提高班级活动参与热情，引导他们学习专业知识，加强文化素养的培育，消除学生横向比较的自卑感，发展他们的优势智能，提升自信心，促进学生的全面发展。

参考文献

[1] 洪秋瑾.浅析家校联动,重启中职生信心密码[J].现代职业教育, 2018(25).

[2] 郭展.中职学校互联网视域下家校联动育人模式探究[J]. 科学咨询, 2019(42).

[3] 邱丽煌. 单亲家庭教养方式对中职生心理健康的影响:认知重评的中介作用[J].长春教育学院学报,2020(4).

[4] 陈志霞. 中职班主任对单亲家庭学生心理引导的策略[J]. 家庭·育儿, 2020(2).

[5] 柳循晓, 王帆.多元智能理论与班级管理[J].科教导刊,2020(21).

以德施教履行育人初心，以德立学培养时代新人
——立足课程思政理念，提升中职校德育实效性

上海市新陆职业技术学校　王海英　张华　侯俭燕　余婧

【摘　要】本案例以习近平新时代中国特色社会主义思想为指导，坚持社会主义办学方向，紧紧围绕"培养什么人、怎样培养人、为谁培养人"这个根本问题，牢牢把握立德树人这一根本任务，充分发挥课堂教学主渠道作用，按照"所有课程都有育人功能"的要求，深入挖掘各类通识课程、专业课程及各教学环节育人功能，通过挖掘、激活、利用各类课程的思政元素、精准把握课程思政的教育教学重点，形成各类各门课程协同育人格局，努力培养德智体美劳全面发展的社会主义建设者和接班人。

【关键词】课程思政　德育　实效性

一、实施背景

随着我国产业转型升级、经济快速稳步发展，职业教育成为培养技能型创新人才的重要途径。和传统的技能人才相比，技能型创新人才不仅要有精湛的技能，更要有正确的价值观和过硬的综合素质。而综合素质的培养则关乎"为谁培养人"和"培养什么样的人"这两个重要问题。

教育之本在于育人，中职校对学生的技能培养方面较为重视，也取得了相当好的成效，而在思政教育方面，却还存在一定的问题。为此，众多学校也从"三全育人"理念出发，纷纷创新人才培养模式，上海近年来推出的"课程思政"也是试图打破学校思政育人的"孤岛"困境，实现思政教育、通识教育与专业教育的融会贯通。本案例研究以此为出发点，探究分析课程思政视域下如何提升中职校德育的实效性。在将课程思政理念融入教学过程之中，上海市新陆职业技术学校学前教育专业开展了前瞻性的探索。

二、实施目标

如何在课程思政视域下探究中职校德育的实效性，如何从主体教育模式的角度全方位分析中职校德育的价值，这既是教育创新发展的需要，也是和谐社会的必然要求。因此本项目的实施目标主要体现在如下三点。

第一，拓宽中职校核心价值观传播途径。中职校需要在宏观上整体把握和推进学校思政育人模式，扩大辐射范围，秉持"全面思政教育、立体思政教育、创新思政教育"的理念，促进包括通识课、专业课在内的各类课程和思政教育的有机结合，挖掘和充实各类课程的思政教育资源，从而使得学校核心价值观的传播途径得以拓宽。

第二，提高育人活动的应用价值。传统视域下的中职校德育活动呈现理论化空洞化趋势，德育效果达成度较差，适时更新德育观念已势在必行。在课程思政视域下，倡导"课堂德育"与"主体德育"，激发德育主体的能动性，有利于把外化的道德理论内化为根植于主体心底的道德认知，达到学以致用、知行合一的目的。

第三，提升中职校学生主体思想道德素质的必然选择。育人为本，德育为先。在"课程思政"理念下，增强中职校学生主体德育实效性研究有助于培养与现行体制相适应的高素质与技能型人才，也是社会发展的必然选择。

三、实施过程

课程思政视域下德育实效性是德育管理追求的结果，必然要求运用德育管理手段，强化管理措施来增强德育的实效性。首先要把德育教学情况、德育活动开展情况做大量的收集整理，然后分析提炼，从德育所投入的人力、财力、人员构成和素质水平、投入的时间、精力等各要素中寻找德育实效性低下的原因，对造成德育实效低下的方式手段进行革新，正确决策，避免形式主义，从而提高德育管理实效。

第一，科学制定德育目标，确保清晰务实可操作。首先，职业学校的德育目标必须增加道德价值判断和选择能力的成分；其次，在全面提高学生的文化素养，培养学生专业和实践技能的同时，关注学生的个性发展，把个性发展和人格的社会性培养结合起来。最后，职业学校德育目标的确立要依据受教育者的身心发展规律。德育目标既要以各级各类教育的品德培养目标为基础,同时还要通过具体的德育目标去落实,需要反映不同学段受教育对象的共同性与特殊性。

与此同时,在德育的实施过程中也要注意如下几点:首先,把德育目标自上而下分解到部门和个人,明确权力和责任,形成一环套一环的目标体系。其次,目标分解之后,要进一步确定对策、有效实施来保证分目标和总目标的实现。再次,在目标开展过程中,要围绕德育工作的落实情况经常沟通思想、交流意见、消除分歧,及时发现并解决问题。最后,绘制德育实施进度表,随时把握工作进展情况。另外,为使德育目标实施有效、有序,还要进行目标实施中的监督和检查,对完成好的加以表扬宣传,对偏离目标的及时加以指出和纠正。

第二,优化德育课程渠道,拓宽专业课程途径。当前德育课程教学多采用强制灌输的方式向学生进行思想政治教育,中职校学生对这种教学方法存在很大的抵触情绪,在相关中职校德育课程教学方法的改革中可以采用隐性教学法,隐性教学法意指在课堂中由对知识的强制性灌输改变为对学生的引导过程,教师可以根据学生的思想实际状况,结合课程的总体目标,让学生自由选题,在规定的时间内提交相关报告,由学生自己安排时间和制定进度计划,培养其自我管理能力和自主发现精神。同时在教学过程中可穿插案例教学法来完善隐性德育实施效果。由于德育课程性质,德育课程内容有很多的理论知识,纯理论的教学方式会在上课的过程中增加学生压力与反感,穿插案例教学法,有助于将中职校学生的理论学习引入到相关事件的背景学习,营造轻松的课堂氛围。例如,本校在基础型课程实施过程中要求教师要牢固确立"全员育人"的观念,通过各基础型课程的学科教学对学生进行思想品德教育,除了要准确把握本学科教学中的"知识和技能""过程和方法"方面的目标,更要关注"情感态度与价值观"等德育目标及内容,并落实在备课、听课、评课、教研等各个环节中。

第三,课程思政融入实践,增加德育实践路径。中职校培养目标中高度的职业化特色要求中职校在培养人才的过程中,拓展多种培养模式。增加中职校学生的实践活动能够帮助学生在实践中构筑职业意识,形成完备的职业道德,帮助学生更好地融入群体,增加团队合作感。当前中职校都在积极拓展实践环节中德育实施路径,其中 EPI-CDIO 理念由于与中职校职业特色的高度契合性逐步被作为拓展职校德育实施的新模式。CDIO 工程教育模式是 2000 年麻省理工学院和瑞典皇家工学院等四所大学组成跨国研究理念；CDIO 具体含义分别代表构思（conceive）、设计（design）、实现（implement）和运作（operate），贯穿了从产品生产到正式投入市场经营的生命周期全部过程，通过让学生建立实践内容、课程理论之间的联系程度培养学生完成任务的主动性。CDIO 理念关注在工程毕业生的工程基础知识、个人能力方面、人际团队组织协调能力、工程应用系统能力等方面的提高，并相应地提出了教学目标。

而 EIP-CDIO 概念是我国根据国外先进工程专业培养理念结合当前我国中职校发展水平实际效果提出的。它结合职业教育中学生在职业道德层面欠缺的情况，强调培养工程职教专业学生能够在项目上有构思、设计、开发和实施能力，并具有较强的独立探索能力、组织能力和协调能力，注重学生的职业技能和诚信、职业道德思想意识共同发展。在这一点上，中职校可以依托深化校企合作模式、拓宽第二课堂等途径，增加学生的实践技能和职业道德品质，进而推动学校德育建设工作。

第四，提高全员师德水平，加强德育队伍管理。在"课程思政"视域下，德育工作不能光靠德育管理者和教学人员，全校教工都会影响德育工作的开展。学校的每位教师都是学生了解这个学校的窗口，都会影响他们的言行和价值判断。中职校要想做好德育工作，一定要提高全员师德水平，包括学生管理部门、后勤服务部门、实习工厂和实践基地。否则课堂上德育教师讲一套，课下其他教师做一套，学生会感到教育的滑稽和虚伪，从而使得德育效果走向反面。每一位教师，都要时刻提醒自己的职业要求，要清楚自己的言行具备一定的导向作用，会影响到学生，学生还会将这种影响继续扩散传播开来。所以教师提高职业道德，从外在的严于律己升华为内在的道德品格是十分必要和重要的。德育工作者是学校德育工作的保证，德育管理要从根本上调动德育工作者的积极性，促使他们充分发挥主观能动性。因此，德育管理要通过加强管理，建立制度，重视人的因素，以提高德育工作实效。

第五，坚持定性定量结合，完善德育评价体系。在德育工作评价中，要建立德育评价的指标体系，同时根据德育评价指标体系制定评价尺度，这样德育评价才能避免空洞、主管、走形式。德育评价的衡量尺度是在负责人的行为的基础上建立的，要有关于人的描述性语言，还应有客观的量化分析。对于中职校的德育工作评价应该从德育目标、德育方案、德育组织和德育措施四个方面着手，不仅重视总结性评价，还要重视诊断性评价和形成性评价，把定性和定量相结合，尽量做到全面、客观、公正。

第六，构建德育网络模式，发挥合力育人效果。德育网络是整合学校内部和外部的所有德育力量，由各种社会组织和其沟通渠道组成的系统网络。构建德育网络的目的是把校内外各种教育影响联系起来，达到合力育人的目的。这种一体化的网络有助于促进受教育者道德品质社会化，有助于全方面素质的发展。这些因素有宏观社会环境因素、家庭因素和大众传媒的因素。因此搞好中职校的德育工作，绝非易事，也不是单靠学校就能够完成的，还需要各方面的通力合作，全社会共同重视。

首先，全球范围内的文化传播和文化变迁加速，使各国的学校德育面临着危机与挑战，德育工作者必须关注这些因素及因素的变化，在变化中寻找德育的发展方向和新方法。其次，重视家庭教育对下一代和下几代的影响，注重孩子全面发展，防止重智轻德，重物质轻精神，重现在轻未来，重自己轻他人和社会。再次，大众传媒应创造有利于青少年成长的传媒环境，加强对大众传媒操纵者、制作者、经营者的控制，提高家庭和学校、家长和老师对传媒的选择和鉴赏能力。

四、实施保障

（1）加强组织保障。中职校的课程思政工作应由书记统一领导，书记是学校德育管理工作的第一责任人，校长负责组织德育目标和计划的制定与执行。学校德育工作在校长的带领下，由学生管理部门牵头，提出德育目标的实施方案，负责协调和督促检查德育。

（2）强化工作考核。把教师参与课程思政教学改革情况和课程思政落实效果作为教师考核评价、岗位聘用、评优奖励、选拔培训的重要依据；改革学生的课程学习评价方式，把价值引领、知识传授、能力培养的教学目标纳入学生的课程学习评价；把推进课程思政教育教学改革成效纳入系部绩效考核评价。

（3）完善激励机制。将课程思政工作纳入学校教学改革项目，以项目的形式对课程思政工作提供资助；增加试点或立项课程课时工作量上的相应比率，确保专项建设项目顺利实施；学校设立专项经费，为课程思政工作有序推进提供保障。

五、特色与成果

（1）创新教学设计。完善现有课程教学大纲和教案，在教学目标中增加课程思政目标，探索最有效的多样化教学方法，根据课程思政目标设计相应教学环节，创新教学活动，将课程思政元素融入学生的学习过程中，体现在学习评价方案中。将课程思政建设情况作为专业评估的重要观测点，将课程思政的要求纳入人才培养方案。

（2）提升教学能力。组织专题辅导，邀请相关专家学者对课程思政深入解读，加深教师对课程思政的内涵、目标及原则等的理解。开展学习讨论活动，提高每位老师对课程思政重要性的认识。通过教学观摩、教学竞赛、教学研讨等活动，提升课程思政教学能力。

（3）加强师德师风。健全师德师风建设的长效机制，积极引导广大教师做"四有"好老师，引导广大教师以德立身、以德立学、以德施教、以德育德。

（4）打造示范课程。制定课程思政示范课程评价标准，开展示范课程遴选活动，打造20门左右示范课程，发挥引领作用。将思想政治理论课纳入示范课建设，实施新时代思想政治理论课创优计划。在课程思政有基础，思政元素较充足，能体现教学优势、课程优势的专业中遴选部分专业，打造成课程思政示范专业。

（5）开发特色课程。结合时代特点，发挥学校优势专业引领作用，采取名家授课、专题讲座等形式，打造一批课程思政特色课程、精品课程。充分利用教育信息技术，加强网络教育资源建设，开发一批在线开放课程。

（6）建设教学团队。明确团队教师的选拔要求和育人责任，建立团队教师的培养机制、运作机制和协调机制，培育3个左右课程思政教学团队，培养一批首席专家和教学名师，不断增强团队整体教学能力，发挥团队示范作用。

（7）完善课程评价。在课程教学大纲、教学设计等重要教学文件的审定中要考量"知识传授、能力提升和价值引领"同步提升的实现度。在精品课程等的遴选立项、评比和验收中应设置"价值引领"或"育德功能"指标。在课程评价标准、教学比赛等评比的制定中设置"价值引领"的观测点。

（8）总结典型案例。总结课程思政教育效果好、学生反响佳的教学案例，形成参考性强、推广价值高的典型案例，为提升课程育人效果提供参考借鉴。

六、体会与思考

中职校课程思政实施效果有赖于多重实施渠道的配合，涵盖课堂实践教学、第二课堂、社会实践、顶岗实习等多途径。比如第二课堂可以引导学生通过多种社团活动和技能大赛等活动提高职业素养和人文情怀；社会实践可以通过社会调查、走访、指导支援、专业服务等方面来提高学生的职业技能应用能力和为他人服务奉献意识；顶岗实习中学校应联合校外合作企业共同构筑中职校学生的德育体验课堂，让学生深入了解企业文化，快速形成合乎职业标准的职业道德思想。发挥合力，才能共创实效。面对外部发展环境与内部实施环境的变化，如何培养学生既能掌握过硬的应用技能又能具备良好的个人品格，还需要我们继续坚持以爱国主义教育为主线，进一步以强化行为规范养成教育为重点，不断增强课程思政育人工作的主动性、实效性，形成全员、全方位、全过程参与的育人模式，力争在浦东新区做出学校德育工作新特色、新品牌。

参考文献

[1] 傅洁明. 职业生德育课程及评价方法的探究[J].新课程研究，2009（9）.

[2] 林文斌. 关于提升职业学校德育课程实效性的思考[J].吉林省教育学学院学报（学科版），2011（4）.

[3] 顾明远.教育大辞典简编本[M].上海：上海教育出版社，2015.

[4] 赵亚静.中职学校思政课程与课程思政同向同行研究[J].理论与创新，2020（15）.

[5] 陈全堂.中职语文课程思政教学路径探析[J].河南教育（职成教），
　　2020（8）.

课程思政融入中职数学教学的探索与思考

上海市新陆职业技术学校　王薇

【摘　要】本文旨在探索思政课程向课程思政转化的有效途径，为新时期在中职数学教学中实施课程思政提供一定的参考。

【关键词】课程思政　中职数学　立德树人

一、实施背景

在中职教学中践行立德树人的根本任务，实现"三全"育人新格局，需要学科专业课程中实施课程思政，使得学科课程、思想政治理论课程同向同行，培养社会主义的合格建设者和可靠接班人。

数学学科作为人类文明的重要结晶，不仅在提高学生运算水平、培养逻辑思维、锻炼其发现问题的能力、提高其解决问题的水平方面，有着无可替代的作用，在提高学生思想政治觉悟、引领其坚定跟党走、帮助其树立正确的价值观、培养其成为合格的社会主义建设者和接班人方面也有着不可推卸、无可替代的责任。因此，将课程思政融入中职数学教学中的必要性和重要性不言而喻。

二、实施目标

通过在教学的不同环节潜移默化地融入思政内容，将数学独有的文化内涵和底蕴融入数学知识的传授中去，使学生在学习专业知识的同时，了解我国数学的发展历史和规律，认识到我国所取得的数学成就，学习优秀数学家的高尚品格，接受辩证唯物主义观教育、科学人文素质教育以及良好的个性品质教育，进而增强爱国主义意识，树立正确的人生观、价值观，向成为合格的社会主义建设者和接班人迈进。

三、实施过程

(一)以身立教,提升思政素养和执教能力

教师是教学实施的主导,是学生的领航员,因此首先要注重锤炼自身的品德修为,树立正确的思政意识,明白"自树方能树人"的道理。在传道授业的同时,善于捕捉学生在课堂中的思想动态与语言信息,引导学生"亲其师,信其道",增强学生对思政教育和德育培育的理论认知、情感共鸣、价值认同,促使课程思政育人取得事半功倍的效果。

其次,注重提升思政教育与数学教学相融合的执教能力。一方面,努力拓宽对数学知识掌握的深度和宽度,更深入全面地学习和掌握数学概念、数学文化、数学发展史、数学思维,了解数学家背后的故事。另一方面,紧跟时代发展步伐,在线上线下多渠道搜集和总结与数学相关的思政资源。善于从整体的知识体系入手搜集,从小细节处逐渐积累,随手记录来自各个媒介的思政灵感,整合思政资源,更好、更自然地将课程思政融入数学教学中。

(二)把握学情,优化课堂内外教学活动的设计

在实施过程中秉承"因事而化、因时而进、因势而新"的原则去改进课堂内外不同的教学活动,突出方法创新与现代技术应用,坚持显性教育与隐性教育的统一,更好地发挥出数学课程思政教学的效果。

(1)优化课堂教学的设计。一方面,结合生活实例,创设教学情境。将新鲜案例带进课堂,传授有温度、有厚度的知识。例如,在讲授"椭圆的定义"时,通过播放"神州十二号"载人飞船顺利升空的视频,在引出椭圆概念的同时,又巧妙地向学生传递了当今中国国力的强盛以及我国一代代航天人为了"圆梦航天事业"顽强拼搏的精神,自然地激发了学生强烈的民族自豪感,也无形中给学生提供了学习榜样,为其树立正确的人生观奠定良好的基础。另一方面,根据学生的心理特征和兴趣爱好,结合课程的实际内容,有针对性地、灵活地选择课程思政的数学教学模式,如小组合作探究、翻转课堂等。这样不仅可以提高学生的专注力、培养学生的团结协作能力,而且在这个过程中,学生的数学学科核心素养得到发展。学生在获得成功的喜悦和探索的成就感后,信心得到增强,进而从情感和行为层面深化学生对思政教育内容的理解与践行。

（2）注重练习和作业中的渗透。在选择课内外练习题时，关注题目的思想性，注重科学性与人文性的融合，充分发挥数学题目的教育功能。例如，在讲授完"棱柱和棱锥"内容后，笔者让学生运用所学知识设计、制作一个环保垃圾箱，并讲述制作原理。将"垃圾分类"这一时事热点作为问题情境设计题目，把数学问题与现实背景、社会生活有机整合，有效地将思政教育渗透在内，有方向性、指引性地影响学生。与此同时，数学练习需要学生经过一环接一环、步步有根据、处处合逻辑的运算和推理完成。学生在独立完成练习的过程中，可以培养认真、专注、严谨的做事态度，并逐步形成逻辑严谨的思维习惯，充分体会坚韧不拔的治学态度和实事求是的科学精神。

（三）深入教材，充分挖掘数学思政教育元素

数学知识中蕴含的教学素材和思政教育元素是课程思政融入数学教学的基础。对教材进行深入研究，用心挖掘、利用数学知识中的思政教育内容，以无缝链接与有机融通的方式，建立两者之间的内在契合关系，能有效达成知识传授和价值引领的双重作用。

1. 充分利用数学史蕴含的思政教育元素

中职数学教材的每个章节结尾处都有"阅读与实践"栏目。其中介绍的很多内容都是与本章相关的一些数学史料。比如在"集合"这一章后面就介绍了"德·摩根与集合问题"。其中讲到了如何用文氏图进行集合运算的例子。在笔者的引领下，学生阅读得津津有味。不仅感受到了数学的简洁、直观、有趣，也体会到了数学美和数学的趣味性。分别与"解析几何"章节、"数系的扩展"章节配套的阅读材料《解析几何的故事》《复数小史》，都是适合在数学课堂内外介绍给学生阅读的好材料。学生通过阅读这些通俗易懂的小故事，体会到数学与整个社会发展的密切关系。同时，也深刻地体会到正是一代代的数学家们不断地向传统和权威挑战，并经过了反反复复的艰苦卓绝的创造工作，才使得数学的发展璀璨不已，进而带动了社会的不断进步。在阅读了与"多面体与旋转体"章节配套的阅读材料《祖暅原理》"排列与组合"章节后面的阅读材料《排列组合的故事》后，学生们不仅了解了祖暅原理的发现早于世界其他国家 1100 多年，李善兰对于现代组合计数的贡献，更是被我国从古至今的一批批数学家们展现出来的

卓越的智慧、才能和高尚的爱国情操深深地感染到了。心头情不自禁萌生出一股民族自豪感,学习的进取心也变得更强烈了。

2.深入挖掘数学知识体系中蕴含的思政教育资源

在数学知识体系中,教材所包括的公式、概念、性质、定理等往往都蕴含着丰富的哲理。例如,数学运算中的加法与减法、乘法与除法、乘方与开方等,数的概念中的正数与负数、奇数与偶数、有理数与无理数等内容,都生动地体现了辩证法中的对立统一规律。对数的定义这节内容中,由对数的定义联想到了对数与指数的关系 $a^b = N \Leftrightarrow \log_a N = b(a > 0$ 且 $a \neq 1, N > 0)$。这就好比在对数与指数两块内容中间架起了一座利于"互通交流"的桥梁。而紧接着学习的两个恒等式 $a^{\log_a N} = N, \log_a a^b = b, (a > 0$ 且 $a \neq 1, N > 0)$ 更是体现出了指数与对数的和谐与统一。对数函数、指数函数要对底数进行分类讨论,体现了辩证主义思想。

数学中的几何图形、数学公式、数学符号等都蕴含着数学的直观、有效的简洁美。比如学习了集合的关系之后,我们就可以用数集的符号和文氏图来表示出数集之间的关系,也可以用集合之间的包含关系来表示(见图1)。我们既可以用补集符号 $C_U A$,也可以用文氏图中的阴影来表示集合 A 在全集 U 中的补集(见图2)。在讲授幂函数的图像和性质时,学生自然地感受到幂函数图像的和谐美(见图3)。此时,教师这样点拨学生:这就好比每个人都有各自的人生,相识一场意味着交点,交点之后总归要奔赴自己的前程,尽管大家的路途不同,但都在创造自己人生的美,那么站在更高的视角来看我们所有人,我们又组成一幅和谐的美好画卷,在自己的人生旅途上熠熠生辉。

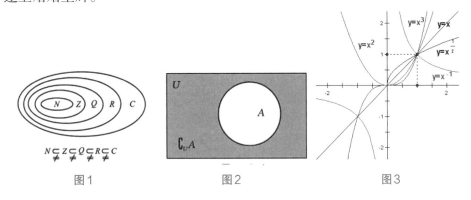

图1　　　　　　　图2　　　　　　　图3

3.积极开发教材内容中蕴含的思政教学素材

在学习分段函数时，引入生活中的水、电费等阶梯计价实例，倡导学生节约能源，不铺张浪费，培育其良好的个性品质；在学习三视图时，教会学生多角度看待问题，不被表面现象迷惑，进而培养其独立思考能力，教育学生透过现象看本质；在学习概率时，引入上海小客车车牌中标概率问题，引导学生认识到生活中的现象总是暗藏科学的解释，教育学生关注社会问题，勤于思考，善于用数学知识解决实际问题；在学习空间平面直角坐标系时，引入空间定位实例，引导学生将实际生活与数学知识联系起来，善于用知识分析手机里的各种导航软件，渗透数学建模思想，培养其勇于探索前沿科技的精神；在学习数列时，引入套路贷、校园贷案例，引导学生正确看待贷款，抵制非法贷款，理性消费，培育其理性的理财能力；在学习三角函数的图像时，以最低点和最高点升华到人生的低谷和顶峰的哲学意义上，鼓励学生胜不骄败不馁，以乐观积极的心态面对学习、面对生活，树立良好的心理素质；在学习指数函数的单调性时，引入 $(1-0.01)^{365} \approx 0.03$，$(1+0.01)^{365} \approx 37.78$，以此告诫学生积少成多、关注细节的道理，注重培养自身的恒心和毅力。

（四）实施保障

（1）组织保障。学校成立思政教研组，有计划地对思政学科教师与班主任进行分期、分批的全员培训，提高他们的思想水平和业务能力。全校范围内开展"全员导师制"，切实推进课程思政融入学科教学。

（2）外部支持。学校"十四五"发展规划中强调，坚持"德技双修，立德树人"，加强学校德育体系建设，努力做到"全程育人、全员育人、全方位育人"，以学校德育课堂为主渠道，发挥思政课程的作用。同时将课程思政融入各学科教学，切实提高学生的思政素养。改进美育教学，提高学生审美和人文素养，形成体现社会主义核心价值观的价值取向，营造体现本校特色的育人氛围；根据学生的特点，抓住安静育人的契机，多层次全方位对学生进行思政教育。

（五）实施成效

为了了解课程思政与数学教学相融合的教学实践的成效，经过两学年的教学实践后，笔者针对实施此项实验的一个班级的学生进行了问卷调查，并将实验班和参照班的成绩做了分析统计。情况如下：

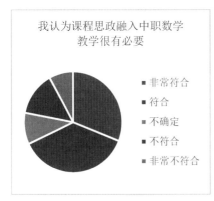

调查问题1结果

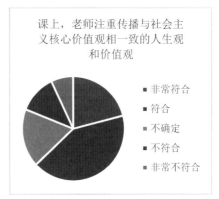

调查问题2结果

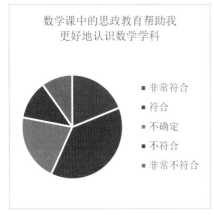

调查问题3结果

中职数学课程思政什么内容
最吸引你

- 数学史
- 数学概念、符号及公式
- 时事热点
- 生活应用
- 数学家故事

调查问题4结果

项目	参照班	实验班
平均值	73.6	75.7
个案数	41	41
最高分	95	97
最低分	39	49
合格率	80%	88%
优良率	41%	52%
低分率	2%	0%

成绩报告1

成绩分布情况对照

成绩报告2

从问卷调查的结果看，课程思政与数学教学相融合的教学实践取得了比较好的效果。绝大多数学生对课程思政持有积极态度，通过将思想品德教育融入中职数学课程中，其对数学学科的价值观有了更深入的了解，学习数学的兴趣得到了较大的提高。在数学教学中融入课程思政以来，笔者明显地感觉到任教班级学生的精神风貌发生了改变，上课变得积极主动了，打瞌睡的现象变少了，作业的质量有了明显提高，课内外主动提问的学生变多了，学生在课间谈论的内容常常是与学习有关的，班级的氛围也变得团结有凝聚力了。笔者在与学生的交流中，也切实感受到学生们充满了正能量。由此可见，课程思政对中职数学课的教学有着正向的促进作用。问卷调查也显示，学生们对课程思政的内容有自己的想法，他们希望在数学知识和案例的讲解中穿插进思政内容。

从成绩对比来看，实验班学生的平均分、合格率、优良率都高于参照班，40分至59分成绩段的学生数少于参照班，而低分段（0分至39分）的学生没有。实验班的绝大部分学生的成绩都分布在70分至89分。通过数据统计分析，可以发现在教学过程中潜移默化地融入课程思政内容，不仅没有影响正常的数学教学，反而使得数学课堂变得更加有血有肉，学生对数学学科的喜爱有了很大程度的提升，他们往往在轻松而又专注的氛围下变得更加积极主动了，数学成绩也在潜移默化中有了提高。这也说明课程思政与数学教学相融合的教学实践是有成效的。

四、体会和思考

古人云："有才无德，其行不远。"立德树人是每位教育工作者的使命。通过具体的教学设计和教学实践研究，证明了将课程思政融入数学教学过程是可行的，有着十分积极的意义。教师通过各种手段和方式，在教学的不同环节中潜移默化地融入思政内容，不仅满足了学生对于专业知识的学习，而且使学生接受了辩证唯物主义观教育、爱国爱社会主义教育、科学人文素质教育以及良好的个性品质教育，这对于学生的成长成才有着十分重要、不可替代的作用。

在中职数学课上进行课程思政的难点是：①如何避免为了思政而思

政；②如何在数学学科知识体系中寻找与德育知识体系的融合点，使得课程思政与数学教学的融合顺其自然而不是牵强附会。因此，作为教师，唯有潜心备课、融会创新，不断扩展知识面，善于捕捉学科知识和德育教育元素的最佳结合点，使自己成为塑造学生品格、品行、品味的教育者，才有可能将课程思政与数学教学较好地融合，进而实现师生在思政中一起成长，共同进步。

参考文献

[1] 习近平.坚持中国特色社会主义教育发展道路　培养德智体美劳全面发展的社会主义建设者和接班人 [N].人民日报，2018-09-11（001）.

[2] 吴立宝，沈婕，王富英.数学教科书隐性三维结构分析[J].教育理论与实践，2017(35).

[3] 恩格斯.自然辩证法[M].中共中央马克思恩格斯列宁斯大林著作编译局，译.北京：人民出版社，1971.

培根铸魂，启智润心

——课程思政视域下德育在音乐课程中的渗透

上海市新陆职业技术学校　周姝

【摘　要】人民音乐家冼星海说过："音乐是人类最大的欢乐，音乐是生活中的一股清泉，音乐是陶冶性情的熔炉。"这句话道出了音乐的教育功能，也启示着我们在音乐教学中应牢固树立德育意识，以教材为内容，课堂为阵地，在进行审美教育的同时，寓德育于美育中。优秀的音乐作品总是集思想性和艺术性于一体，具有激动人心的感召力，可以培养学生爱家人、爱祖国的思想感情，增强学生的民族自豪感，同时也能培养学生高尚的情操，多角度地帮助学生形成高尚的道德品质。本案例探究了课程思政视阈下德育在音乐课程中的渗透，从而达到艺德树人的目的。

【关键词】课程思政　德育　音乐课程

一、实施背景

国无德不兴，人无德不立。习近平总书记在2018年全国教育大会上曾说过：要把立德树人融入思想道德教育、文化知识教育、社会实践教育各环节，贯穿基础教育、职业教育、高等教育各领域，学科体系、教学体系、教材体系、管理体系要围绕这个目标来设计，教师要围绕这个目标来教，学生要围绕这个目标来学。作为教育工作者需要围绕落实立德树人的根本任务，把"培根铸魂、启智润心"的理念融入教育的各领域、全过程。

"师者，所以传道、授业、解惑也。"教师是人类文明的传递者和学生人生道路的引路人。在教学过程中，教师承担着双重使命，他们不仅是专业知识的传授者，更是人生的引路人。作为一名教师，应该让学生在每节课中专业技能都有所提升，在专业知识的学习过程中把中国优秀的传统文化融入课堂，让学生从更加多元的视角了解祖国，了解我们民族悠久的历史和灿烂的文化，这是作为一门课程的所需，更是作为一名师者的应然所为。

二、实施目标

课程思政如何依据专业特点融入专业课程教学过程中，这是课程思政的关键和难点。从本质上来讲，课程思政不是要改变专业课程的本来属性，更不是要把专业课改造成思政课模式或者将所有课程都当做思政课程，而是充分发挥课程的德育功能，运用德育的学科思维，提炼专业课程中蕴含的文化基因和价值范式，将其转化为社会主义核心价值观具体化、生动化的有效教学载体，在"润物细无声"的知识学习中融入理想信念层面的精神指引。本案例以音乐课程教学为例，在教学过程中，对于专业一部学前教育专业的学生来说，音乐专业课的学习需要围绕职业素养的三大核心理念即职业信念、职业知识技能与职业行为习惯进行课程设计，并在音乐教学过程中融入职业知识，提升职业信念，规范职业行为习惯，以达到立德树人的德育目标。而对于专业二部汽修、汽电、计文、早教专业学生教授的音乐欣赏课来说，借助古今中外各类优秀音乐、艺术作品，引导学生理解音乐、艺术作品中蕴含的国家、民族的精神和文化，进而逐渐形成对国家、对民族的认同与自豪感，才能不忘本来、吸收外来、面向未来，达到更好构筑中国精神、中国价值、中国力量的德育目标。

三、实施过程

在专业课程中融入课程思政理念，其关键在课程。没有好的课程建设，课程思政功能就成为无源之水、无本之木。因此，尊重音乐课程建设规律，切实强化音乐课程建设管理是课程思政建设的根本基础。要充分发挥音乐专业的学科优势，在教学目标的制定过程中注重充分发掘音乐课程的思政资源，深度拓展教学内容。

（一）依据德育教育任务，重新设计课程结构

中职德育教育的任务包含引导中职学生树立中国特色社会主义共同理想，逐步确立正确的世界观、人生观和价值观，同时也包含了引导中职学生树立正确的职业观和职业理想，提高综合职业素质和能力的要求。不同专业不同课程都有其自身建设的规律和要求，实施课程思政教育教学改革，需要在尊重课程自身建设规律的前提下，在实现课程的知识传授、能力培养等基本功能的基础上，挖掘并凸显其价值引领功能。我校专业一部为

学前教育专业,音乐课中主要以学前教育方向所需要的钢琴、音乐基础课程为主,故音乐课对专业一部的学生来说属于技能类课程,因此在课程设计过程中,要注重职业理念、职业思维、职业价值的融入。专业二部的专业则是由汽修、汽电、早教等方向组成,他们所学的音乐课定位在音乐欣赏课,因此在课程设计中通过欣赏音乐作品,让学生得到全方位的发展,同时也能促进学生与人和谐相处,弘扬优秀文化,让学生的思想得到更高层次的提升。

(二)紧扣专业学习特点,关注学生学习过程

作为教师,在备课和上课之前都需要了解学情,明确学生的认知层次后,再结合课程的难易程度、教授重点选择适当的素材,从而实现课程教育的总目标。

针对专业一部学前教育的学生,为了提升学生的职业知识技能,我根据中职学前教育专业课程标准以及我校学前教育专业中本、中高人才培养方案的要求,在音乐课中设计了儿歌即兴伴奏学习的模块,帮助学生学会为儿歌编配的方法。针对专业二部的学生,则是更加关注学生从中国作品出发,引领学生赏析我国优秀的音乐作品,感受中国传统文化的博大精深。然而无论是职业技能的提升还是艺术素养的熏陶,都应注重选择合适的教学素材进行科学的教学,从不同类型的音乐作品中挖掘出思政元素,将实践作为音乐教学的基础方式。同时加强音乐思想精神的总结,当学生学习某一音乐作品之后,对该作品中蕴含的思想进行充分的总结分析,并将这个执行权力交给学生,从而满足学生音乐实践的需求。

(三)顺应学生认知规律,注重课程素材提炼

在课程的实施过程中,学生的"学"和"悟"尤为重要,教学不是说教,要了解学生的认知水平,顺应学生的认知规律,逐渐引导学生完成学习。

众所周知,传统即兴伴奏的学习从分析谱面与谱例开始,理解作品和声后完成对旋律的和声编配。以中职学生现有的基础能力来说这样的思路并不适合,根据课标要求,中职学生在三年的学习中并不涉及音乐分析内容,因此用"分析—编配"的思路并不能够帮助中职学前教育专业学生学会儿歌的即兴伴奏。正是鉴于此,我尝试改变传统教学思路,将乐理中的音程、和弦单元的相关内容进行删减、增并与即兴伴奏所用的和声、织体、

调式调性内容进行重新拆分组合,从和声对于旋律的和谐度出发,直接运用和弦完成对旋律的编配。沿着这样的思路,学生们在实际的编配过程中复习了音程、和弦、调式的基础知识,并且将这些知识运用在要编配的旋律中,逐渐完成对儿歌的编配。学生们就像"通关打怪"一样的学习,开展进阶式学习,逐渐增加难度,同时增加了学习的乐趣。思路的转换切实解决了音乐技能教学中的难点与痛点,从而达到了让学前教育学生自主编配儿歌伴奏的技能要求。

对于我校专业二部汽修、汽电、计文、早教专业学生教授的音乐欣赏课来说,就其专业特性来说,更加偏向操作技能的学习,需要从音乐欣赏这门课中,借助音乐的手段陶冶学生的情操。因此,我们将音乐和音乐的姐妹艺术中的优秀作品拿来作为音乐欣赏课的主要欣赏素材。引导学生从聆听音乐入手,感悟到音乐中更为深刻的思想内涵。例如,在鉴赏斯美塔那的作品《我的祖国》时,学生根据提示想象出作品表达的捷克的山川、河流,继而引导学生在学习作品中树立对祖国和人民深刻的爱、对未来和光明坚定不移的信念和乐观精神。

2021年初我校市级网络课程《带你聆听交响乐》顺利上线,这门课面向全市中职学生,旨在拓展学生的音乐视野,为全市中职校的美育教育贡献一份力量。交响乐是西方音乐体裁,但中国作曲家运用这一体裁创作了很多具有中国特色的音乐作品。我在设计课程的过程中,专门挑选了《瑶族舞曲》《梁祝》和《春节序曲》等代表中国文化具有民族精神的作品作为交响乐六大体裁板块的聆听素材,通过帮助学生理解作品的内容、作品的结构继而引导学生去感悟。

教会学生欣赏美,继而将学生在学习生活以及未来工作中创造美作为本门课的长效希冀。十九大报告指出,文化是一个国家、一个民族的灵魂。文化兴则国运兴,文化强则民族强。没有高度的文化自信,没有文化的繁荣兴盛,就没有中华民族伟大复兴。由此可见,运用课堂教学这一主要渠道,渗透中国优秀的文化艺术作品,渗透德育教育,能够使本门课程与其他思政类课程同向同行,形成协同效应。

四、实施保障

（1）深入挖掘课程思政体系育人元素。音乐教育融入课程思政，必须要充分结合学校自身的特色和艺术专业特点，不断挖掘音乐课程中的德育元素，并以学生喜闻乐见的形式进行教育教学工作。

（2）不断创新课程思政教育教学方法。多样化的教育教学方法，对于课程思政建设快速健康发展起到了积极的促进作用，教学方法是否适当，教学手段是否丰富，直接决定着课程思政建设的水平和质量。

（3）不断优化课程思政效果的考核评价。科学的课程思政建设考核及评价，对丰富课程思政的建设模式、激发教师的积极性和学生的参与度都有着重要的促进作用，因此要完善一整套与课程思政相适应的考核奖惩机制。

五、特色与成果

从学校层面来看，课程思政就是把立德树人作为教育的根本任务，通过各类课程与德育教育同向同行，形成协同效应，从而达到艺德育人的效果。

从教师层面来看，进一步激发了音乐教师在教学过程中深挖教育内容，在向学生传授知识、技能的同时，更加注重育人成效的探索。

从学生层面来看，学生的获得感和满意度得到了较大的提升，从更加深入的角度来理解音乐教育的学习目标，而不仅仅是局限在显现的知识层面。

六、体会与思考

习近平总书记在各类会议、各种场合多次强调要坚持把立德树人作为中心环节，将落实立德树人的根本任务融入教育各个环节……音乐学科在我校两个专业部中，发挥着不同的作用，既作为学前专业学生的专业技能进行讲授，又作为专业二部学生"以美育人""以文化人"进行"立德树人"的素材与途径。可见音乐学科在思政视域下拥有德育与美育的双重功能。作为一名音乐教师，需要厘清音乐带给不同专业学生的帮助，明确音乐的功能进而将学习音乐课过程中的德育渗透、美育启迪为学生进行带入，引导学生向善向美，启发学生德智美三育并举。

参考文献

[1] 王海花.课程思政的探索与实践[D].太原：中北大学，2019.

[2] 陈德宇.培育中学生文化自信的路径研究[D].黄石：湖北师范大学，2019.

[3] 王雪蔚.核心素养视域下音乐教育的"审美"与育人内涵[D].重庆：西南大学，2018.

汉字教化，德育无痕
——以学前专业"汉字思维"教学为例

上海市新陆职业技术学校　王伟芬

【摘　要】汉字，因祖先初创时赋予的意义和内涵，本身就蕴含着丰富的德育思想。将汉字中的德育思想与学生日常生活相结合，在中国传统文化与语文实际教学结合过程中，学生潜移默化地受到德育教化和汉字智慧的影响。为了保障汉字德育功能最大限度的发挥，学校组织校本培训，提高教师的汉字素养；编制资源库，引导学生开展课外延学；建设校园文化，为汉字教学提供展示平台。使学生感悟汉字之育，达成思想教育；感知汉字之美，实现审美教育；感受汉字之用，助力价值教育。汉字思维课程的教学，落点虽小，育人意义却深远。

【关键词】汉字　德育　思维

一、实施背景

（一）职校语文教学越来越注重文化积淀

教育部制定的《中等职业学校语文课程标准》（2020 年版）课程目标中提出：中等职业学校语文的主要任务包含传承中华优秀文化。具体来说，在学习和运用祖国语言文字的过程中，体会中华文化的源远流长、博大精深和深远影响，体认中华优秀传统文化蕴含的思想理念、传统美德、人文精神，增强热爱中华文化的思想感情，继承、弘扬中华优秀传统文化和革命文化，抵制文化虚无主义错误观点，培育文化自信，不断完善道德品质和人格修养。

（二）汉字具有强大的文化传承功能

博大精深的汉字是中华民族内在自信的源脉，不仅记载了其独特的历史，而且推动着中华文明的不断发展。汉字具有文脉基因延续的功能，文脉是中华民族的灵魂，汉字思维就是文脉的 DNA。汉字思维，让孩子们从传统文化中学习汉字,从汉字学习中浸润中华文化,于无痕中德化而行。

二、实施目标

(1)帮助学生学习基础汉字初创时的原形本义,了解汉字不断演进的过程。

(2)在追本溯源了解汉字的过程中,让学生感受中华民族先人的道德和智慧,领略民族文化的非凡魅力。

(3)帮助教师提高汉字教学能力和德育能力,积累通过汉字教学进行德育的经验和案例。

三、实施过程

我校学前教育贯通班开设"汉字思维"课程,通过了解汉字起源、演变的过程,汲取中华传统文化的丰富营养。通过主题式教学,如尊师、敬祖、有序等主题,以汉字为起始,以汉字为载体,探寻汉字里的无痕德育文化。

(一)尊"师"重教,从"老"开始

汉语中大多由"老"做前缀的词,一般都表示对这种事物的重视,如老虎、老鼠、老公、老婆、老乡……

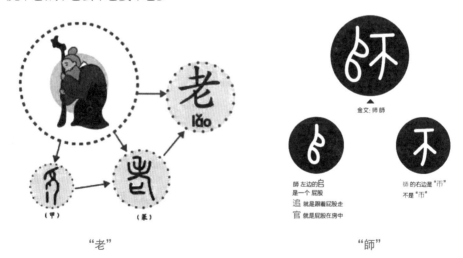

"老"　　　　　　　　　　　"师"

如图可知,"老"的原形本义是拄拐弯腰的老人。年长者阅历广,经验多,后引申其义表达事物程度之深。而七十二行之内,唯有师配得上这个

"老"字,不管是谁见到先生,都得恭恭敬敬叫上一声"老师"。"天地君亲师",虽说排名靠后,但也是唯一入选的职业,可见,在中国古代师的地位很高。

"師(师)"左半部分读作 duī,指人或动物的臀部。"师"右边是"帀(zā)"不是"币(bì)"。

老师绝不是"一屁股坐下只知道收人民币"的人。这里的"帀"上面是一横,它是"匝"的另一种写法。绕树三匝的"匝",意为"环绕"也。所以"師(师)"的正确含义是坐下后被环绕着的人。如果这个人在发号施令,那这个"師"就是军师;如果这个人在传授知识,那这个"師"就是教师。

"師",是被人环绕、敬仰,能够聚集大众心灵的人。

"師"的三个境界的表述

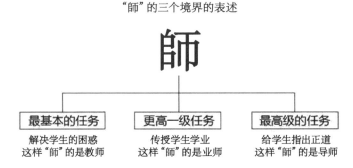

"师者,传道、授业、解惑也。"漫漫人生路上,学生会遇到无数位"教师"。如果足够幸运,还能遇到人生的"导师"。好的教师能成为点亮学生心灯的"師"。

(二)根脉相通,以"祖"为先

中国自古以来,从国家、集体、家族、个人都重视"祭祖",为什么呢?

古代在下元节,现在是清明节,这一天,我们祭拜祖先,举行根脉的追思活动,体现大家族中的家庭凝聚力。

青铜俎

这个活动从"祖"上就有体现。"祖"的古文字写作"⺇"。这就是甲骨文中"祖"的样子。"祖"最早是"且"的写法。且就是盛放祭肉的承托器（左边就是"肉"的简写，右边的"且"是一个俯视的托盘的形态）。献食于祖，待死如生，这就是中国人对祖先的最基本的态度。

所以"祖"，生前是一个大家庭的长者，在祭祀仪式中给整个家族平分食物，死后仍要以灵魂的形式在祭祀中代表家族与神灵沟通，他的精神力量继续在家族中延续，为家族除厄降福。

那么对于死去的先人，我们到底如何与他关联，才能在真实世界里保存他的精神力量呢？

《论语·学而》里有个词，叫做慎终追远，就是说我们对待死亡的态度——慎终的意思就是要谨慎对待葬礼，追远的意思是要带着敬意做好祭祀这件事。

更具体的做法写在《礼记》中。比如对死的认知，是"哀其离室也"，死亡不过是一种离开，我们应该自然地接受，有限度地表达悲哀，"丧三年以为极，亡则弗之忘矣，故君子有终身之忧，而无一朝之患"（《檀弓篇》）。意思是说，伤心守孝的状态，三年就够了，重要的在于怀念，而不在于一朝一夕的仪式。

中国人每年清明的祭祖，表达了一个动人的生死观——不遗忘。死去的祖先因此与生者有不灭的牵连，视死如生。先辈离世了，子孙怀念他，祭祀他，就像他还活着一样——一种充满人情味的怀念。

炎黄子孙，不管位于何处，居于何方，都能同心协力，共助祖国富强，原因就在于我们拥有共同的祖先。

（三）长幼有序，兄良弟悌

古人用孟（伯）、仲、叔、季，来表示长幼之序。古代家训讲的兄弟友爱是建立在长幼有序的基础上。

但是它们的排序有什么依据呢？或许汉字可以告诉你答案。

"孟"由"子"和"皿"组成（图4），本义是给刚出生的孩子洗澡。这是每个人离开妈妈的肚子来到这个世界上要做的第一件事情，所以"孟"可以表示第一的意思。

"孟"

《说文解字》:"孟,长也","孟"表示兄弟中最大的那个。孟姜女哭长城的故事,我们时有耳闻。从称呼上我们知道"孟姜女"就是姜家的长女。

孔子字仲尼,因他在家中排行第二。

"仲"

《说文解字》:"仲,从人从中",表示居于二人之间,在矛盾的双方之间协调叫做"仲裁",在兄弟排序中指的就是老二。有一个词语叫"伯仲",本指兄弟间排行的次序,后引申表示才能相当、难分上下。杜甫在《咏怀古迹》中写道:"伯仲之间见伊吕,指挥若定失萧曹",意思是人品和伊尹、吕尚不分上下,运筹帷幄的气度令萧何、曹参失色。

从"叔"的古文字,我们可以看出它的右边是一只手,左边上半部分是一根类似小木棍的工具,下半部分是一些埋在土中的小块粮食。"叔"的本义是手拿工具挖掘植物的地下球茎部分。

挖掘地下较小部分的粮食,"叔"由此可引申表示较小、较少的意思。五谷之中有一类粮食叫"菽",是颗粒较小的豆类植物的总称。在兄弟排行中,"叔"指的就是比孟、仲较小的那一群。

"叔"   "季"

"叔"是较小，但不是最小。兄弟中排行最小的叫做"季"，上面是"禾"下面是"子"，表示禾苗的末端，最小、最细的那一部分。

清代名儒张伯行说："古人称兄弟为雁行，谓其行次不乱，即长幼有序之意也。"可见，兄弟之间的长幼次序，应当像大雁飞行一样次序不乱。长幼有序，方能兄良弟悌。

四、实施保障

（一）组织校本培训，提高教师的汉字素养

汉字文化博大精深，想让学生感悟到汉字所承载的厚重的文化底蕴，养成良好的汉字思维，离不开教师丰富的知识储备和较强的教学能力。因此，学校组织了多种形式的校本培训，一方面邀请专家来校开展讲座，拓宽汉字文化的基本知识面；另一方面逐渐形成校内多层次的日常化的教研学习氛围，在年级小组内结合年级语文教学内容，开展关于汉字文化的主题式教研，同时在全校语文教师开展大组教研的时候，就重点问题进行交流研讨，加深对汉字文化的理解。总之，学校以校本培训为着力点，多举措、多平台促进教师学习研究汉字文化，提高教师团队的汉字素养。

（二）编制资源库，引导学生开展课外延学

汉字的教育功能不仅仅要体现在课堂上，还要延伸到课外。而学生的课外自主学习离不开学习支架的引导，离不开学习资料的充实。因此，为了更好、更大地发挥汉字的德育价值，学校组织教师，适当地借助校外专家的力量，编制汉字文化资源库。资源库的内容可以是汉字手册，也可以从网上收集一些汉字演变的科普小视频。还可以借助学生的力量，边学边做，制作一些汉字思维或汉字文化的小报等，高年级的小报可以留给低年级的学生传阅，并启发低年级的学生进一步探究补充，形成传承的力量。总之，这些丰富的、动态的、不断生成的教学资源，为发挥汉字的教育功能提供了有力的保障。

（三）建设校园文化，为汉字教化提供展示平台

汉字在文化传承层面有着深厚的积淀，汉字育人功能的发挥不可一蹴而就，需要持久性的、润物细无声的氛围的熏陶，这离不开校园的文化建设。除了在校园内的静物设计上体现汉字特色外，还可以组织一些与汉字

有关的活动,通过活动开展德育,彰显汉字的文化育人价值。比如,组织汉字书法比赛或者汉字书法游艺宫,让学生体会汉字点、横、撇、捺间的坚定力度,上下左右的庄重飘逸,体会中华民族的人格精神,教导学生做人要方方正正、清风正气。总之,要重视校园文化氛围的营造,为汉字育人功能的发挥营造丰沃的土壤。

五、实施成效

(一)感悟汉字之育,达成思想教育

汉字,因祖先初创时赋予的意义和内涵,本身就蕴含着丰富的德育思想。如前例,通过对汉字本义的剖析,学生理解了"老师"的含义,在学习和生活中对照找寻真正的"老师",会从心底尊重、热爱,无须灌输。了解"祖先",明白生死相通,从而重生尊死。懂得长幼有序,认清自己的身份,知进退明事理。学生在学习过程中潜移默化地受到德育教化和汉字智慧的影响,自然而然地懂得尊师重道,平时不断反省自己,使言行端正,更好地促进"德"的养成。通过汉字思维教学,了解汉字并不是冷冰冰的方块,横竖撇捺间皆是祖先智慧的凝聚,是自然之道,是人生哲理。在"认"字的同时,"识"得先祖的观、思、感,正是对中华文化精髓的无痕传承。

(二)感知汉字之美,实现审美教育

汉字具有形态美、品格美、韵律美、意境美等优点。教师在带领学生梳理汉字创造和演变过程的同时,也让学生感受到了汉字蕴含着的独特美,进行了以汉字为基础的审美教育。特别是教师引导学生理解汉字初创时的意义,深入挖掘汉字的文化内涵,并以此为基础,展示了相关研究人员对汉字进行的形象化设计,欣赏符合汉字含义的图像或海报。这种字图合一、似字似画的艺术欣赏,能取得较强的艺术启蒙效果,使学生感受到了汉字形象化的视觉表现力和艺术性,进一步激发了学生进行相关艺术创造的兴趣。

(三)感受汉字之用,助力价值教育

当代中职学生生于并长于互联网时代,习惯于用拼音输入敲打着汉字,汉字的书写能力并不强,对汉字的字形、结构和笔顺等的认识并不够深入,对汉字的书写也没有养成深厚的情感。但自从中职生学习了汉字思维

课程以后，汉字已不再是冰冷的印刷体，而是有温度、有故事的文化载体。汉字对于学生的价值已不仅是传达语义，更是一种文化的象征，汉字的文化价值得以充分体现，学生更加喜欢书写汉字，更多学生因此爱上了汉字书法，汉字的文化传承价值得到了认可。

六、体会与思考

汉字是中华民族智慧的符号再现，汉字的一点、一横、一撇、一捺，蕴含着中华民族的智慧，点滴的符号体现出汉字所表现的思想，折射出汉文字的演绎思维。我们对"思维"的理解，"思"是思考，纵向地深入；"维"是维系，横向的联系。汉字思维是中华民族传统的思考习惯，带有民族的鲜明特点。从上述例子不难看出，在语文及汉字思维融合教学的过程中，学生对传统文化的学习是潜移默化的。

汉字思维这门课程本身的着眼点是在"思维"上，也就是说它不是为了只讲解汉字的意思、由来，而是看到古人造字"近取诸身、远取诸物"，以及这个字在悠悠中华历史中如何进一步在人类生活中演化、引申、应用，这背后蕴含着中华民族的德育文化，以及我们的古人思维深入、流动的智慧。将中国传统文化与语文实际教学结合，将汉字中的德育思想与学生日常生活相结合，使学生潜移默化地受到德育教化，可有效促进"德"的养成。而"德"一旦养成，学生懂得学习是自己的责任和义务，就有了学习的内驱力，便能自觉地学习，提高对中华文化的认知，增强对炎黄子孙身份的认同，自然地爱国，伴生民族自信和自豪。可以说，汉字思维课程的教学，落点小，意义深远。

参考文献

[1] 教育部.中等职业学校语文课程标准.2020年版.

[2] 王苏.试析传统家庭伦理的内容及其特征[J].前沿，2008（5）.

[3] 杨莉莉.语文教育中如何强化汉字的文化传承功能[J].语文教学与研究，2021（16）.

坚持任务引领，提升德育实效
——浅谈信息技术课程中德育渗透策略

上海市新陆职业技术学校　曹昕婷

【摘　要】信息技术课程是进行德育教育的途径之一。信息技术教师要在信息技术教学中贯彻专业培养目标和课程标准，依托课程教学内容，有计划、有意识地渗透爱国主义、集体主义、诚实守信、法律法规、行为习惯等方面的教育，这是实现德育为首的方针的基本途径和重要手段。

【关键词】信息技术　任务引领　德育渗透

一、实施背景

（一）信息技术教学中渗透德育的现实要求

德国教育家赫尔巴特认为，教学如果没有进行德育，只是一种没有目的的手段；道德教育如果没有教学，就是失去了手段的目的。立德树人是学校的根本任务，不仅仅体现在思想政治教育中，还应渗透于各学科的课程教学之中。在《中等职业学校德育大纲》关于德育途径的课程教学要求中明确表示：专业技能课等课程教学要结合课程特点，充分挖掘德育因素，有机渗透德育内容，结合专业特点和岗位工作要求，寓德育于教学过程和教学内容之中。信息技术课是一门集实践与技能为一体的课程，是随着科学技术的迅猛发展应运而生的。在信息技术学科教学中穿插、渗透社会规范和道德准则，就能使学生在掌握信息技术基本知识和技能的同时，培养学生良好的思想品德和世界观、人生观。因此，作为信息技术教师，既担负传授知识、培养技能、发展智力的任务，同时也肩负德育的任务，要依据课本教材挖掘德育教育的因素，深入钻研教材中的重点、难点，结合实际情况讲解信息技术基本知识的同时，有计划、有目的地把德育工作渗透到教学的过程中。

（二）信息技术课堂中问题导向的实施背景

要让信息技术的讲堂能承载提升部分德育教育的功能，需要深入的探讨和研究。问题是课堂教学中永恒的主题，每一节课都是从提出问题开始，在解决问题中落下帷幕。美国实用主义教育家杜威认为，知识就是解决问题的工具，作为解决问题的思维过程，具体可以分为暗示、问题、臆说、推理、试证五个步骤，也就是他提出的"思维五步法"。由"思维五步法"出发，杜威把课堂教学也分成了五个阶段，称之为"五步教学法"。问题是思维碰撞擦出的火花，如果处理得好，它将变成茫茫大海中的一个个灯塔，照亮我们前进的征程。而任务作为问题的载体，将德育教育融入渗透到"问题"中，显得尤为重要。

二、实施目标

本案例教学从问题入手，让问题贯穿课堂的始终，体现职校信息技术课堂特点，将"五步教学法"在问题教学中得以落实。做好问题的诞生、分析和处理等每一个环节，让问题变得有趣味，让学生喜欢问题，使课堂焕发出新的生机与活力。在教会学生自主提升计算机能力的同时，德育教育也不知不觉地渗透在教学过程中。因此，本案例的目标是在教学过程中，通过精心设计德育教育与计算机知识相融合的教学方案，让信息技术不止停留在点点鼠标、按按键盘的层面上，而是在广阔的信息舞台上，带给学生无限的想象力与创造力，让学生在这片广阔的舞台上随心地飞翔，并在这个过程中，通过问题引领和任务载体，促进德育的实施和学生品德的良性发展。

三、实施过程

（一）确定任务载体，明确德育主题

一堂好的信息技术课，应该是一种美的享受，不仅要结构美、布局美，在各个片段组装在一起后还能体现出整体美。每一堂课，教师在拿到教学任务时，不能单纯地为了教学而教学，认为只要将所有知识点都讲清楚了就算完成了任务。承载各知识点的教学素材具有随意性，一节课常常用到了多个不同主题的素材。这样一来，即使所有问题都讲得很清楚，但学生在回忆复习时,记忆片段支离破碎,知识点十分零散,不便于知识的回顾与复习。因此,每一节课应该有一个完整鲜明的主题,将本节课涉及的问题融入这个主题中,注重课堂的完整性,素材的载体性。在营造课堂大环境——课堂主题的确立时,课堂主题应适宜本节课所有问题的生成,合情合理;同时也应该是学生所熟悉的、感兴趣的,而且主题中蕴含一定的品德教育、理想教育。例如在使用 word 软件学习制作海报时,恰好是在建国70周年期间,祖国的日益强大繁荣昌盛,各民族各年龄段人群中对庆祝建国70周年的反响都很热烈,一首《我和我爱的祖国》唱遍大江南北,于是我们以此为主题,让学生动手制作一张以"建国70周年成果展"为主题的海报。在该主题的可行性分析阶段,笔者发现这个主题很容易与教学目标相结合,也体现了节日的特点,课堂立意明确新颖,学生也感兴趣。

(二)利用德育资源,设置任务情境

第一,明确主要任务。建国70周年即将来临,为了对学生进行爱国主义教育,学校要举行一场"建国70周年成果展",请学生设计一张建国70周年成果展的海报,要求包含时间、地点、国庆节、建国各项伟大成果的图片等。

第二,引导发现问题。在鲜明的课堂主题引领下,学生的学习热情高涨,但一连串新的问题也迅速出现。面对一个从未接触过的任务和一堆零散的原始素材,怎样进行画面布局,如何着手开始设计,先干什么后干什么,每一步又该怎么做……这些都是摆在学生面前的不小的难题。

第三,列出任务清单。面对问题时,教师将一份事先设计好的学习任务单呈现给学生,所有的问题瞬间变得清晰,课堂教学也变得有条理。

学习任务单举例

任务一:回顾旧知、准备工作
　　(1)课前收集建国70周年来,国家的各类成果,分组搜集后汇总;
　　(2)新建14文档,命名为"学号+海报";
　　(3)利用渐变工具,将海报的背景填充成渐变色;
　　(4)使用"文字工具"输入文字,并进行相应的文字格式设置。
任务二:探索新知、复制图像
　　(1)打开"汇总素材包",选取拷贝该文档中相应的素材,粘贴到海报中,并放在合适的位置;

（2）从素材文件夹中，任选一张或几张图片添加到海报中，并进行设置、特效处理；

（3）标题艺术字的处理；

（4）海报要素的完善。

任务三：拓展提升、完善细节

（1）配色的细节处理；

（2）图案的画面格式设置和样式设置；

（3）将文档保存为DOCX格式并提交。

第四，开展爱国主义教育。学生在收集素材的时候，肯定会有很多的想法，而且这些想法都贯穿着一个信念，就是我和我的祖国。设计的过程正是自己对祖国的爱的表达过程。那些触动学生的素材蕴含着学生的所感所想以及对祖国的热爱之情。在展示交流的过程中，教师也积极鼓励学生们将这些素材背后的故事和所蕴含的情感充分表达出来。

（三）总结学习内容，反思凝练升华

信息技术课堂中有很多"冲动"的学生，他们拿到任务后，习惯于"先动手、再动脑"，犯错是理所当然的了，紧张忙乱、不知所措的情绪紧随其后，这些学生将大量的时间浪费在了撤销操作上，导致课堂时间更加紧张。为了提高课堂学习效率，在答题之前，必须养成"先动脑、再动手"的做题习惯。教师则在引导分析问题时，先要做到观察细致，分析透彻，其次要找准问题的切入点，提炼出问题的题眼所在，最后在脑海里搜索与这一要求相关的解题技巧、解题思路，最终才能做对题，实现事半功倍的效果。例如：图像的制作就需要一定的配色基础，也需要了解祖国成立70年来一共有哪些重要的成果，这些都需要学生们在课前进行资料的搜集，在搜集的过程中，学生分组进行，有科技类的、民生类的、药物类的，也有国防类的资料搜集，这对学生来说也是一次很好的爱国主义教育。在制作海报时，同学们以严谨的学习心态操作、实践，最终取得良好的成果，通过独立思考、小组合作，完成了知识技能习得的同时，渗透了爱国主义、集体意识等德育内容。

四、实施保障

（一）德育渗透的实践基础

信息技术课程的学习是相对开放的，体现在教学资源的开放性、创造性学习的自主性和教学场所的灵活性，因此在渗透德育的信息技术教学过程中，教师可以创造性地使用教材、发挥教学个性、加工教学信息，充分调动学生的积极性，激发学生的联想和想象，唤起学生对信息技术学科和德育的热爱。信息技术的创造性特点不但给学生提供了舒适的学习环境，其教学内容的实践环境也为德育渗透提供了更多的可能性。

（二）勤于钻研的育人团队

首先，教师团队对信息技术课程中融入德育价值有着正确的认识，其次在教学过程中积极深入研究信息技术课程的学科特点，结合学生的实际情况设计丰富的教学活动展开教学，在教学过程中以信息技术为载体进行德育内容呈现，让学生在理论学习和实际操练的过程中都能促进认知，最终使自己拥有良好的道德品质。

（三）多元多维的技术环境

新陆职校有专业的计算机教室，这样在教学中实施德育渗透不仅可以打破以往强调理论知识、关注逻辑思维的局限，还可以利用多媒体演示，以形象感人。通过实施德育渗透，在教学过程中，利用各种媒体创设情境，以生动的形象化解教学难点、重点，使学生易学、愿学、乐学。

五、特色与成果

信息技术课程教学中以问题为引领，任务为载体，在传授知识技能过程中渗透德育，学生们的能力确实有了很大的提升。

（一）自主学习能力的提升

在主题式课堂背景下，问题贯穿整个课堂教学，任务单的设计有助于对问题进行分析和梳理，帮助教师进一步去实施教学步骤。题目做完之后，引导学生们反思：题目要我们做什么？怎么去做？为什么这么做？除此之外，我还学会了什么……这些追问，激励学生回头思考问题的来龙去脉。这些思考，让问题和方法产生了关联与对应，学生从中总结出做题的经验。同时，通过问→思→答的步步推进，将机械的操作步骤转化成一种规律的认识，将问题的处理方法转换成了学习的能力，无形中提升了举一反三、知识迁移的能力，拥有自我学习的本领。

（二）团结协作能力的增强

实践中学生也有这样的体会，越是觉得难的问题，最终解决之后，成就感越强，解决的过程越顺利，越能增强自信心。这些成就感和自信心进一步激发学生们的斗志，使他们敢于向更多更难的问题发出挑战，从而将学习推进成一个良性循环。而且通过采用"任务驱动、布置团队任务"和"分组协作"的学习策略，即"确定目标、设计任务、归纳总结、评价成果"，学生们的集体意识，团队协作的能力也得以增强。

（三）学生思想品德良性发展

信息技术教学中把知识与德育教育融入问题之中，贯彻杜威从"做中学习"的原则，教师巧妙地把问题放置在一个精彩的背景和环境下，问题的出发点变得清晰而有趣。通过学习计算机信息技术发展史，使学生看到我国计算机信息技术发展水平与国外的差距，如计算机操作系统是微软公司开发的，CPU 是美国 Inter 或 AMD 的，芯片组、内存、硬盘等也都是国外生产的，还有许多软件也都是英文版的，从而使学生产生危机感，激发爱国主义情感，立志为祖国争光。当然，也要让学生们看到国产软件发展的希望，如常用的办公软件 WPS，让学生知道这是中国人自己开发的软件等等。在教学的过程中，还可以向学生介绍国内网络开发界的一些著名人物，为学生树立榜样，激励他们刻苦学习，做一个对国家和社会有用的人。

六、体会与思考

（一）实施任务引领，解决实际问题

信息技术课程采用课堂学习任务单的形式提出问题，让问题成为学生学习的引路牌；通过对问题的仔细分析与梳理，问题的解决与实践才更明确、更有方向；规范操作和实践，可以让问题最终得以解决；最后，及时回顾与思考，可以让思绪沉淀成经验，让经验积累成基石。这些基石犹如一级级台阶，引导学生一步步向知识的更高处攀登。

（二）结合教学内容，深刻理解德育

德育的内容十分丰富，在信息技术教学过程中要渗透哪方面的德育，教师首先要做到自己心里有数。作为信息技术教师，首先要对德育有一个全面深刻的理解，在教学实践的过程中结合学科特点，不露痕迹地进行德育渗透，做到"润物细无声"，让学生不是刻意地接受思想教育，而是在潜移默化中学到一些做人的道理，从而形成正确的价值观、世界观。

（三）利用技术优势，充分挖掘材料

在信息技术课本中，只要稍加留意，注意发掘，就能发现德育材料无处不在。充分利用计算机信息教学过程的优势开展德育渗透，比如让学生学会尊重他人使用计算机的习惯，未经主人允许，不能私自阅读、修改、删除他人数据文件，不随意设置他人电脑的开机密码、BIOS 密码、屏保密码等，不故意给他人使用电脑设置障碍，加强社会责任和社会公德观念的培养；利用计算机网络技术培育健康的网络环境，建立心理网站、学校论坛等，使学生在校内就可以平等地跨时空进行网上交流，还可以通过电子邮件、实时交流，关注学生的网络心理，解决学生的心理问题或学习问题。诸如上述资源，只要善于发掘，就能在任务引领的信息技术课程中充分渗透德育。

总之，加强信息技术课程中德育教学的渗透，是教书育人宗旨的内在要求，也是德育教育由封闭式向开放式转变，由灌输式向参与式转变的具体体现。作为信息技术教师，针对学生年龄特点、结合教学内容，挖掘教育素材，整合教育资源，因势利导，就能够将德育教育内容由枯燥变为生动，由说教变为自然，能够利用传授信息技术知识的载体，达到知识技能学习与德育有效渗透充分结合的效果，也定能让信息技术在教育这块沃土上遍开德育之花。

参考文献

[1] 苏慧，郭理.新媒体时代信息技术课程教学中德育渗透方式研究[J].中国教育信息化，2019（18）.

[2] 申正华.浅谈信息技术课程中德育渗透有效性策略[J].教育教学论坛，2013（12）.

实践篇

引进英国 CACHE 等级证书课程的实践探索与思考
——以上海市新陆职业技术学校学前教育专业为例

上海市新陆职业技术学校 汪晓莹

【摘　要】上海市新陆职业技术学校自2019年向英国 NCFE（英国国家继续教育委员会）引进 CACHE（Council for Award in Care, Health&Education，英国护理、健康与教育资格管理委员会）系列课程以来，目前已有两批共202名学生获得了"CACHE Level1 Caring for Children"证书。通过实施此项目，使全校师生树立了全球意识（即开拓国际化视野，培养为国家建设和全人类服务的责任、参与精神与能力）、开放意识（即提倡教育的国际沟通，互相融合，求同存异，共谋发展）和创新意识（即要树立创新教育思想，克服"复制式思维"，培养敢于理性质疑、敢于独立思考、敢于实践探索的创新精神）。

【关键词】学前教育　课程引进　CACHE 证书

一、实施背景

在全球化日趋明显的今天，国际课程比较丰富，国际间的交流共享也变得更加便捷，如何引进国际课程、引进哪些国际课程等问题的解决就显得尤为关键。2019年3月，上海市新陆职业技术学校向 NCFE（英国国家继续教育委员会）提出关于获得 CACHE 系列课程的开设资格的申请。CACHE 是由英国卫生部以国家护理考试委员会名义成立于1945年，并在2015年纳入英国国家继续教育委员会(NCFE)。"CACHE 幼儿早期教育国际资格认证"是全球最广泛认可的教育资质证书，受到英联邦国家承认，成为幼儿教育从业者的必备要求，该证书在欧洲、美国、日本等发达地区和国家也是重要参考。

二、实施目标

CACHE 系列课程的引进旨在学习和交流国外学前教育课程，优化和整合国际教育资源，提升学前教育专业的办学层次和水平，让学生在获得英国专业证书的同时，具备一定的知识宽度、专业素养和国际眼光。此项目就是以上海市新陆职业技术学校学前教育专业为例，通过引进国际职业资格认证，为学生搭建与国际水平对接的平台，提升上海市职业教育的国际声誉，培养专业内具有实践动手能力的国际化一流人才。

三、实施过程

（一）申请的提交和批准

2019年3月，学校向 NCFE（英国国家继续教育委员会）提出关于获得 CACHE 系列课程的开设资格的申请，并递交了相关人员的简历。同年4月，在明确相关课程引入政策并沟通了一系列课程引入细则之后，学校的申请被批准，被 NCFE（英国国家继续教育委员会）授予了开设该课程的教学资格。

（二）组织教师赴英国培训

2019年5月，学校在与英方职教专家几次在线交流和视频会议中，对拟引进课程的专业性、实用性、可行性等进行了充分研究，从课程理念、发展历程（或历史渊源）、目标定位、适用对象、内容体系、实施模式、课程评价等角度进行了分析论证。

同年7月，学校相关负责人员组成的赴英学习团飞往英国伦敦，抵达剑桥地区学院，开始了为期14天的 CFC（Caring For Children）课程学习。在为期半个月的学习期间，四位教师深入了解了英国学前教育的基本体系和办学特色，并结合自身的专业知识，深入学习了 CFC 系列课程的精华理念和教学模式，并获得了在剑桥地区学院颁发的课程证书。

（三）在浦东开设 CFC 课程

引进国际课程不是让学校给课程做"加法"，而是促进其将"国际课程"与"本土课程"对接，融入课程结构、优化课程资源、完善本土课程，进而形成新的、更优质、更科学的课程体系。2019年9月开学以后，由副校长牵头，四位教师为主要成员的 CFC 备课小组成立，并于10月中旬正式在学校18

级学前教育中本贯通班中开始实施 CFC level1 的教学。两位任课教师结合本专业的特色和中国学前教育的特点，不断调整授课内容，使教学内容更易于学生消化和吸收，并让学生在各项课后任务完成过程中，不断累积专业知识，增强国际化的教学理念。

（四）获批评审员及 IQA 资格

2019 年 11 月，英方项目培训师 Eva Cartwright 女士来学校对三位教师进行了为期三天的培训，明确了在评审学生学习表现中评审员的任务和评审标准。在整个学习过程中，三位教师需要深入学习"评估的职责和实践""在工作环境中评估职业能力"和"评估职业技能和知识"三个模块。在完成了既定的学习和培训之后，两位老师还接受了对专业要求和实践能力要求更高的 IQA（内部质检员）的线上培训，并完成了 IQA 资格所需的知识模块和实践模块，并结合学生证书的申请过程，完善了样例抽取、质检员和评审员会议、教师的持续发展等流程。最终三位教师于 2020 年 9 月获得评审员资格。其中两位教师还获得了 IQA（内部质检员）资格。

（五）启动线上教学模式

2020 年上半年，由于新冠疫情线下教学停课，项目组老师积极响应教育部"停课不停教、停课不停学"的号召，及时调整了授课计划，并采用网络教学的授课方式完成了系列证书课的相关教学内容。全球的疫情不但影响了整个课程的进度，也推迟了英方在证书认定方面的进度。因此，直到 2020 年的暑假，相关工作仍在持续当中。在暑假期间，项目组三位老师在副校长的带领下，完成了对所有 80 名学生、13 个单元、几千余份作业的内部评审，并在 Eva Cartwright 女士的帮助下，完成了外部评审工作，并通过了 CACHE 认证方的远程评估。

四、实施保障

（一）组织保障

学校专门成立了课程引进与实施保障小组，做好课程引进与实施的组织保障。在学校领导的大力支持下，一支由英语组教师和学前教育组教师组成的"英国证书项目"小组在副校长的带领下成功组建。小组成员按照每学期的教学计划，定时定点进行项目讨论、教材研究、审核学生作业、继续学习以及商讨如何与英方及时有效地沟通和联系,及时有效地做好了课程实施的过程保障。此外,学校实习就业办积极为学生联系见习幼儿园,对本课程的实施提供了强有力的外部支持。

(二)制度保障

对于课程引进与实施来说,制度建设发挥着至关重要的作用。在决定开设课程之前,学校项目组老师与英方反复讨论确认,并达成一致,制定了一系列包括内部质量评审、学生上诉、作弊与剽窃、公平与多样性等处理意见,并写入《上海市新陆职业技术学校 CACHE 课程规范与流程》中。

(三)专业技术保障

为保障课程的顺利开展,近年来,学校不断邀请来自英国、加拿大、新西兰等国家的外籍资深教师,对学校相关专业的教师进行全英语培训(疫情期间改换为网课模式),其中包括 First Fun 英国戏剧课程的两期培训、加拿大亚岗昆学院的交流与培训、蒙氏教育培训、新西兰学前教育特色培训等,在这些培训中,老师们逐渐在学习和交流中对学前教育的专业模式和教育理念有了更深层次的理解,为 CACHE 课程的推进打下坚实的基础。

五、特色与成果

通过两年的探索和实践,项目组的老师们已经深入了解和熟练掌握了 CACHE Level1 CFC 的教学和评审过程,并顺利地获得了由 NCFE 颁发的证书。学校已获得相关证书的教师和学生人数统计如下:

Certificate Title 证书名称	Certificate Authority 颁证机构	Holder of the Certificate 获证人
NCFE CACHE Level 1 Certification in Caring for Children 儿童护理一级证书	NCFE 英国国家继续教育委员会	2018级中本班80名学生
NCFE CACHE Level 1 Diploma in Caring for Children 儿童护理一级执照	NCFE 英国国家继续教育委员会	2019级中本班41名学生
NCFE CACHE Level 1 Certification in Caring for Children 儿童护理一级证书	NCFE 英国国家继续教育委员会	19级学前专业81名学生

（续表）

Certificate Title 证书名称	Certificate Authority 颁证机构	Holder of the Certificate 获证人
NCFE Level 3 Certificate in Assessing Vocational Achievement 职业成绩评估三级证书	NCFE 英国国家继续教育委员会	施红雷 Shi Honglei(Cindy) 汪晓莹 Wang Xiaoying(Fish) 叶诗逸 Ye Shiyi(Dylan)
NCFE Level 4 Certificate in Leading the Internal Quality Assurance of Assessment Process And Practice 领导评估过程和实践的内部质量保证四级证书	NCFE 英国国家继续教育委员会	施红雷 Shi Honglei(Cindy) 汪晓莹 Wang Xiaoying(Fish)
NCFE Level 3 Certificate in Assessing Vocational Achievement 职业成绩评估三级证书	NCFE 英国国家继续教育委员会	魏魏 Wei Wei（Vivian） 孙曼彤 Sun Mantong（Vicky） 崔硕存 Cui Shuocun（Alex） 郁文怡 Yu Wenyi（Wendy） 王杉 Wang Shan（Serene）

除了以上第一批、第二批获得证书的学生外，学校第三批来自19级和20级学前教育专业的229名学生，已经开始了新一轮的学习，也将获得CACHE Level 1的证书。其中,80名程度较好的同学将完成最高的37学分的课时，获得Diploma的证书，其余149名同学将获得Certificate的证书。目前在学习相关证书的师生人数统计如下：

Certificate Title 证书名称	Certificate Authority 颁证机构	Holder of the Certificate 获证人
NCFE CACHE Level 1 Diploma in Caring for Children 儿童护理一级执照	NCFE 英国国家继续教育委员会	2020级中本班80名学生

（续表）

Certificate Title 证书名称	Certificate Authority 颁证机构	Holder of the Certificate 获证人
NCFE CACHE Level 1 Certification in Caring for Children 儿童护理一级证书	NCFE 英国国家继续教育委员会	2019级和2020级学前专业149名学生
NCFE Level 4 Certificate in Leading the Internal Quality Assurance of Assessment Process and Practice 领导评估过程和实践的内部质量保证四级证书	NCFE 英国国家继续教育委员会	魏魏 Wei Wei（Vivian） 崔硕存 Cui Shuocun（Alex） 郁文怡 Yu Wenyi（Wendy）

在学习的过程中，学生们在如下几个方面得到了锻炼和提升：

（一）取长补短，拓宽专业领域

CACHE 系列课程教材为英国本土的学前教育的教学教材，并广泛为世界各国运用。通过培训教师在课程设置过程中注重培养学生的持续学习能力，培养学生的教育教学活动的设计、组织与实施等。同时在学习这本教材的过程中，同学们可以从教育体系（学前教育年龄阶段的划分）、教育理念（幼儿能力培养的重点）、教育机构（各类幼儿学校和早教机构）等方面，比较国内外学前教育的不同，取长补短，扩宽学生的专业领域，使学生能够成为适应国际变化的学前教育人才，使得学生的学习能力、方法能力、社会能力、思维能力、心理承受能力等都得到了有效提升。

（二）建立团队，激发学习积极性

CACHE 系列的课程十分注重培养学生的团队合作能力。课程的每一个单元都会设置各种类型的任务，让学生从教室内走向课外，以小组的模式收集信息进行整合，从而完成整个任务。这不但能够使同学在互相合作中发现自己的兴趣与长处，而且充分调动了他们在学习中的积极性和集体荣誉感。

（三）英语教材，提升英语语言能力

CACHE 系列的教材为全英文教材，授课模式也以全英文为主，这对学生的英语水平提出了更高的要求。除了熟练掌握日常词汇，学生们还需学习学前教育相关的专业英语词汇,熟练运用英语完成每一个单元的课后任务并有效地通过考核。因此,本课程能使学生的英语语言能力和专业知识能力同步得到提升。

（四）情境教学,促进理论实践一体化

对比 CACHE 系列课程和学生目前学习的学前教育与专业课程,不难发现,CACHE 课程的教材所提供的教学方式更为灵活,教学空间更为多变,教学活动充满着多样性,比如在了解环境教学对幼儿的重要性时,会让学生直接走进校园的环境中,在一草一木中收集素材,思考其对幼儿成长和发展的帮助。学生在完成任务的实践过程中,自然而然地进行了对知识点的总结和梳理,以此来替代刻板的记忆和背诵。

（五）注重实践,提高职业综合素养

此外,CACHE 课程还特别强调学前教育从业者在工作场所中所承担的职责和扮演的角色,如在工作场所中看见有潜在危险的物品该如何处理、发现孩子生病或有异常状态该如何处理,怎样以教师这个角色与学生家长进行交流等。这些能够使学生产生职业意识和专业态度,从而具备良好的职业素养和应对突发工作处理事情的能力。

同时,课程不仅仅涉及儿童在不同年龄阶段的生理发展,更强调了儿童在各个发展阶段的心理变化以及环境因素对孩子发展的影响,这些幼儿心理知识能帮助学生更好地适应幼儿园的工作,顺利完成角色转换。

（六）转化理念,促进多元文化交流

课程引进的过程本身就是国际间文化的交流与合作。本教材的内容除了让学生学习到国外学前教育的理念之外,更让学生了解到了全世界不同国家不同地区的文化差异、衣着习惯、饮食禁忌、宗教信仰等等。上海市是个国际化的大都市,在文化差异上的知识储备可以帮助学生在今后的工作中避免误会,更出色地完成本职工作。

六、体会与思考

（一）CACHE 证书课是提升师生专业素养的有效途径

在 CACHE 证书课的教学过程中,老师和学生的专业教学能力和综合素养均得以锻炼和提升。在与英方积极有效的沟通中,该证书课程将继续在学校深入、持续推进，使它与学生的专业融合度越来越高，并逐步变成学前专业学生的常规课程，不断拓宽学生的国际视野，增强行业竞争力。

（二）课程需与中国特色的核心价值观进行深入融合

目前，CACHE课程还处于起步和探索阶段。随着教学的深入和学生的扩大，我们在实践的过程当中也要随时发现问题，改正问题，及时调整教学方法。没有一门课程是适合所有学生的，因此我们要不断地进行课堂反思，根据我国的国情和教育特色，进行教育资源的整合，取其精华，为我所用，在学习国外文化的同时，坚持我国社会主义核心价值观，立足中国，放眼世界。

引进优质教育资源是上海市中职院校拓宽国际化办学的重要路径，教育资源引进的优劣直接影响着每一所中等职业学校的办学质量，以及学校的社会认可度。同时，引进优质资源是一项艰巨而复杂的工作，它涉及资源的搜寻、鉴别、选取等一系列环节，而上海市新陆职业技术学校向英国NCFE（英国国家继续教育委员会）引进CACHE系列课程也必将为学校乃至上海市中等职业教育后续开展深入的国际交流合作打下良好的基础。

"校园合作"模式在"中本贯通"专业见习中的应用
——以上海市新陆职业技术学校学前教育专业为例

上海市新陆职业技术学校　张徽

【摘　要】实习实践是7年长时效贯通培养模式中一个不可或缺的部分,为了提升学生职业认可度,循序渐进地培养学生对于学前教育事业的热爱,提高专业素养和能力,上海市新陆职业技术学校、上海师范大学天华学院联合开设的"学前教育、中职——应用本科教育贯通培养"专业(以下称"学前教育中本贯通")和多所幼儿园深度合作,开展有针对性的实践教学,更好地促使中本贯通学前教育人才成长与发展。

【关键词】校园合作　中本贯通　见习

一、实施背景

上海新陆职业技术学校与上海师范大学天华学院学前教育中本贯通培养模式开始于2015年,至今已实践探究6年。在申报设置中,中职阶段每一个学期有一周幼儿园见习实践。贯通初期两校组织学生去浦东新区市示范园东方幼儿园进行半日见习活动,组织学生观摩优质课。由于中职阶段开设的专业理论课相对较少,和幼儿园教育教学活动紧密结合的教法课、班级管理等都在高校中才会开设,因此半日观摩的听课模式收效甚微,学生并不能深入感知幼儿园、幼儿、幼儿教师等未来工作元素的内涵。因此从2018级中本班开始,积极探索校园合作模式,推进见习活动的多元、深度开展,提高实践教学的有效性。

二、实施目标

通过系统地组织中本贯通班学生见习,对标天华学院师范专业认证下的毕业要求,从中职入学开始,把中职阶段三年的见习活动穿插于教学活动中,形成"做中学、学中做"的教学格局。整个见习活动由高校引领、中职和幼儿园组织指导,三方形成合力,让学生逐步增加对幼儿园工作的了解,打好中职第一阶段的基础,为高校实习和顶岗做好准备,为最终培养有理想信念、有道德情操、有扎实学识、有仁爱之心的幼儿园好老师奠定基础。

三、实施过程

(一)制定科学合理的见习方案

《教育部关于全面提高职业教育教学质量的若干意见》指出,人才培养模式改革的重点是教学过程的实践性、开放性和职业性。为了提高中本贯通班学生见习的质量,天华学院、新陆职校、基地幼儿园构建了院、校、园实践课程体系,三主体共同制定中职三年见习活动整体方案。方案以贯通培养目标为指导思想,根据教学计划和学生实际的学习情况,结合幼儿园操作规范和各项制度来制定。该方案明确中本贯通班学生见习的任务、目标、内容、时间、带教老师、纪律要求等,每一项内容都经过见习基地幼儿园以及天华学院专家的细致把关。三年六个学期的见习安排,由简到难,逐渐向纵深化方向发展。

(二)做好充分的见习准备工作

1.见习学生的思想动员

见习活动前由校内负责老师召开见习动员大会,强调职业实践活动的意义,让学生意识到见习活动是课堂教学的重要延伸,是帮助其成为一名优秀幼儿园教师的必经过程。动员内容还包括具体讲解每一次见习的任务、内容、要求,让学生对见习的任务和内容有一个清晰的认识。同时强调实习纪律和安全,尤其要重申以往的经验和教训,引起学生思想上的高度重视,保证整个见习过程的安全、有效。

2.带教老师的准备会议

带教老师分为校内指导教师和幼儿园指导教师,由园、校各自负责人分别召开见习前准备工作会议,布置具体的工作任务,落实到人,两类指导老师明确各自职责与任务,以确保见习的顺利进行。

3.取得家长配合

书面告知家长学生见习活动安排,让家长知道见习活动作为教学有益补充的重要性,积极参与到学生见习的管理中来,协助学校、教师一起督促学生认真完成见习任务。

（三）科学安排多样化的实践方式

1. 第一第二学期集中式认识幼儿园

中本班学生从初中毕业进入七年一贯制的长周期培养通道,为了从起点开始给予她们对专业、职业的认同,增强学习兴趣,从学生入学开始就与幼儿园接触,每个学期安排10个半日见习,从开学第二个月开始,每周一次采用参观、听讲座等集体活动的方式。内容包括观察幼儿园的基本设施设备、基本功能室的种类、各功能室的内部结构和设备、整个幼儿园和班级的人员配置及运行机制等基本情况,观摩幼儿园一日活动的安排以及每一个时间节点教师和保育员所承担的工作,聆听园长、保教主任讲座,了解幼儿园办园特色、幼儿园一日活动教师操作要领等,通过看、听、体验、思考形成基本的幼儿园工作概念。

2. 第三第四学期分散式主题见习

中职一年级对幼儿园工作有了初步了解后,配合所学专业学科,在第三第四学期由专业课老师带领中本贯通班学生参与幼儿园的主题活动,引导学生将课堂所学理论知识联系实际,提高运用的能力。以新陆职校18中本贯通班为例,中职二年级第一学期由音乐老师带领,观摩东方幼儿园音乐活动《Do Re Me》,学生在真实的幼儿园情境中,去领悟幼儿和教师、幼儿和幼儿、幼儿和音乐之间的互动,教师如何运用各种音乐元素引导幼儿去感受美、体验美。观摩结束,授课教师向同学们分享构思、预设以及课堂中的收获和不足,同学们也就观摩中不理解的地方提问,将幼儿园课堂变成学生的第二课堂。而课后的感想,则将见习过程中零散的思考内化成见习所得。

3. 第五第六学期连续性配班见习

升入高校前的见习是连续性的进班见习,学生两人为一组,分配到一个班级进行为期五天的见习活动,完整地感受幼儿一周的活动安排。通过融入班级的形式,让学生学会观察、模仿、实践,观察指导教师和幼儿的相处,学会如何和幼儿和谐相处,能运用所学处理幼儿一日生活中出现的简单问题,将自身的理论知识运用到实践中,并且在实践中找出自身的不足和短板,为升入高校的进一步学习奠定基础。

4.利用周五下午和寒暑假去幼儿园见习

为了合理利用碎片化的时间,深入幼儿园,让见习成为一种常态。18中本贯通两个班级中有五个志愿者团队,充分利用周五下午和寒暑假的时间去幼儿园开展实践活动,很好地补充了原有见习时间短、见习不充分的弊端。学生在此期间实践需要长时间完成环创,初步尝试幼儿一日生活的保教,初步认识小班、中班、大班幼儿的身心发展特点以及卫生保健等,深入了解当前幼儿园教育的实际,锻炼和提高专业技能。

(四)发挥两类指导教师的作用

指导教师包括校内带教老师和幼儿园带教老师。校内带教老师由班主任和专业教师组成,主要负责督促学生遵守幼儿园规章制度,保质保量完成每一次见习活动,督促、指导学生认真完成见习作业,了解学生思想动态,帮助学生解决见习中遇到的困难和问题等。幼儿园带教老师负责向学生介绍班级计划、学生情况,指导学生进行保教活动,指导学生观察幼儿、撰写案例等。两类指导教师各司其职,又相互协作,确保学生获得有效指导,提高见习的质量。

(五)采取全面监管的见习过程

为了确保整个见习过程的顺利完成,取得较好的见习效果,高校、中职和幼儿园三方监管,全面督促学生全身心投入见习活动。第一步,高校、中职、幼儿园对整个中职阶段见习活动方案、执行、检查、管理、评估等大框架的监督管理,建立有效的管理体系,从宏观上保障见习保质保量完成。第二步,中职、幼儿园指导教师加强园校联系,对见习生进行具体的管理,及时了解学生见习情况,解决学生遇到的问题和困难,并对见习活动进行全面的评价和反馈,改进、完善实践课程体系。

(六)丰富考核形式、完善见习评价

见习考核分为学生自评、幼儿园指导教师点评和校内指导教师点评三个部分。学生在完成见习活动后,根据自评表的指标,给自己打分。自我评价能帮助学生对整个见习活动进行总结和反思,看到不足和能力提升的空间,强化实习的效果。幼儿园指导教师和校内指导教师不仅要根据学生在见习过程中的表现,对照指标进行打分,还要就学生的参与班级事务、运用所学能力和幼儿有效沟通等进行点评,给出适当的建议,为后续高校的

专题实习以及顶岗实习做准备。

四、实施保障

（1）组织保障。成立"学前教育专业中本贯通"见习工作领导小组，由中职校教学副校长、幼儿园园长为组长，幼儿园保教主任、学前专业部主任和副主任、骨干教师、专业教师、班主任等为工作组成员。

在工作开展过程中，园校各个层面建立交流沟通机制，双方保持良好的联系和沟通，共同制定方案，保障方案的顺利实施，积极主动地相互配合见习活动开展。

（2）经费保障。上海市教委、浦东新区教育局、浦东职教集团对"学前教育专业中本贯通"见习工作高度支持，通过市区级项目《上海市新陆职校学前教育专业中本高水平专业建设》《学前教育专业中本贯通模式建设》等提供资金、设备与宣传等方面的强有力保障。

（3）制度保障。新陆职校联同合作幼儿园在上海师范大学天华学院的指导下共同制定了《新陆职校学前教育专业中本贯通见习方案》。

（4）外部支持。①来自基地幼儿园的支持。中本贯通班见习合作幼儿园有市示范园、区示范园，保证了各具特色、优势明显的见习环境。②来自高校专家的指导，天华学院相关实践教学专家全程参与见习的构思、策划、实施、反馈，提供专业指导和支持。③来自行业幼儿园园长、保教主任、骨干教师等的支持，配合整个见习活动有效完成。

五、特色与成果

（一）提高了学生的专业认同感

中本贯通班学生在初中毕业选择学前教育专业的时候还没有形成职业概念，有很大一部分同学都是听从父母的建议或者受伙伴影响进入了这个通道。通过中职三年全面的、递进式的见习，学生对幼儿园相关岗位和工作有了更具体、清晰的认识。很多18级学生表示见习活动对她们很有用，她们重新认识了该职业的性质。

（二）提高了学生的专业能力水平

幼儿园见习的安排涵盖了幼儿园一日活动各环节的内容和方法以及

保教措施，实习时间贯穿三个学年每个学期，实习的内容和中职专业教学相匹配，对接本科毕业要求，通过不断地让学生体验—发表—反思—应用—活动（体验），依次循环，不断提升专业实践教学的时效，提高了学生的专业能力水平，奠定贯通培养的基础。

（三）有效促进教学相长

校园合作模式也为校内指导教师提供了实践的平台，在指导学生见习的同时，带队教师也参与到幼儿园实践活动中，丰富了一线教学经验，更新教学理念和方法，不断提升教师队伍的综合实力。

（四）形成丰富的学生成果

每一次见习活动学生都会以思考、内化、表达的方式呈现自己的理解，有感想、反思、海报、电子小报等作品，每一个学生完成见习活动后，都要上交见习手册。幼儿园和学校带教老师也会给见习活动拍摄照片和视频，形成了大量丰富的活动成果。

（五）完善人才培养方案

校园合作模式不仅可以优化资源，提高见习的效果，同时也让学校从用人单位层面了解学生的优势和不足、教学中的短板，获得有益的建议和意见。在此基础上，高校引领中职校，深入分析学生职业能力对应的教学点，科学设计学前教育专业发展方向，改进和完善课程结构、内容，进一步调整人才培养方案，来帮助中本贯通学生获得长远持续发展。

六、体会与思考

（一）深化"校园合作"，夯实学生专业能力

中本贯通"校园合作"见习模式开展已经三年，18级贯通班学生已经完成转段考核，升入高校。从第一轮的见习探究中可以看出整个"校园合作"见习模式大框架基本完整，能很好地实现实践教学的效果，但也暴露出一些问题。比如：如何深化零散时间、假期的见习作用，发挥化零为整、补丁时间的作用，弥补时间上的不足。又比如，如何实现见习内容完整、结构合理有层次，都有待于在今后见习过程中继续探索优化。

（二）整合优势资源，推进"校园合作"教、科研发展

实践教学过程中，没有充分利用幼儿园优势资源，成果还停留在表面

的学生作品、照片、视频等原始资料，没有形成典型见习案例、幼儿园保教案例等应用于专业课程教学的优质成果。校园的合作还仅停留在表面的思考，双方教师要充分利用各自的优势以及高校的专家资源，针对现有的问题进行进一步的研究，通过实实在在的教科研，开展校园合作见习相关主题的研究探索，解决实践中的问题，提高双方的教科研水平。

参考文献

[1] 曹含梅, 魏鑫旻. 应用转型背景下学前教育专业"校—园"共建实践教学体系的人才培养模式——以四川民族学院为例[J]. 教育观察, 2021(24).

[2] 王汉民. 学前教育专业实践教学有效性提高策略探究[J]. 人才资源开发, 2017(6).

[3] 倪慧. 浅谈工学结合下的教学见习——学前教育学生课堂实践能力提高的有效途径[J]. 湖州师范学院学报, 2019(12).

[4] 曾国阳. 高职院校学前教育专业学生见习存在的问题与对策[J]. 河北职业教育, 2021(2).

[5] 岳玉阁, 陆开悟. 提升学前教育专业教育见习有效性的策略研究——以宁德师范学院为例[J]. 大庆师范学院学报, 2017(5).

民族生数学课程教学中存在的问题与应对策略

上海市新陆职业技术学校　丁忠维

【摘　要】面对在民族生数学课程的教与学中存在着汉语言理解能力差、表达能力差、数学基础薄弱、参差不一、害怕数学的现象，为与西宁城市学院合作进行跨区域学前教育中高职贯通，为民族班学生的数学教学提升进一步拓展空间，本案例结合日常课堂教学实践和教学体会，对学生数学学习心理状态、学生数学学习基础、数学学习内容三个方面存在的问题进行了剖析，同时针对这三个方面的问题提出了相应的教学策略。以期为对口支援民族生的数学教学，尽一点绵薄之力。

【关键词】民族生　数学教学问题　应对策略

一、实施背景

新陆职业技术学校为青海省果洛自治州培养学前教育人才是上海市关于"对口支援""精准扶贫"工作中的一个重要项目。学校自2013年开始招收果洛州藏族学生，2019年与西宁城市学院联合开展"民族生学前教育中职—高职贯通教育培养"。总要求是通过全新的教育理念和先进的教育手段，促进对口地区幼儿教育水平提高，实现教育均衡化发展。数学课程是中高贯通课程中的重要基础学科，笔者曾先后任教过2019届、2020届、2021届学生数学课，根据西宁城市学院对民族生中高贯通数学教学目标要求，在教学过程中，对学生数学学习心理状态、学生数学学习基础、数学学习内容三个方面存在的问题进行了分析，并提出了应对策略。

二、实施目标

民族生学前教育专业中高职贯通培养数学课程教学目标是：实现中高职数学课程设置、教学内容、实践内容的贯通；了解数学基础知识和基本能力产生的背景、关联及应用；了解数学发生、发展的基本规律及其与社会发展的相互作用。在数学学习活动中，通过体验、感受、探究、应用等过程，提高提出问题、分析问题和解决问题的能力。最终完成中高贯通数学课程教学目标，同时获得学习其他课程、适应在高职段继续学习和在藏族地区工作所必需的数学基础知识和基本能力。

三、实施过程

（一）学生学习状态分析与应对策略

1. 学生学习状态分析

学生来自青海省果洛自治州农牧区，在教育条件相对落后的学校就读，受地理环境、家庭背景、文化传承、宗教信仰等影响，文化课知识的学习和上海地区有着很大的差异。

通过个别访谈、课堂观察、问题提问、调查问卷等综合分析，学生普遍的数学学习状态表现为：汉语言理解能力差、内向寡言、畏难退缩、求知欲不强、不敢接受挑战。不积极参与讨论、交流与思考，回答问题条理不清，答非所问。作业速度慢，抄袭现象严重。更为普遍的现象是：人云亦云，前学后忘，唯老师是从，从不质疑。

2. 应对学生学习消极状态的策略

（1）培养学生积极健康的思想情感和坚强的意志。建立良好的师生情感，以教师的人格魅力去影响学生学习。教师以饱满的精神乐观豁达、热情、自信地对待教学。言传身教，培养学生积极健康的思想情感。通过"民族生也能成才"的事例，培养学生积极向上的健康心态。课堂教学中，设计的提问或练习，要有一定的坡度和跨度，鼓励学生不惧困难，知难而进，享受成功的喜悦，增强自信。同时，让学生学会排除不良情绪（如恐惧、慌张、挫折、悲观、失望和狂喜等）的干扰，保持平静的心境面对数学学习。

（2）加强学法指导和培养良好学习习惯。引导学生制定可行的学习计划，执行过程中严格要求自己。课前预习是学生上好新课，取得较好学习效果的基础，首先培养课前预习好习惯，课后及时复习巩固提高，将所学的新知识与有关旧知识联系起来，使对所学的新知识由"懂"到"会"。通过独立完成作业，使学生对所学知识由"会"到"熟"。对疑难问题不放手，通过对疑难问题的解决，将所学知识由"熟"到"活"。通过知识梳理、系统分析、全面概括达到对所学知识融会贯通、由"活"到"悟"的目的。

（3）培优辅差，互动双赢。配合班主任引导学生建立良好的班风学风，树立"比学帮赶超"的学习风气，树立学习典型，成立学习小组，实现好生差生的互动双赢。把"你要我学"变为"我自己要学"，真正促使学生发生根本性的转化。表扬鼓励为主，对他们取得的进步及时给予表扬和鼓励，让他们感受教师的关心以及殷切的希望。

（二）学生学习基础分析与应对策略

1. 学生学习基础分析

学生来自青海省果洛州七个区县不同的学校，各区域学校的数学学习要求不尽相同。据调查统计，有三分之一的学生只完成相当于上海四年级学习的课程，二分之一完成相当于上海五年级的学习课程，只有少数学生完成相当于上海初一年级的学习课程。例如，对几何知识的学习只限于简单的长方形、正方形面积，长方体、正方体的计算，缺乏常识性知识的应用能力。正由于学生的学习基础差异大，给在同一教学目标下的课堂教学带来了难度。因此，我们要既面向全体又兼顾差异，实施分层次教学。

2. 实施分层次教学的策略

面对学生学习层次较低、学习基础较弱且差异较大的状况，应做到以学生为本，努力转化数学学习的困难生，在教学中实施"面向全体，因材施教、分层次教学"的教学策略。民族班的学生数在15到20人范围内，属小班化教学，便于实施分层次教学。

（1）建立分层学习小组。把特困生列为 A 组；能够独立解决但尚未需要帮助的列为 B 组；能较快理解且正确解决问题的列为 C 组。

（2）分层设定教学目标。确定各层次的教学目标。把课堂教学分为五个层次：①识记；②领会；③简单应用；④简单综合应用；⑤较复杂综合应用。A 组学生达到①-③；B 组学生达到①-④；C 组学生达到①-⑤。

（3）分层次课堂教学。在备课时，充分考虑各层次学生的学习目标，课堂教学中一般为"情境—问题—探索—结论—反思"五个环节。在引入问题时，同一个问题可设计成多个不同层次的小问题，供三个层次的同学来解答。选择多种质疑方式，启发思维；把握问题的深度、广度、难度和范围，避免出现"启而不发"和"答非所问"等情况，设置好"问什么"与"问谁"的问题。在分析问题的结论时，设计系列代表不同层次的变式问题，以培养学生循序渐进和灵活多变的思维能力。

（4）分层次课外作业。利用"分层次作业练习题"组织学生进行分层次练习。学生可根据自己的实际情况，有弹性地选择适合自己的作业。

（5）分层次测试反馈。利用"分层次测试题"，对学生进行分层测试。测试题可分为基本题、一般题、提高题和深化题。A组做前两种，B组做二三两种，C组做后三种。测试结束后及时批阅、反馈和点评。

（三）数学学习内容分析与应对策略

1. 中职段数学学习内容分析

与西宁城市学院的中高职贯通数学课程知识涵盖数学概念、性质、法则、公式、定理以及其内容反映的数学思想方法，包括按照一定程序和步骤进行的运算、处理数据、绘制图表等基本技能。学生在参加西宁城市学院高考转段时包含的内容是有理数与实数、整式与分式、方程与方程组、一元二次不等式、集合、函数与三角函数、指数与对数、圆锥曲线与方程、概率与统计初步和数列。而这些内容包括了相当于上海市小学五年级、初中学段、中职学段的学习内容。因此，教学计划的制定，各章节学时的安排，课堂教学内容的难易度和教学方法的使用等都遇到了困难。

2. 数学学习内容的应对策略

1）统筹好学习内容的时间分配

西宁城市学院的数学课程考试大纲中，只有相关的知识要求、能力要求和考查范围与要求。涉及九年义务教育小学、初中和职高阶段内容。但是目前还没有具体的课程标准、教学计划和各部分学习内容的课时安排等。

学生三年中职结束后，须参加西宁城市学院的高考单招。2013年招收了第一届学生，第一年结束仅仅把六年级的内容学完。他们在2016年参加了西宁城市学院高考单招，平均只有12分，远没达到数学高考成绩的要求。因此也给我们的数学课程教学带来了压力与挑战。

民族班学生在我校学习三年，测算下来三年数学总课时共366学时，考试大纲中的考试内容为十个模块，使用的教材有小学五年级教材、初中四个年级教材、中职两个年级的教材。这就需要对学习内容作整体分析，要科学的、合理地处理好学时、考试内容、教材三者之间的关系,对三年时间内的实际学时进行再分配,统筹安排各部分知识内容的学时安排。

2)教材内容要处理成适合学情的教学内容

在教学过程中,严格执行西宁城市学院考试大纲中的知识要求、能力要求和考查范围。那么民族班数学教学中,如何在问题情境、知识学习、观察实验、知识应用中完成教学目标? 这就需要在内容的编排和教学设计上尽可能地展现知识的形成与应用过程,以"问题解决"展开所要学习的数学主题。根据教学内容创设问题情境,激发学生的学习热情,挖掘学生的潜能,使他们觉得每项知识都是他们"问题解决"中创造出来的。具体在实施过程中,务必要适合学生的学情,不可照本宣科。要设计出学生能接受的问题情境、问题提出、问题解决、反馈训练和知识形成的教学设计。只有这样才能较好完成学习任务,达到数学学习目标。

3)在课堂教学中运用适合的教学方法

数学教学方法有多种,常用的有讲授法、谈话法、讨论法、演示法和练习法等。通过任教果洛民族生三年的教学实践,总结出运用讲授法结合练习法教学效果较好。讲授法是教师运用口头语言系统地向学生传授知识,通过教师向学生叙述、描绘事物和现象,从而向学生解释、说明、论证概念、原理、公式等。然后再通过作业练习,强化学生对知识的掌握。

在学习某些内容时,也可以借鉴信息技术计算机基础知识的教学方法,不再论证结论形成的过程,而是直接给出结论,然后运用结论解决问题。例如在学习一元二次方程时,不需推导论证求根公式的形成,直接给出求根公式,找出系数 a、b、c 对应的值代入公式计算出结果就可以了。再如学习特殊角的三角函数值计算,直接给 $0°$、$30°$、$45°$、$60°$、$90°$、$180°$ 对应的正弦、余弦、正切、余切值,熟记后能熟练代入式子运算就行了。

四、实施保障

(1)配备优秀师资。学校把果洛民族生的培养作为学校工作的重点工作之一,在数学课程教学上配备优秀的教师任教。这些老师既具有普教教学工作经验又具有职教学经验。

(2)学习资源保障。由于民族生的数学学科涉及小学、初中、职高三学段的教学内容,需要的教材、教学参考资料种类多,根据教学需要学校给予全面充足的保障供给。

（3）激励机制。为促进民族生的人才培养,激励教师积极投入到民族生工作中,学校设立民族生教育先进个人与先进集体荣誉奖项,并将文明组室的评选与对口教育工作相挂钩,同时在年终绩效考核时,单独作为一个奖励项目。

五、特色与成果

（一）实施特色

目前,学校的学前教育专业共有四种类型,即三年制学前教育、与上海行健学院的中高贯通学前教育、与上海天华学院的中本贯通学前教育、与西宁城市学院的民族生中高贯通学前教育。除民族生学前教育外其他三类的数学课程教学已形成配套完整的课程标准、教学计划、教材使用,也形成了成功的课堂教学模式和教学方法。而民族生学前教育的数学课程教学的系列相关标准、计划、教材、模式、方法等显然是个缺项。所以根据民族生学情,结合数学课程知识要求、能力要求、考查内容范围等,研究总结出适合于民族生数学课程学习的模式、方法、策略和模式,对民族生的数学课程教学有着极为重要的意义,同时也体现了对口支援、教育扶贫、乡村振兴、缩小地方教育差距的国家战略思想。

（二）实施成果

学校从2013年9月开始招收第一届民族生,2016年第一次参加西宁城市学院的高考,远没有达到数学教学目标要求。自2016年起,通过学校领导、教学部门、数学教师三年的共同努力,2019年学生数学成绩已达到西宁城市学院的学习目标要求,为学校成功地和西宁城市学院联办民族生学前教育中高职贯通奠定了基础。从2019年至2021年在参加西宁城市学院的高考单招转段考试中,学生数学成绩全部合格,达到学习目标要求。

六、体会与思考

数学学科是"民族生学前教育中高职贯通培养模式"中的必修课程,是中高职转段高考中的必修且高考的课程。在三年的民族生数学课的任教过程中,通过边教学、边实践、边研究、边总结,取得较为良好的教学成绩,学生的数学成绩均达到教学目标的要求。因此,有着收获成功的喜悦,更为值得可喜的是探索总结出了如何优质地教好民族班数学课的方法和策略,丰富了个人专业化素养,提高了个人的教学能力。

参考文献

[1] 张燕华.对内地西藏班学生数学学习能力培养的教学模式的实践研究[D].苏州：苏州大学，2007.

[2] 陈景艳.内地西藏班数学教学的改进路径分析[J].新课程(中学)，2018（10）.

刍议茶文化在职校藏族学生培养中的价值与应用

上海市新陆职业技术学校　万瑛

【摘　要】茶文化作为中华传统文化的一部分，流淌在每个中华儿女的血液里。它不仅代表着中华传统文化，更是链接和加深各民族关系的纽带。通过茶艺课程的学习，让职校藏族学生以及其他民族的学生增强了认同感。新陆职校结合茶文化的特点，组织形式丰富的茶艺活动，不仅增加了民族凝聚力，更帮助了藏族学生的成长。本文针对职校藏族学生开展茶文化教育进行研究，帮助茶文化与职校少数民族学生教育深度融合，促进学生更好的发展。

【关键词】茶文化　藏族学生　传承性　创造性

一、实施背景

(一)中华传统茶文化博大精神，具备丰富育人内涵

茶文化是指人类在长期的社会实践中对茶的认识、应用过程中产生的以茶为基原的可继承、延续、发展的有关物质和精神财富的总和。其核心价值是茶在应用过程中所形成的茶道精神和社会教化功能，所产生的文化和社会现象。茶文化博大精深、底蕴深厚、历久弥新、意境深远，包括了茶诗、茶歌、茶道、茶艺等内容，这些丰富的茶元素构成了茶文化的精髓，形成了独具魅力的传统茶文化。茶文化经过历代的传承，其形成和发展历程不仅包括长期物质文明积累，还体现了社会文明程度和人文精神素养的相互交融，因此茶文化有着丰富的精神内涵和文化育人的功能。茶文化作为中华民族在优秀文化方面的最优载体，教师可通过将传统文化与素质教育巧妙融合，或者以茶文化本身的教学中，都能对学生形成有形似无形的教育熏陶，促使学生能够在德智体等多个方面受到滋养。由此来看，在职校中以茶文化为基础展开育人，既能够满足当前时代对复合型人才的需要，又满足了中华民族在优秀文化方面的传承。

（二）发挥本校茶艺基地的优势，助力藏族学生成长

《关于实施中华优秀传统文化传承发展工程的意见》中指出，要"传承中华文化基因""不断增强中华优秀传统文化的生命力和影响力"。开展茶文化教育是涵养文化自信的动力源泉，是培育和践行社会主义核心价值观的有效途径，更是丰富文化生活提升学生人文素养和综合能力的重要方式。自2013年开始，新陆职校对口支援青海果洛自治州，招收藏族的学生。如何让藏族学生们融合到都市学校生活，学校根据现有条件，创设条件促进藏族学生茁壮成长。2018年新陆职校被评为中华优秀传统文化研习暨上海市非遗进校园优秀传习基地，经过多年的摸索，学校通过茶艺课程的教学，让藏族学生有一种归属感、认同感，从而更好地成长与成材。

二、实施目标

基于上述背景，本案例的目标就是：利用本校作为非物质文化遗产茶艺传习基地的优势、良好的茶学环境，积极开展茶艺教学。根据职校学生的特点，尤其是在校藏族学生的特点，设计茶艺课程大纲，通过教授茶艺课程，传播茶文化，挖掘茶文化中蕴含的丰富的育人功能，引导学生从多方途径了解中华文化和文明，提升学生的思想境界与修养，也让学生们在学习过程中形成强烈的文化自信和民族自豪感。

三、实施过程

（一）实施茶文化教学，坚持以学生为主体

带领藏族学生学习自己民族的茶文化，一方面得到他们的认同感，一方面激起他们的求知欲。每个民族都有自己独特的饮食文化，藏族作为一个有悠久历史的民族，其饮食习俗别具风格。众所周知，酥油茶便是藏民族特有的营养饮料，以其原料的营养性、制作方法的独特性而闻名遐迩，形成了别具特色的高原茶文化。教师带领学生一起追溯其源，因为青藏高原上的茶文化，至少也有千年以上的历史了。首先，追溯藏族茶文化之源，让藏族学生找到文化认同感、归属感。藏族学生通过茶艺课程，发现自己日常饮食中的酥油茶，千年之前在文字上汉藏就有了如此紧密的链接。文成公主将茶叶带来西藏的美丽传说，也是有史可查。其次，在老师的带领下，

走进茶的世界，从心理上拉近了师生之间的距离，也因为茶，藏族学生与汉族学生互相理解，更好地相处。

（二）引入茶文化思想，激发学生学习兴趣

茶的内容比较广泛，根据不同的地域，茶文化有所差别。为了避免传统的教学思路，就要增设茶文化典籍故事情境设置，引入茶文化思想。有别于枯燥的知识传授，新陆职校茶艺课程教师改变传统教学思路，鼓励学生积极自主探索，真正领会茶文化思想。逐渐融入校园环境后，藏族学生开始不满足于课堂学习的内容，且在老师的不断鼓励和指导下，主动去寻找更多史实资料，图书馆里留下了许多优秀学生刻苦学习的身影。通过茶艺课程的学习，学生们也越来越自信了，在课堂上开始积极发言，提高了表达能力。

（三）开展茶文化活动，提升学生综合素养

茶文化以及茶道精神的独特内涵，即蕴含其中的传统道德标准与修身养性的价值观念，与学生气质修养的提升最为契合，通晓茶文化有利于学生人文内涵的丰富及形象气质的提升。积极参加校园里开展茶饮文化活动，提升了藏族学生的人文内涵和创新能力。2021年的上海教博会，宋代点茶体验成为新陆职校的一项展示活动。在中国茶史上"茶兴于唐、盛于宋"，宋代点茶在中国茶史上为重要篇章之一。点茶总共要注水七次，使茶末与水交融，茶汤表面显现雪沫乳花，点茶之前要先暖盏，用开水过一遍茶碗，否则茶不浮。然后以小勺舀取茶末，在盏中调作膏状，不时以汤瓶冲点，边冲点边以竹制的茶筅（为了使茶末与水交融成一体，宋人发明的一种用细竹制作的工具）或银制的茶匙在盏中回环搅动，即所谓"击拂"。点茶需要技巧，又以因击拂之法不同，盏面泛起之乳花不同，而有各种名目，自第一汤至第七汤而各有不同。现场演示时，在老师鼓励下，汉藏学生接待了一批又一批学生体验，得到学生的一致赞誉。根据理论与实践相结合的原则，老师们通过课堂上的理论教育，结合线下的实践，学生的能力能得到迅速提升。这也就证明开展茶饮文化活动实践，不仅拓展了藏族学生们的视野，提升了能力，更加深了汉藏学生之间的感情链接，在潜移默化中提升了学生们的综合素养。

四、实施保障

（一）得天独厚的资源优势

作为浦东新区非物质文化传承基地学校，新陆职校有着较完善的茶艺实训室。此外，学校通过茶艺活动，将茶文化中包含的茶学、茶艺表演、茶戏、茶画、茶叶焙制等各类传统职业所蕴含的修身养德、升华自身的精神，通过活动开展进行广泛宣传，将茶德"人的群体价值"的主旨，茶道的"人本主义"职业素养，传递给广大学生。结合学校校园基础设施建设、校园文化建设、实训基地建设，学校整体规划学生进行民族民间艺术、工艺等学习活动场所，持续购买相关所需器材、设备等，满足学生茶文化学习的需要。

（二）经验丰富的优秀师资

新陆职校具有良好的相关师资力量配备。有高级茶艺师2名，中级茶艺师6名，高级茶叶审评师2名。茶艺教师通过加强交流学习，不断地提高自身茶文化素养。此外，学校还选用年富力强、经验丰富的老师做民族班班主任。良好职业素养的师资队伍，高度的责任心与使命感能使他们与不同生活环境、文化环境下成长起来的藏族学生进行有效的教育合作。

（三）内外兼修的茶艺社团

新陆职校的茗馨茶艺社成立已有十余年，茶艺社的成员们有着如茶之清香一般的品行，他们以茶会友，感悟人生。该社团为师生建设了一个"以茶会友"的平台，开展各种丰富多彩的活动，提高师生的生活情调和品味。茶艺社让茶香飘洒在校园每个角落，也让藏族学生真心且尽情地感受到了茶艺的真善美，让茶艺成为不可或缺的生活方式。社团学生广泛参与各种演出和比赛，多次参加市、区艺术单项比赛并获得金奖、银奖等优异成绩。定期到敬老院、军营、社区进行表演和慰问演出，曾荣获浦东新区明星社团称号。

五、特色与成果

开办茶文化选修课在向学生介绍茶叶的基本知识过程中，坚持茶道精神，感受茶文化的精髓，树立为人处世的基本准则，提升学生的综合素质，为职校培养应用型人才起到了一定作用。在普及中华优秀茶文化的过程中，笔者发现藏族学生们通过一段时间的学习，认识到茶文化不仅仅是一种物质文化,同时也是一种载体,在精神世界里显示了其丰富的创造性,学生们从中感受到了东方诗意生活方式的同时,也成长了很多。

(一)养成了良好的品德习惯

在学习中华茶文化的同时,笔者带领学生学习茶叶的基础知识,区分六大茶类,并将学到的知识运用到日常生活中。学习家庭生活中常用茶的基本泡法,通过自己动手参与的方式,激发了藏族学生学习的欲望。通过一年的茶艺课程学习,笔者发现民族班学生的心更为沉静、专注力更强了,他们的坐姿、站姿、走姿比之前更优美了。他们大多数养成了喝茶的习惯,衣着整洁、朴素大方,做事情有条有理、沉稳大气。有一部分学生甚至开始喜欢阅读与传统文化相关的书籍。这种影响是潜移默化的,一旦形成便可受益终生。

(二)传承了民族的文化之美

学校与企业合作,联合洋泾社区、三林街道等社区,将茶饮文化送到街道社区。比如《一茶一世界》导赏,在洋泾街道社区展现,不仅将中华茶饮文化里的脉络进行了梳理,而且创造性设计了风味不同的调饮茶。通过介绍茶饮文化历史,不仅让更多的人知晓、领悟中国传统文化之美,而且发挥了学生的创造性。根据一年四季的变化学生进行调饮茶设计:春日绿茶调饮、夏日冰饮、秋季乌龙茶调饮、冬日红茶桂圆,不仅寓意美好,而且具有养生保健功能。学生在学习理论的基础上融入实践,使课堂上的书本知识变成了可以实际操作的内容,在自己掌握茶文化的同时,也把优秀的传统文化发扬光大,让更多的人去了解它、喜欢它。

(三)提升了学生的创新意识

为真正帮助藏族学生了解茶文化的魅力所在,增强学生对于茶文化的全面理解,学校通过开展以茶会友的各类主题活动,让学生在游戏和活动的过程中增强学习的意识,不断启迪学生的思想;通过大力开展实践性活动,创新教学项目,促使学生可以在进行茶文化实践活动的时候,能够懂得在沟通合作中提高技术,品味文化,获得创新意识,激发创造性活动。

(四)链接了民族的友爱之情

茶马古道自唐代开始,经宋明清至民国时期,汉、藏之间以茶马交易为主,形成一条条交通要道。茶马古道链接了汉藏茶文化。如今新陆职校作为非物质文化遗产教育基地，将茶作为载体，教育培训藏族学生，让他们迅速融入汉族大家庭，在传承中华茶饮文化的基础上进行创新，通过学习中华茶文化，真正达到汉藏一家亲，共筑中国梦。

六、体会与思考

习近平总书记曾经强调："一个国家、一个民族的强盛，总是以文化兴盛为支撑的。没有文明的继承和发展，没有文化的弘扬和繁荣，就没有中国梦的实现。"实践证明，中国优秀茶文化的课程教学是一门集思想教育、自然知识、艺术熏陶和生活实践为一体的课程。学习中国茶文化、重拾中华璀璨文化，能够引导学生正确理解人与自然、人与物质、人与精神的关系，真正助力了本校藏族学生在人生重要阶段确立健康积极的世界观、人生观、价值观，更好地成长与发展。

总之，在全球交往日益频繁、多元化、系统化的今天，学校在开展教育工作时，必须充分注重培养学生形成正确的文化观念和价值理念，有效提升学生自适与自制能力。因此，新陆职校也将持续挖掘茶文化价值，在助力藏族学生成长的同时，更加深入地探索茶文化多渠道的育人内涵，丰富教育教学方法，创新教学的内容与形式，多措并举，传承中华优秀茶文化的同时，有效实现育人目标。

参考文献
[1] 朱秋.茶文化背景下学生德育思想的教育意义[J].福建茶叶，2021（5）.
[2] 袁红.文化融入职业教育实践研究[J].福建茶叶，2021（6）.
[3] 孟姗姗，孟星星.论中华茶文化的内涵与价值应用[J].文化学刊，2021（4）.

以问题为导向，以学生为主体
——以"信息技术基础"课程"DIY 校园风采台历"一课为例

上海市新陆职业技术学校　周晴筠

【摘　要】PBL 是一套设计学习情境的完整方法（Problem-Based Learning，简称 PBL，也称作问题式学习）。笔者任教的班级学习主动性较弱、信息化软件综合应用能力较差，所以尝试在课程中引入了 PBL 教学法，旨在以实际项目为载体，引导学生利用所掌握的信息技术知识解决生活中的实际问题，教学过程采用任务驱动的形式，使学生潜在的创造性得以开发、独特性得以彰显、主体性得以弘扬，学生在项目参与中探索知识、发现知识、应用知识，真正成为课堂教学活动的主人。

【关键词】PBL　课堂参与度　自主学习

一、实施背景

2018 年教育部印发《教育信息化 2.0 行动计划》通知，提出到 2022 年基本实现"三全两高一大"的发展目标。"三全"指教学应用覆盖全体教师、学习应用覆盖全体适龄学生、数字校园建设覆盖全体学校；"两高"指信息化应用水平和师生信息素养普遍提高；"一大"指建成"互联网 + 教育"大平台。教育信息化从融合应用向创新发展演进，全面提升师生信息素养。其中，将信息技术和智能技术深度融入教育全过程，推动改进教学、优化管理、提升绩效；推动师生从技术应用向能力素质拓展，使之具备良好的信息思维，适应信息社会发展的要求，应用信息技术解决教学、学习、生活中问题的能力成为必备的基本素质。

在以往传统信息技术课堂教学中，大多采用讲授法、演示法等传统方式实施教学，只注重学生操作结果的完成情况，学生总是处于被动接受、被动参与的地位，操作技能仅停留在简单的模仿训练，无法充分灵活运用所建构的知识与技能解决现实问题。在新课程改革理念日益深入推进的今天,传统的教学方式已经无法满足当今中职信息技术教学需求和学生需求。因此,努力提升中职学生在信息技术课堂中的参与度,提高学生在教学过程中的主体地位,积极探索新的信息技术教学方式势在必行。

PBL是一种以问题为导向的教学方法,也是一种培养学生知识和技能的教学模式,该教学模式强调以学生为中心,以解决问题为主线。在教学过程中教师并非课堂主体,仅起到引导作用,协助学生解决复杂的、实际的或真实的问题,建构宽广而灵活的知识基础,提高解决问题的能力,并发展自主学习和终身学习的能力。

笔者任教职校一年级学前专业的"信息技术基础"课程,该专业几乎全部都是女生。比起其他专业学生,她们的学习基础相对较好,教学秩序良好,能配合教师较为顺利地开展信息技术的项目教学。但是她们在教学活动中比较依赖于教师的引导,对学过的信息技术知识缺乏关联性的应用,软件的操作技巧和综合应用能力有待提高。所以笔者在课堂中引入PBL教学法,通过校园风采台历设计项目,充分激发学生自主探究的精神,鼓励学生在集体协作中发挥特长,相互协作解决实际问题,最终提升学生学习的内驱力。

二、实施目标

本案例中,笔者教授"信息技术基础"课程的班是一年级学前教育专业。由于该专业学生绝大部分是女同学,所以在课堂纪律安静的同时存在着学习主动性较弱、信息化软件综合应用能力较差的情况。该课程的定位要求体现以就业为导向,以学生职业能力发展为本,所以笔者在课程中引入了PBL教学法,旨在以实际项目为载体,引导学生利用所掌握的信息技术知识解决生活中的实际问题。教学过程采用任务驱动的形式,要求学生融合运用WORD、EXCEL、画图等表现手段,激发学生的创造热情,增强学生团体合作能力、审美意识与想象力,提高学生解决实际问题的综合能力。

同时,使用信息技术解决学习、生活、工作中问题的能力已经成为必备的基本素质。所以期望本案例能帮助学生从信息技术应用向能力素质拓展,使其具备良好的信息思维,适应信息社会发展的要求,同时也期望通过此案例摸索出的针对中职学生的 PBL 教学法,能为其他专业课程的教学起到一定的借鉴作用。

三、实施过程

(一)重设教学目标及课程标准

在各中职学校,信息技术基础的课标中明确其课程定位要体现"以就业为导向,以学生职业能力发展为本"的思想。笔者在该课程的教学过程中结合校园美化及学生专业技能系列活动的亲身体验,合理引申组合教材内容,确定 PBL 主题——DIY 校园风采台历,以项目为载体,引导学生利用所掌握的信息技术知识解决生活中的实际问题。教学时采用任务驱动教学,融合运用 WORD、EXCEL、画图等表现手段,激发学生的创造热情,增强学生的审美意识与想象力,提高学生的综合能力。

在知识与技能目标上,学生能熟练运用 WORD、EXCEL、画图等软件的操作技巧,如艺术字、文本框、图片等处理和综合应用。学生能在项目的操作中锻炼相关信息收集、筛选、整理、表达的能力。在过程与方法上,通过本项目的实践使学前教育专业的女生体验应用信息技术解决问题的过程与方法,并能根据需要自主选择相关的信息技术工具,如日历的时间设置可自主选用多种方法,在最后的作品点评上能正确地评价完成的作品。期望通过本项目能调动学前教育专业学生求新、求异的创造积极性和艺术才华,学会在小组协作和资源共享中的团队意识,并在作品的完成中增加了对学校的了解和对自己专业的热爱。

(二)转型为以学生为主体的教学模式

根据项目教学法的需求和学生实际情况,本课采用"任务驱动""问题——探究"等教学方法,创设 DIY 校园风采台历的情境,驱动学生主动愉快学习,动脑思考、动手实践。在教学模式设计中运用任务作为驱动,问题探究、导学、互动式教学。用学生感兴趣的课题,引导学生去分析了解,明确学习任务。分层次布置不同的操作要求,让学生都能完成,并努力完成得最好。

教师在课程中仅作为引导,阐明课程的目的并在整节课中有序地把握课堂节奏。对于操作要求和注意点,教师要做规范的演示和说明。培养学生综合运用多种软件的能力,引导她们在任务的完成中实现知识的传递、迁移和融合。学生能在教师引导下,学会积极思考,相互讨论,自主完成本课任务。运用学过的知识,自主处理信息,并在多种软件的综合运用中完成知识的传递、迁移和融合。

(三)构建 PBL 教学活动过程

活动内容	教师活动	学生活动	时间	评价
创设情境 导入新课	(1)演示部分明信片作品,提示操作要点,引出与今天主题的关联知识	(1)学生回忆已学的知识要点	2分钟	明确本课的学习内容,在原有知识技能的基础上,尝试新知的探求
	(2)展示部分台历实物及图片,引导思考作品的操作入手处。呈现范例,导入新课:DIY校园风采台历	(2)观察范例,感受作品,思考如何完成今天的项目	2分钟	
探索新知 导学达标	(1)台历的图片、艺术字、文本框等各基本要素的处理	(1)合理运用素材,初步构思作品的整体框架	4分钟	学生在复习实践原有技能的基础上,尝试运用多种表现手法实现项目要求
	(2)台历时间设置方面的引导提示 ◇台历的时间设置可以是年历、月历、周历。请学生自主选用设计	(2)确定台历时间的设置	2分钟	
	(3)在学的软件中尝试实践。 ◇在WORD中,直接建表输入日期信息 ◇在WORD中,新建—模板—日历向导 ◇用电脑内置的时间日期属性,屏幕复制完成图片 ◇在EXCEL中,运用自动填充柄完成数字序列的输入	(3)尝试运用WORD、EXCEL、绘图等软件的操作技能	15分钟	
	(4)提示本课的主要操作任务(流程可有所调整) 任务1:台历的页面设置 任务2:台历中图片、艺术字、文本框的设计 任务3:台历中时间要素的完成 任务4:完成台历的整体设置	(4)学生可判断自己是否完成任务	3分钟	

（续表）

活动内容	教师活动	学生活动	时间	评价
作品演示 感悟提高	师生评选部分作品演示点评	学生评价欣赏自己和她人的作品，积极发表自己的观点	12分钟	体验成功，知识的再现、巩固

在项目过程中，既鼓励学生个性张扬，又提倡集体协作资源共享，使"问题驱动下的自主学习—协作学习—发现学习"这一学法得以实现，在任务的完成中实现知识的传递、迁移和融合。

四、实施保障

（1）组织保障。此次"信息技术基础"课程的教改受到了专业、学校的大力支持。不仅在校内组织了由专业主任带头的课程教改团队，更聘请了校外的教育专家为此次教改"保驾护航"。

（2）经费保障。学校对此次"信息技术基础"课程教改也较为关注，在资金、人员等方面提供了完善的保障。

五、特色与成果

本案例教学设计围绕课程目标设定，采用校园美化及学生专业技能系列活动的亲身体验，合理引申组合教材内容，主题新颖，以项目为载体，较好地引导学生利用所掌握的信息技术知识解决生活中的实际问题。

案例运用了 PBL 教学法，结合了学科特点和学生的专业特点，积极调动了学生的学习热情，有效引导发挥学生的创造欲望和主动学习激情。学生设计的台历作品风格迥异，想象丰富，能运用到艺术字、图文框、插入图片等多种技术点，期间课堂气氛活跃，体现了"问题驱动下的自主学习—协作学习—发现学习"的可操作性。

教学过程的展开采用任务驱动教学，笔者以项目的落实融合运用WORD、EXCEL、画图等学过的操作技巧和表现手段，最大限度地激发了学生的创造热情，同时在项目落实过程中增强了学生的审美意识与想象力，提高了学生的综合能力。

本项目通过对教学目标、教学内容、教学过程等各环节的融合化设计，构建了基于 PBL 的中职信息技术课程教学新模式。教学模式改革需要通过教学实践与应用体现其价值，本案例通过对该模式的教学实践应用与教学效果评测，验证了基于 PBL 教学模式的信息技术基础课程的可行性与有效性。

六、体会与思考

在 PBL 教学中，学习过程是一个人人参与的创造性的实践活动，它注重的不是最终的结果，而是完成项目的过程。教师和学生分别是 PBL 教学过程的引导者和主体，师生在项目主题的选择和过程的落实及评价的互动中，落实教学目标，使学生潜在的创造性得以开发、独特性得以彰显、主体性得以弘扬，学生在项目参与中探索知识、发现知识、应用知识，真正成为课堂教学活动的主人。

从此次 PBL 课改到最后的教学实施，笔者在计算机教学中课堂的驾驭能力、课堂节奏的把控、任务的设计、课堂上师生互动等能力都有了较大的提升，在课堂上笔者不仅是传授知识的角色，更是一名"引导者"，引导学生自主地探索，鼓励和提升学生的创造性和主体性，协助学生解决复杂的、实际的或真实的问题，形成解决问题的能力，并逐步发展出自主学习和终身学习的能力。

参考文献

[1] 王韵智.基于STEAM教育理念的信息技术PBL教学研究[J].数码设计（下），2021(3).

[2] 张力.PBL教学模式在中职信息技术教学中的应用探究[J].现代职业教育，2020(4).

[3] 赵路伟.PBL教学模式在中职信息技术教学中的探究与实践[J].新教育时代电子杂志，2020（5）.

挖掘冲突背后的情绪，提升中职学生人际交往能力
——以篮球课中突发事件为例

上海市新陆职业技术学校　李根娣

【摘　要】中职学生正值青春期，正处于身体和心理急剧变化的转折阶段，逆反心理强，对人际交往、男女关系、社会问题等日益敏感，情绪易于波动，行为控制能力不足。加之大部分中职生在义务教育阶段学习成绩相对落后，行为规范较差，所以中职学生在人际冲突问题上较为凸出。以本案例为契机，后期通过主题班会、心理讲座、法制小讲堂团体互助等活动和方法，增强学生责任感、加强学生法制观念，学会解决冲突、控制情绪，建立中职学生健康积极向上的心理状态。

【关键词】中职德育教育　人际冲突　法律意识

一、实施背景

2018年习近平总书记在全国教育大会上指出，培养什么人，是教育的首要问题。职业教育作为教育事业的重要组成部分，突出以能力为本位，以岗位为需求的重要特性。中职学生的思想道德状态影响着国家新时期人才的综合素养。2019年出台的《国家职业教育改革实施方案》中明确指出，职业教育与普通教育是两种不同的教育类型，具有同等重要地位。可见，随着我国产业升级，中职学生将逐步成为我国经济建设的强大后备力量。受传统观念影响，很多学生与家长从小学、初中到高中，一直围绕"考上好大学"的目标而不堪重负，学生的职业规划和个性化发展全面缺失。这种"唯大学论"的社会观念使得中职学生在中小学期间因文化课偏弱而长期受到边缘化、冷漠化的对待，导致其对自身能力的否定，学习能力和学习动力未能被充分发掘，同时对社会和自身认识不够清晰，总觉得自己还小，缺乏责任感、社会担当意识，法律意识较为薄弱。所以中职学生教育除了增强职业技能训练外，更应重视学生的德育教育，帮助他们重塑自信、激

发积极向上的意识、增加责任担当与法律意识。

篮球运动是在快速、激烈、对抗的情况下进行的一项综合性体育活动，是一项深受同学喜爱的运动。清一色男生的汽修班同学，经常中午匆匆吃完饭后就去操场抢占篮球场的位置打球。正处青春期的学生之间不仅技术战术的差异显著，性格差异、打球习惯不同、沟通交流不顺畅也往往会使他们在球场上产生矛盾。本案例中的小吴在打篮球时因为赢球后言语上的"炫耀"引起了小王的不满，认为他在挑衅，于是小王有意地在打篮球过程中碰撞了小吴并使其摔倒在地，小吴不服气，于是两人的冲突一触即发。

二、实施目标

本案例期望通过对中职生易冲动、行为规范较差等现象和应对方法的研究，促使学生在与他人发生冲突时能及时调整自身情绪、思考冲突产生原因，顺利解决人际冲突。同时，希望通过本案例中探讨的提升学生应对人际冲突的教育方式方法，能对中职学校的德育工作起到参考的意义。

三、实施过程

（一）及时控制冲突现场，事后疏导双方情绪

本案例发生时双方就像两头被激怒的"雄狮"，在冲突发生现场，笔者死命抱住小王以防他用手里的铁板造成难以挽回的灾难，同时请其他同学和教官拉住小吴，将正在盛怒下的两人分开，给彼此冷静的空间与时间。

后续在与小王的谈话中，我觉察到小王性格中带有自卑倾向，同时自尊心又极为强烈，别人一些无意的言语或表情都会被他解读为"看不起他""挑衅他"，为了使自己看上去"受人尊敬"，他常常以"我很拽""我是老大"的状态出现在同学面前。所以打球时，当他感觉小吴进球后的庆祝是一种炫耀、是对他的挑衅后，他选择了在打球过程中撞击小吴，让他"尝尝苦头"。在开导小王的过程中我用了"换位思考""情景模拟"等方法，假设他是小吴，在艰难赢得一分后会如何表现？假设他是小吴的队友是否会觉得这种行为是挑衅？假设最后他手上的铁板敲到小吴头上后果会是如何？在一连串的假设后小王慢慢理清了自己的情绪，对可能产生的后果也感到了一丝的后怕，认识到自己是过于冲动了，愿意与小吴和解。

在与小吴的谈话中笔者了解到，小吴平时就看不惯小王"嚣张"的作风，特别是小王球打得不好还老爱显摆，输了球都是别人的错，赢了球都是自己的功劳，所以这次小吴赢球后也是有意"炫耀"，但并未针对小王个人。对此，笔者问小吴"如果你被蚊子叮了，肿了一大块儿，你会去叮蚊子吗？怎么预防被蚊子叮呢？"小吴有些懵，他说"那就涂点儿驱蚊水呗，我又不是蚊子，怎么叮回去？""是啊，你又不是蚊子，所以你觉得别人行为处事的方式不对，你就也要用这种不对的方式'回敬'吗？你应该用什么方式应对呢？"我继续问。听到这里，小吴陷入了思考。我告诉他每个人都会有自己的价值观和交友观，你可以不喜欢一个同学，但处理问题的方式要恰当。同时告诫他做事不能凭冲动，遇到诸如和小王这件事时，一定要先控制好情绪再解决事情。小吴表示他想明白了，虽然他仍然有点讨厌小王，但会控制好自己的情绪，选择恰当的处理方式。

（二）开展主题班会——责任与担当

中职学生在成长过程中，受到多种因素的影响，其人生观、价值观已经发生了一定的偏离现象，并且对社会和自身认识不够清晰，缺乏社会担当意识，严重制约了中职人才培养质量。据此，加强中职学生责任担当素养的培养显得尤其重要。

责任担当主要包括三个方面：①自我责任。这也是责任担当素养中最为重要的内容。只有具备了强烈的自我责任意识，才能使学生意识到要对自己负责，才能使学生在学校中主动积极地参与学习，促使其在步入工作之后，对工作负责、对社会负责，进而形成高度的敬业精神；②人际责任。主要是指中职学生在对自己与他人之间人际关系进行处理中，自觉承担其自身应尽的义务，使其在步入社会工作后，积极完成自身的社会化，努力成为社会建设的一分子，并履行自己的义务；③社会责任。这是责任担当素养中的最高级部分，是建立在自我责任和人际责任的基础上。是在德育的过程中，不断增强学生的历史使命感、社会责任感，进而促使学生积极投身于社会建设中。

笔者用了两次班会课，逐层深入地让同学体会到责任担当与我们每一个人应尽的义务。第一次班会以此次新冠疫情中诸多医护工作者的"逆行"、诸多防疫工作者和志愿者的事迹为主题，使同学明白每个人都是社会的一分子,在享受到国家全方位保护的同时,自己也应该为我们的祖国、社会尽一份力所能及的力量。同时组织同学讨论作为学生我们能在此次疫情中为社会做些什么,提高学生的社会责任感。第二次班会以"我是校园的主人"为主题,让同学假设自己是校长、是班主任的角色,谈谈他们理想中的校园内是怎样的,现在校园、课堂、班级环境有哪些地方可以改善,提高学生主人翁的意识和责任感。

(三)开展心理讲座——识别情绪

情绪会控制人们的思维方式,人的情绪是非常多变的,可能上一秒还在烦恼着,下一秒烦恼就随之消散了,所以人被称之为最神奇的生物。情绪的多变不是坏事,正是因为人的情绪有变化,才能对外界的事物产生感知。中职学生在成长过程中较早地感受到了过多的挫折、埋怨与负面情绪,导致一部分学生的情感和沟通具有"攻击性",他们害怕别人的轻视,所以常常在人际交往中"戴着有色眼镜看人",先把对方定义为"敌对"的状态。另一部分孩子则较难分辨对方的情绪状态,只顾自己的情绪。

为此笔者邀请了学校心理咨询中心的老师为我班学生开展如何识别对方情绪、如何管理自己情绪的讲座。通过图文并茂、生动活泼的讲座,学生们了解到除了语言外,还能从声音、语调、面部表情、手势、体态等方面识别他人情绪,当双方发生冲突时,非语言信息更能准确反映真实情绪。同时,换位思考、推己及人理解他人感受在人际交往中非常重要。在控制自我情绪上则要注意遇事"慢半拍",控制不住了可以吼出声或用力跺跺脚,把负面情绪发泄完后再来处理人和人之间的关系和事情。

(四)法律小课堂——激情的代价

中职学生正处青春期,情绪容易冲动,行为容易过激,所以学校里更应重视普及法律常识,通过普法教育让学生知晓发生过激行为是要为此付出的代价,也能让学生意识到做一个遵纪守法的好公民的必要性。

笔者以上海某小学家长在微信群中因一言不合而"约架",导致"打赢被拘留,打输躺医院"事件为案例,让同学明白冲动是要付出代价的。然后组织同学发言,讲述日常学习生活中哪些情况下容易发生冲突,这些冲突是如何升级造成双方过激行为的,最后请同学讲讲如果身边同学发生过激行为时你该做些什么。通过此次法律小讲堂使同学知道过激行为要付出的代价，遇到过激行为时该如何处理。

（五）组织"泼冷水小队"

青少年的冲动与"激情犯错"通常是源于公众场合下的"要面子"，如果此时能有人拉一拉、劝一劝，通常能有效缓解这种负面的冲动情绪，甚至是避免两个家庭的"灾难"。所以在班级中挑选了乐于助人、具有正义感、善于思考的同学组成了"泼冷水小队"，当班级同学在校内有冲动行为时能及时地在一旁"泼一泼冷水"，劝一句"算了吧"。

四、实施保障

笔者是一名体育教师，在带班过程中难免遇到德育教育方法与手段较少，与学生谈话无法深入其内心的情况。幸运的是，在处理班级事务过程中，所在年级的年级组长、德育处老师都是我坚强的后盾，他们在与学生谈话时的语言技巧、班内德育活动组织的方式方法上都给予了我非常大的帮助。

五、特色与成果

本案例发生时笔者第一时间将情绪激动的两人分开，以免伤害升级造成无法挽回的后果。在双方冷静后，分别找两人谈话，化解了体育课上的"打球风波"。通过谈话发现了小王身上因自卑导致自尊心特别强的情况在班级中并非个案，具有一定的代表性。所以开展了"疫情中逆行的天使"与"我是校园的主人"两次主题班会，提高了学生的社会责任感与在校的主人翁意识。后续又通过心理讲堂"情绪识别"来帮助同学正确识别日常交往中对方的情绪与自身的感受，为学生的人际交往奠定基础。法律小课堂中通过近期"打输躺医院，打赢被拘留"的社会热点案例让同学意识到冲动的代价，树立起基本的法律常识。最后再通过组织"泼冷水小队"，有效及时地制止班级同学在校园中可能发生的冲突，通过以上几项措施，大大增强了班级同学的主人翁意识，加强了他们的社会责任感，大大降低了冲动事件发生的可能性，同学们也逐步建立了健康积极向上的心态，学会了如何控制情绪，如何解决冲突。

六、案例反思

在体育教学过程中,尽管教师在上课之前做足准备,但无论事先计划多么周密,安排多么细致,课堂上还是有可能发生各种意外情况。体育教学中主要有突发性事件和突发性事故两种情况。本案例属于突发性事件,是教师在教学预计中所始料未及的,需要教师根据问题的缘由,实时、公正的处理。任何行为背后都一定有其代表的情绪,如果只解决同学间表面的冲突不解决深层次情绪问题的话,冲突会像野草一般"春风吹又生"。由于我同时是该班级的班主任,所以在解决了现场冲突后,发现班内许多学生由于正处在青春期,容易发生情绪冲动,在识别他人情绪、控制自我情绪上略显不足。所以我在班内开展了多种形式用于缓解人际冲突的德育教育,期望能够"斩草除根",从根源上缓解中职学生之间的人际冲突。从同学的反馈来看效果还是非常好的,他们知道了如何识别对方的情绪,懂得了法律的制约性,也知道了肩头应担当的责任。

参考文献

[1] 乔月静, 崔景贵. 积极心理教育视角下中职学生自我认知探析[J]. 当代职业教育, 2021(3).

[2] 王永平.简析德育教育在中职体育教学中的渗透[J]. 青少年体育, 2020(8).

[3] 闫艳丽.中职德育教学对学生社会责任感的培养策略[J].考试与评价, 2014(6).

[4] 刘婕. 中职生问题行为及其处理的审视与研究[D].上海：华东师范大学,2011.

理实一体教学法在中职课堂中的应用
——以"汽车电工电子基础"课程为例

上海市新陆职业技术学校　樊艳

【摘　要】理实一体教学法把理论和实践结合在一起，让学生在做中学，不再死记硬背某一结论或知识点，而是切实理解；同时用理论指导实践，在学中做，活学活用，举一反三。笔者将理实一体化教学法应用于中职汽修专业"汽车电工电子基础"课程中，以一节优秀区级公开教学研讨课——"晶体管的电流分配和放大作用"为例，详细阐述该方法的实施背景、实施目标、实施过程、实施保障、特色与成果和笔者的体会与思考。这种教学方法，符合学生的认知规律，利于专业理论和技能发展，充分调动和激发了学生学习的主动性和积极性，更符合高素质技能型人才培养目标的要求。

【关键词】理实一体教学法　做中学　学中做

2019年出台的《国家职业教育改革实施方案》中明确指出，职业教育与普通教育是两种不同的教育类型，具有同等重要地位。随着我国产业升级，中职学生将逐步成为我国经济建设的强大后备力量，国家未来的发展离不开中职学生的参与，只有提高中职学生的综合能力才能为国家输送更多技术过硬的高素质劳动者。

一、实施背景

随着我国汽车保有量的逐年增加和国家对新能源汽车的扶持，越来越多的新型汽车走进了人们的生活，汽车市场对于汽修专业高素质人才的需求也不断增加，汽修公司对汽车维修的种类、质量等要求也在不断提高。当前，汽修公司的员工构成主要是中职毕业的学生，他们需具备汽车维修的各种专业知识，能使用测试设备和研究评估各种车型，发现、研究和解决实际问题。因此，如何培养满足汽车行业用人岗位需求的专业人才是当前中职汽车维修专业的主要目标。

中职汽车维修专业集实践性、应用性、理论性为一体，对学生实践能力的培养、理论水平的提升、专业技能的培育有着较高的要求。但由于中职学生学习能力参差不齐，加之现行中职汽车维修教材在内容构架、育人导向上与新时代社会发展需求有一定差距，以致汽车维修专业教学的开展依然存在诸多问题。对此，我们应该引起重视，在确保理论性与实践性相互兼容的基础上对教学方式予以优化，使理实一体化教学法深度融入中职汽车维修专业教学，为帮助学生理论水平提升、实践能力增强、专业素养塑造奠定扎实的基础。

根据我校中职汽修专业学生的认知水平与特点，笔者尝试将"做中学、学中做"的理实一体教学方式运用于"汽车电工电子基础"的课堂教学中。适度加强贴近生活实际和汽车运用与维修专业相关的电工电子技术应用知识，避免繁杂的运算。同时，在课程中展现知识形成和发展的过程，为学生提供感受和体验的机会，激发学生学习兴趣，培养其合作交流的能力。

二、实施目标

"汽车电工电子基础"课程是中职汽车运用与维修专业等非电类专业的一门专业基础课程，它包含了电工电子技术中最基本的内容，为学生职业生涯的发展奠定基础。课程目标是掌握汽车运用与维修专业必备的电工和电子技术基础知识和基本技能，具备分析和解决生产生活中一般电工电子技术问题的能力，具备学习后续专业技能课程的能力。

在具体的课堂教学中，通过理实一体的教学方法培养汽修专业中职生运用电工电子技术知识和工程应用方法，解决生产生活中相关实际问题的能力；强化安全生产、节能环保和产品质量等职业意识，养成良好的工作方法、工作作风和职业道德、爱岗敬业精神及科学的工作态度。从而为其在接下来的相关课程学习与综合职业能力培养奠定扎实的基础，为学生职业生涯发展和终身学习服务。

三、实施过程

下面将以"晶体管的电流分配和放大作用"为例，以学生为主体，通过

在三大学习任务中开展"引—探—析—联—拓"五个教学环节,阐述理实一
教学法在"汽车电工电子基础"课程中的具体实施过程。

（一）引导学生找出问题

作为汽修专业课程中的一门基础课程,如何激发学生兴趣和参与度显
得尤为重要。笔者注重从生活走向课堂,从课堂走向岗位。运用"做中学,
学中做"模式进行教学,在课堂上鼓励学生主动参与、主动探究、主动思考、
主动实践。学生利用教师所给元器件搭建"让七彩风扇转动起来"的电路。
教师给出另一种让风扇转起来的方法,即在原有实验器材中加入一个晶体
管,利用晶体管的电流放大作用,从而引入课题,激发学生学习兴趣。

（二）带领学生探究问题

在教师合理、有效的引导下进行高效学习,让学生在做学一体的过程
中学习知识。在教学中,教师提出探究性问题——晶体管是怎样放大信号
的? 各电极的电流分配关系是怎样的? 从而明确本节课的主要学习目的,
即电流放大的秘密——晶体管的电流分配及放大作用。然后借助多媒体
设备出示相关电路图并提出学习任务——利用 Multisim 完成晶体管放大电
路仿真实验电路连接、仿真实验、记录数据。为保证仿真实验顺利完成,教
师根据学生基础层次搭建了两种不同形式的学习支架:《晶体管放大电路
仿真实验》微视频、《晶体管放大电路各电极之间的电流关系模拟仿真软
件使用指南》。在课堂上,每组同学可以结合自学情况和理解能力选取适
合自己的学习方式,或参考微视频,或参考使用指南,或两者兼具。通过多
媒体辅助教学,增大了课堂容量。

（三）辅助学生分析问题

教师引导学生通过实验数据的分析与整理,归纳得出晶体管各极间
电流的关系及晶体管电流放大的实质——基极微小的电流控制集电极较
大的电流,放大信号的过程遵循能量守恒定律。并借助互联网下载的微课
"电流放大的秘密"进一步帮助学生理解晶体管电流放大的实质,从而突出
重点,突破难点。这种以问题为先导,引导学生在解决问题中学习专业知
识,解决问题的同时又产生新的疑问,驱使学生进一步探究的学习形式,不
仅帮助学生学习了相应的知识和技能,更有助于学生学会学习,关注到了
学生的持续发展。

（四）指引学生联系实际

通过联系实际，与汽车专业、行业热门事件结合，激发学生兴趣，拓宽专业视野。本节课教学中，笔者对课程内容做了教学化处理，将理论知识与生活实际有机融合在一起，让学生学会学以致用。在具体操作层面上，将课程内容与学校组织的观摩上海市职业技能大赛"上海制造"专场竞赛活动紧密联系；通过展示第十八届上海国际汽车工业展览会上我国新能源车制造领跑者品牌，第十九届上海国际汽车工业展览会相关视频，了解汽车行业发展前景；通过比亚迪参展的信息以及将高保真音响系统作为新一代唐 EV 的车型亮点，恒大新能源汽车集团发布的近期投入研发的恒驰系列部分车型采用世界顶尖 High-End 级品牌音响等资料，了解行业顶尖音响系统标准；例举晶体管在汽车电子电路上的应用，使所学理论知识运用于实践。

（五）启发学生拓展问题

由于晶体管也被应用到汽车电子闪光器，而电子闪光器的应用电路相对其他用到晶体管放大作用的组件而言简单，可操作性强，贴近学生的最近发展区，教师能在学生原有知识与技能的基础上通过创建脚手架（微视频操作示范直观形象）帮助学生完成学习任务。因此选择了汽车电子闪光器来简单模拟汽车转向灯操作过程，从而与实际岗位应用结合，加强学生对知识的理解与运用能力。

四、实施保障

（一）实训设备保障

学校新建了专用多功能汽修电工电子一体化实训室，集汽车电工电子综合实训台、焊接台、实时投影、纳米黑板、电脑于一体，基本满足了该课程实验、实训要求。

（二）师资团队保障

学校成立了汽修专业 6 人备课组，所有成员都取得了该专业的三级职业资格证书（高级工），其中 2 名教师取得了二级职业资格证书（技师）。6人中 2 名区骨干教师，2 名校骨干教师。在平时教学中，汽修专业备课组充分发挥团队优势，开展系列化教学，同课异构，组内听评课，总结更符合学生群体特征的教学方法,收集整理教学素材充实课程资源库。

（三）学生社团保障

学校成立有电工电子社团,汽修专业每班至少有5人是社团成员。这些成员也成为班内学习小组的小组长、小"老师",他们为课堂教学的有效开展起到了很好的辅助作用。

五、特色与成果

（一）信息技术扩充课堂容量,扩充学习时空

由于晶体管电流放大倍数易受环境影响,教材中测试晶体管电流分配关系的实验电路所示数据在实验室很难实现,因此采用 Multisim 仿真软件搭建切实可行的晶体管放大电路,通过改变设定基极和集电极可变电阻的阻值读取相关数据得出结论,确保实验数据的准确性,解决了物理时空学习的难点和堵点。

自制《晶体管放大电路仿真实验》微教学视频,《晶体管放大电路各电极之间的电流关系模拟仿真软件使用指南》以及《汽车电子闪光器应用电路》微教学视频等资源,极大丰富了课程资源,真正将课堂"还给"学生,让学生在课前和课中自主学习的基础上,完成课堂学习任务,提高学生自主学习能力。上述信息化工具的使用,打破了学习边界,真正发挥多媒体辅助教学功能。

（二）理实一体创新教学模式,提升教学成效

借助理实一体教学方式,整节课学生都在"做中学,学中做",从"让七彩风扇转起来"这个实际问题着手,到晶体管在汽车上的应用实例举例,再到最后模拟汽车转向灯的操作过程,教学源于生活实际,基于课标要求,高于教材内容,归于专业知识与技能,让学生体验到学习的真正意义在于灵活运用所学知识解决实际问题。

这种"做中学,学中做"离不开学习情境的创设。在基于学生认知规律和教学内容的前提下,笔者创设了"让七彩风扇转起来"以及"模拟转向灯的操作过程"的学习情境,并通过与汽车专业、行业热门事件结合,不仅有效激发了学生学习兴趣,还提高了学生动手能力,拓展了专业视野。

六、体会与思考

经过长期教学实践检验，对于如何有效运用理实一体教学法服务课堂教学，提高教学成效，笔者进行了反思。

（一）贴近学生最近发展区，设计好做中学、学中做的学习框架

教学应关注每一位学生的发展，我们应结合不同的教学手段来弥补学生个体学习的差异性，达成教学目标。因此，在结合课程标准、学校教学与企业人才培养目标的基础上，教师必须结合所教班级学生的学情，设计行之有效的教学框架，深入浅出，从易到难，逐级提升，帮助学生在各自的最近发展区学习理论，提升技能，真正将知识内化，不止从实践探索科学规律，还能用理论指导实践。例如在本节课中，设计了汽车闪光器模拟实验电路，引导学生利用前面所学知识自行筛选切实可行的实验器材，在顺利完成此分组实验和晶体管三极电流特点的学习后，又设计了后续进阶拓展实验。此外，也要以问题为先导，引导学生在解决问题中学习专业知识，解决问题的同时又产生新的疑问，驱使学生作进一步的学习和探究，关注学生的持续发展。

（二）聚焦"双师型"标准，搭建好做中学、学中做的学习平台

职业教育提出了双师型教师的要求，作为一名专业课教师，应该成为一名既懂理论又会实训操作的双师型教师，不仅要取得高级及以上职业资格证书，同时也要通过下企业积累岗位实践经验，把理论和实践有机结合，把握专业的前沿技术，经过教学化处理成为课堂教学素材，让同学们能学以致用。在本节课中，笔者利用学校多功能一体化电子实训室和现有实训器材，引导学生将汽车电子闪光器的实际电路进行转换，从而实现部分电路的课堂实操，让学生亲身经历并理解专业知识，同时也激发了学生创新能力及实践能力，真正做到了在做中学，在学中做。

（三）综合运用课程资源，创设好做中学、学中做的学习环境

在理实一体化课堂教学中，师生互动是通过边教、边学、边做实现的。在整个教学环节中，理论和实践交替进行，直观和抽象交错出现。为了更好地发挥学生主观能动性，教师应综合运用各类课程资源，比如：实训设备、实验器材、微课、FLASH 动画等，为学生有效创造做中学、学中做的学习环境。

　　总之，理实一体教学法有效突破了以往理论和实践相脱节的现象，将理论和实践相互渗透，让学生学中做，做中学，有效掌握课堂知识，并学会知识的迁移运用，在专业理论课的教学中是非常有效的教法之一。笔者认为该教学法的有效运用，能调动学生的学习主动性和积极性，激发其求知欲和探索欲，在学以致用的过程中树立积极的工作态度，为培养新时代高素质技能型人才提供坚实基础。

参考文献

[1] 雷佳琦.汽车底盘理实一体化项目式教学初探[J].时代汽车,2021(16).

[2] 韩淑刚.汽车电工电子技术理论实训一体化教学探讨[J].现代职业教育,2019(21).

[3] 周启明.浅谈Multisim14在《汽车电工电子基础》一体化教学中的应用[J].汽车维护与修理,2018(22).

[4] 叶榕.理实一体信息化教学实践研究——以《汽车电工电子技术基础》为例[J].信息化建设,2016(2).

技术路径，学生视角，技能重心
——"学前儿童的感知觉发展及其观察力培养"教学感悟

上海市新陆职业技术学校　潘波

【摘　要】任务驱动法是以任务为中心与主线，让学生在完成任务的过程中实现知识建构、职业能力提升的教学模式。笔者在充分考虑中职学前教育二年级学生的心理特征与学习习惯后，将教学模式转变为以解决问题、完成任务为主的多维互动的形式。在展示与点评环节以信息化数据作为评价支撑，不仅展示出学生对知识和问题的理解，还展示出学生在学习中的困惑。从而将再现式教学转变为探究式学习，使学生处于积极的学习状态，从而激发其求知欲，逐步形成一个感知心智活动的良性循环。

【关键词】任务驱动　信息化教学　学前教育

随着我国二胎、三胎政策的全面放开，幼儿入学难、入学贵等问题屡见不鲜，幼儿教育作为国民教育的重要组成部分逐渐被国家所重视。2018年国家出台了相关政策，要求在2020年普惠性幼儿园覆盖率达到80%，2019年国家提出要推进学前教育普及。由此可见，社会对幼儿教育从业人员的需求不断上涨，然而当前我国幼儿教育从业人员，尤其是幼师的数量严重不足，且呈现良莠不齐的现状。

一、实施背景

2012年年底，教育部颁发的《3~6岁儿童学习与发展指南》中明确提出了"幼儿科学学习的核心是激发探究欲望，培养探究能力"以及幼儿教师在幼儿科学学习过程中的角色和作用，"成人要善于发现和保护幼儿的好奇心，充分利用自然和实际生活机会，引导幼儿通过观察、比较、操作、实验等方法，学会发现问题、分析问题和解决问题，帮助幼儿不断积累经验，并运用于新的学习活动，形成受益终身的学习方法和能力。"这无疑对幼儿教育从业人员提出了更高的要求。

　　笔者试图从现有课程教学改革为突破口，探索适应幼儿教育从业人员岗位要求的教学形式。"学前儿童的感知觉发展及其观察力培养"课程是学校学前教育二年级学生的专业课。相对同年龄段的高中生，中职学生学习态度、学习能力相对较弱，对学习存在一定的恐惧甚至抵触心理，自制能力欠佳。因此笔者采用了任务驱动的教学方法，丰富课堂教学手段、扩充课堂内容，让教学更加贴近学前教育情境，有效激发学生的学习动机，提高学生的职业能力，使中职学前教育专业课程教学更具实效性。

二、实施目标

　　通过任务驱动教学法的实施，笔者希望打破传统教学的困境，在教学形式转变、以学生为主体、信息化手段运用等方面有所突破。具体主要体现在以下三方面：

　　（1）转变学习形式单一，教学情景单一的境遇。面对学前初期儿童观察目的不明确，不能进行自觉的、有意识的观察，观察过程不够仔细、认真，常常是粗枝大叶、笼统、片面等特点，笔者将以传授知识为主的传统教学方式转变为以解决问题、完成任务为主的多维互动式的教学方式；将再现式教学转变为探究式学习，使学生处于积极的学习状态。

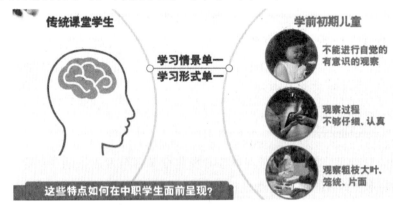

　　（2）将课堂还给学生，以学生为主体。本课的教学对象是15~16岁女生，她们仅初步学习了相关的基础知识，就要运用于操作实践，需要有教学智慧的引领。笔者在课中实施任务驱动法，教学方式由讲解转变为学生的主动学习与探究，知识与技能都渗透于一个活动的三项任务中。学生可以通过个人动手动脑，反复尝试，最终完成任务、解决问题；也可以通过小组合作、分工协作，每个任务由具体的人或者群体来进行探讨与完成。学生在完成任务的过程中享受成功的喜悦，提高综合能力；教师则以激发学生学习兴趣为切入点，以任务驱动为中心，根据学生乐于表现的特点设计教学任务，提高教学效果。

（3）丰富课堂展示形式，提高教学成效。笔者通过信息化的手段，以数据作为评价支撑，在展示和点评环节不仅将展示出学生对知识和问题的理解，还能展示学生在学习中的困惑。从而让学生体验到作为课堂主体的愉悦感，充分挖掘学生的潜能和创造力。

三、实施过程

（一）围绕教学目标设计任务——任务驱动的教与学

本节课题为"学前儿童的感知觉发展及其观察力培养"，总体内容较多，笔者根据学生的学情和教学内容结构，将其拆分为两部分：第一部分为基础知识"学前儿童的感知觉发展"，第二部分为"引导学前儿童利用感知，培养其观察力"。

通过教研组的集体教研，确定本课程的三维目标：①知识目标：理解几种基本感觉在观察中的联动关系，使学生理解感知越精细观察越全面。②技能目标：要求学生能尝试在活动中培养幼儿的观察能力，同时也希望通过本课，学生能站在幼儿工作者的角度，充分考虑儿童感知方面的心理发展节奏，在和幼儿的互动中养成细心观察的习惯。③态度目标：从事幼教工作所需要的细心、耐心等"匠心"品质。

（二）围绕课程内容组织教学——学生视角的教学过程

本节课的理论基础是"学前儿童五种感觉的发展"，结合具体内容，笔者选取桔子及部分水果为工具，设计了贯穿整个课堂的1个活动和3项任务。在任务中，需要学生利用感官，引导幼儿观察事物。在课堂上调用自己视、听、触、嗅、味五种感官，水果是比较适合的工具。考虑到课堂整洁及学生卫生角度，在各类水果中，最终选择了桔子（或香蕉）这种剥起来方便，收拾起来也简便的水果。

整个教学过程分为课前、课中、课后三个阶段。

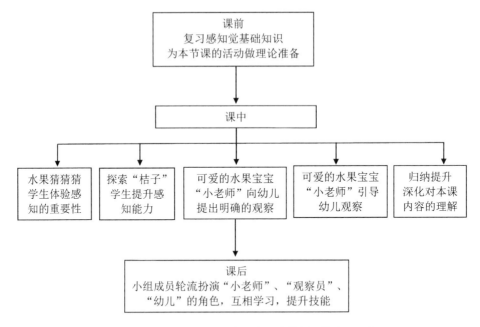

"学前儿童的感知觉发展及其观察力培养"教学过程示意图

1. 导入：水果猜猜猜

其内容是让学生利用各种感知，猜水果名称。上台的学生在被剥夺了视觉或触嗅味觉的情况下，比赛猜测水果名称的速度和正确率，由于有些水果外观相近，有些水果摸起来相似，学生们在猜的过程中遇到了一些阻力。通过活动，学生体验到感知觉对认识事物的重要性。

2. 任务一："探索桔子"

这一环节的目的是使每位同学对具体事物的感知在原有的基础上有所提升。同学们通过讨论桔子在视听触嗅味等各方面的属性，小组成员之间互相启发，提升感知。这一环节的设计意图是要提升学生自身的感知能力，为后一任务的执行打下基础。学生通过学习，发现自己对"桔子"这一日常水果的认知还有很多可以提升的空间，学无止境，不断地学习和进步是对教师这一职业素养的基本要求。

由于各小组的讨论既有相对集中的重叠部分也有较松散的差异部分，为了在课堂内有效地加以整合，笔者借助了信息化手段辅助教学，学生利用网络资源，搜集"桔子"各方面的信息、各小组将讨论过程在平板上生成，并发送至教师端，四个小组的讨论结果同时在互动屏呈现，供各小组成员评价。再由教师组织全班进行对比和选择，利用"合并数据"功能生成一张完整的"桔子探究图"，最后由各小组代表上台交流被选取的模块。这样既让每个小组有上台展示的机会，也避免了展示时信息的重复，大大提高了课堂效率。

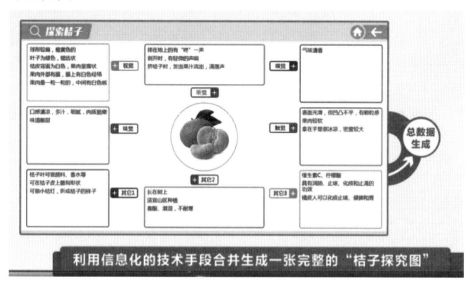

利用信息化的技术手段合并生成一张完整的"桔子探究图"

3. 任务二："可爱的水果宝宝1"——明确观察目的

针对学前儿童观察的特点，在第二个任务中，笔者让各组学生分别选择一种水果，使用自然、多样的切入方式，帮助幼儿明确观察目的，各小组分别用了日常聊天、故事、儿歌、游戏等方法完成任务。

如果仅通过教师讲，学生被动地听，效果并不明显。信息化手段的运用，使学生通过上网查询、讨论、读屏等方式更为便利的获取信息，从而大大激发了学习的主动性，使教师的教学环节落到实处，将外界信息内化到自身的认知结构中，信息技术可以完美地融合到教学之中。

4. 任务三："可爱的水果宝宝2"——引导幼儿观察

最后一个环节是角色扮演："可爱的水果宝宝2"，学生通过模拟，尝试对学前儿童进行观察引导。受学生实际经验的限制，小老师和幼儿的模拟做不到完全逼真，所以学生表现并不完美，但整个过程很完整，基本完成教学目标。

　　在角色扮演环节，不仅"小老师"的模拟是学习的过程，4名"幼儿"及"观察员"根据评价指标与小老师互动、对小老师的行为进行观察和记录，也是探索学习的过程。因为有了数据化平台的支撑，学生能更准确地了解操作目的和要求。借助信息化手段，可以将评价指标分解为"表情、语言、对幼儿的态度、关注度、感知引导"等五个方面，直观地将要求传达给学生。"小老师"和"幼儿"根据评价指标的要求进行互动，"观察员"依据评价指标进行判断和记录。最后，四个小组的所有数据同时推送至教师端。教师在更新数据后，逐一点评各小组五项指标的成绩，并根据"观察员"的评分情况，让"观察员"反馈"小老师"的优点和不足。学生难以实现的操作，教师难以解释的问题，通过信息技术在数据上的量化得以解决和提升，体现出信息技术在突破教学难点上的优势。

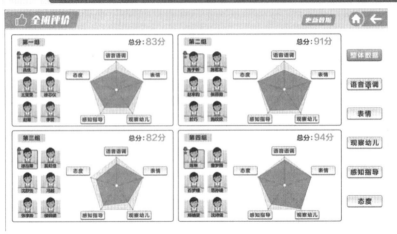

综上所述，学生在课堂上通过几个任务，初步摸索到了培养幼儿观察力的方法。但课堂时间有限，每组仅有一位同学扮演"小老师"，其他学生没有机会得到练习，且学生对于课堂内容的理解和把握也有个体差异。所以笔者在课后让各小组成员轮流扮演"小老师""观察员""幼儿"的角色，学生可以对各种角色都有充分的体验，通过小组成员间分享感受，可以帮助学生巩固课堂知识，提升技能熟练度。

四、实施保障

（1）组织保障。此次"学前儿童的感知觉发展及其观察力培养"课程的教改受到了专业系部、学校的大力支持。不仅在校内组织了由专业主任带头的课改团队，更是聘请了校外的职教专家为此"把握方向"。

（2）人、财保障。学校对此次"学前儿童的感知觉发展及其观察力培养教改项目"高度重视，在资金、设备、人员等方面提供了强有力的保障。

（3）智力支撑。借助学前教育界专家、行业专家、信息化教学专家指导课程改革方向与思路，市示范性、实验性幼儿园园长、骨干教师指导教改中相关岗位素养提升需求。

五、特色与成果

（一）任务驱动教学，激发学习动力

笔者以建构主义教学理念实施任务驱动教学，将以往以传授知识为主的传统教学方式，转变为以解决问题、完成任务为主的多维互动式的教学方式；将再现式教学转变为探究式学习，使学生处于积极的学习状态。任务驱动式教学法从浅显的实例入手，带动理论的学习和实际的操作，调动了学生学习兴趣，提升了学习效率，有助于其独立探索、勇于开拓进取的自学能力的培养。在执行并完成"任务"的过程中，帮助学生获得满足感、成就感，从而进一步激发其求知欲，逐步形成一个感知心智活动的良性循环。

（二）信息助力教学，提升教学成效

在课堂教学中，笔者灵活运用信息化的手段，将数字化平台作为学习评价的有效载体，及时记录学生小组回答的用时和答题次数（即错误率）。师生则根据四个小组在活动中产生的可视化数据差异，快速得出结论。在

展示和点评环节不仅将展示出学生对知识和问题的理解，还能展示学生在学习中的困惑。信息技术与课堂教学的有机结合，是一种积极的、合作的教学模式，给整个教学过程带来了生机和活力，极大地提升了课堂教学成效。

六、体会与思考

在知识大爆炸的今天，人们通过信息技术能迅速获取相关信息，填鸭式、机械式的被动学习会让学生丧失学习的动力。笔者试图通过变革教学方法，充分调动学生学习积极性和主动性。在下节课，笔者将组织全班回看录像，让学生看其他小组讨论环节的整个过程，小组间互评互学，促进学生反思及更深层次的学习。

然而，信息技术在课堂上的使用也是一把"双刃剑"，中职学生的好动和好奇会促使他们在课堂上利用移动终端寻找与教学无关的信息。如，有的小组在讨论环节提前完成了任务，就会利用信息化手段进行游戏、聊天或搜索与课堂无关的信息。这就需要老师通过敏锐的观察，及时发现并提醒学生，维持教学秩序。在信息化时代，如何将信息技术运用于教学提升教学成效是值得我们探究的课题。

参考文献

[1] 张丹枫，史献平.学前儿童发展心理学[M].北京：高等教育出版社，2007.

[2] 段青."任务驱动"教学法的本质探析[J].中小学信息技术教育,2002(Z1).

[3] 呆红霞.任务驱动法在中职学前教育专业课程教学中的应用[J].广西教育,2020(30).

[4] 李坤润.学前教育专业教学中采取任务驱动教学模式的有效性探究[J].语文课内外,2019(7).

浅谈"行动导向教学"在 CACHE Level1 CFC 课堂教学中的应用

上海市新陆职业技术学校　施红雷

【摘　要】本文以行动导向教学模式为研究对象,联系 CACHE Level1 CFC 课程的教学实践,在课堂上提出并应用包含"导入—实施—成果展示—成果评价"四个阶段的教学过程,体现"以人为本"的教学理念,因材施教,提升学生的实践能力和创新能力;同时采用"过程式"成绩评定方法代替"终极式"考试模式,教学过程中让学生按照展示技术的要求充分展示自己的学习成果,并对学生的展示进行鼓励性评价,培养学生的自信心、自尊心和成功感,提升学生的语言表达力,全面提高学生的社会能力、个性能力和综合素质。

【关键词】行动导向教学　教学过程　应用

一、实施背景

　　行动导向教学是根据完成某一职业工作活动所需要的行动、行动产生和维持所需要的环境条件以及从业者的内在调节机制来设计、实施和评价职业教育的教学活动。行动导向教学已经成为现代国际上职业教育的主流发展趋势。这一教学方法让学生可以即学即用,激发和培养学生的学习兴趣。采用行动导向教学,可以变抽象为具体,变枯燥为有趣,让学生乐于去操作、掌握。当学生完成了某一任务后,内心就会产生一种成就感,一种喜悦感,一种冲击力,这种力量不仅增强了学生的自信心,还提高了学生学习知识和技能的兴趣。"任务"贯穿始终,让学生在讨论任务、分析任务、操作完成任务的过程中顺利建构起知识结构。同时,行为导向教学还能更好地因材施教,突出培养学生的实践能力和创新能力。

　　行动导向教学已经成为现代国际上职业教育的主流发展趋势,为了拓展我校学前专业学生的国际化视野,提升学生的专业素养,2019 年 9

月，我校在学前专业二年级两个中本贯通班级引入英国 CACHE（Council for Awards in Care, Health and Education）的 Level1 课程——CFC (Caring for Children)。经过两年多不断的探索和实施，我校已经有两百多名学生获得该课程证书。在 CACHE CFC 课堂教学中就使用了行动导向教学并取得了较好的教学效果。

二、实施目标

在 CACHE CFC 课堂上积极采取行动导向的教学方法并付诸实践。通过"导入—实施—成果展示—成果评价"四个阶段的教学过程，让学生在课堂上自主获取信息，制定计划并实施，最后获得评价。在该课程的教学过程中充分发挥学生的主体作用和教师的主导作用，注重对学生分析问题，解决问题能力的培养，从完成与课程高度相关的"任务"着手，通过引导学生完成该"任务"，从而实现教学目标。教师在此过程中发挥主导作用，负责对课堂"任务"的设计和监督课堂进程，在学生发生问题时给予帮助，充分发挥学生主体的作用，帮助学生在完成"任务"的过程中潜移默化的学习专业知识。

三、实施过程

现以 CACHE Level 1 CFC 课程中第 25 课 Finding out about Forest Schools 第四课时"设计户外活动项目"为例，来说明行动导向教学法在本课程中的应用。

行动导向教学法的实施分为四个阶段：第一阶段是导入，第二阶段是实施，第三阶段是展示学习成果，第四阶段是学习评价。四个阶段对应的"行动"分别是：获取信息、制定计划和实施计划、控制质量和评定工作成绩。这四个"行动"构成了一个完整的行为模式，遵循"资讯、计划、决策、实施、检查、评估"完整的"行动"过程。在教学中，教师与学生互动，让学生通过"独立地获取信息、独立地制订计划、独立地实施计划、独立地评估计划"，在自己"动手"的实践中，掌握职业技能、习得专业知识，从而构建属于自己的经验和知识体系。

（一）第一阶段——导入

在第一阶段，教师创设情境，并引导学生进入情境。

全班40位同学分成8个小组，每5个同学组成一个小组，各小组成立一个模拟幼儿园班级（鉴于该活动针对的是3至6岁的小朋友，各小组自行决定所属年级：小班、中班或大班）管理组。每个小组设"班主任"一名，"副班主任"两名，"生活老师"两名。整个模拟班级管理组贯穿课程学习的全过程，并实行轮岗制。这种模拟班级管理组可以让学生更快地进入职业角色和职业情境。职业情境设置：制作一个活动计划，帮助孩子从指定的户外环境中学习。具体有以下四个任务：①对该活动进行描述。②列出孩子在该活动中可能学到的内容。③列出孩子在该活动中可能培养的技能。④列出孩子在户外环境中学习的益处。在导入阶段，副班主任和生活老师要配合班主任根据班级学生的特征，快速制定适合本班级年龄段孩子的活动，然后合作完成上述四个任务。导入阶段学生的主要任务是获取信息，详细了解工作要求和教师布置的任务，明确自己模拟的职业角色。

（二）第二阶段——实施

制定计划要求学生根据工作任务制定工作计划和评价标准。工作计划包括人员的分工、工作时间的安排、完成任务的方法和手段等。制定评价标准是为了控制工作质量。学生在制定计划和评价标准时教师应该参与讨论并给予意见和建议。行动导向教学法是以学生为中心展开教学活动，教师应该充分调动学生的积极性，引导学生自主学习和探索。学生按照自己制定的计划一步一步地展开工作。学生就好像在幼儿园班级上课前集体备课一样，经过充分讨论，先明确具体活动，然后各司其职：有的负责对该活动进行描述，有的列出孩子在该活动中可能学习到的内容，有的列出孩子通过该活动可能获得的技能。然后在组内充分讨论，确定活动时间安排，完成任务的方法和手段等。在这样的环境下，每个学生都有施展其个性、能力的机会和舞台。制定评价标准时，教师可以提供 CFC Level1 课程对于该部分内容的评价标准作为参考，并要求学生充分讨论，根据幼儿园学生实际情况制定切实可行的评价标准。

（三）第三阶段——展示成果

学生完成工作后，教师应让学生充分展示自己的学习成果，各个班级进行交流总结。每个班级的"班主任"上台汇报介绍自己班级的户外活动，分析总结执行计划的情况。每个班级选派"副班主任、生活老师"上台分析通过该户外活动孩子各个方面的收获。然后大家一起评论各个班级的户外活动，找出它们的优点和缺点，还有什么地方需要改进，等等。教师参与点评，给出修改意见。展示成果其实也是在进行质量监控。学生通过展示学习成果，培养了表达能力和工作能力，提高了不断把知识内化为能力的水平。

（四）第四阶段——成果评价

最后一个阶段是成果评价，也就是工作成绩的评定。行动导向教学理论认为，学习评价应该是多元的。多元性主要表现为评价方式、标准和主体的多元性。在评价方式上，更强调运用完成工作任务的方式，考核学生综合运用知识与技能，解决实际问题的能力。教师对于学习的评价不仅仅局限于结果——设计户外活动，还有对于工作过程的评价，从而起到监督和控制质量的作用。评价标准是以专业能力、方法能力和社会能力整合后形成的行动能力为标准，评价学生是否达到职业要求。

四、实施保障

（1）组织保障。成立 CACHE 课程工作小组，由学校副校长直接担任组长，下设教学管理组和一个专家指导团队。CACHE 课程工作小组定期开会，集体备课，讨论教学中出现的问题，研究策略，确保课程顺利实施等。

（2）制度保障。新陆职校领导组根据市教委总体部署，结合我校实际，制定了相关的 CACHE Level1 CFC 课程专业工作方案。

（3）外部支持。2019年暑期，学校组织本校四名老师（包括笔者）赴英国剑桥参与该课程培训，取得相关证书。随后，英国专家 EVA 以线下和线上相结合方式给我校相关老师进行进一步理论和实践指导。确保我校该课程老师取得 IQA（内部质量评估员）及 EQA（外部质量评估员）资格，保障该课程的顺利实施。

五、特色与成果

行动导向教学培养学生自主学习和学会学习的能力。在 CACHE

Level1 CFC课程的教学中,教师用四个教学步骤串联起整个课堂教学过程,在活动中培养学生的情感,培养学生的交往、沟通、协作和相互帮助的能力。同时要求在教学过程中,让学生按照展示技术的要求充分展示自己的学习成果,并对学生的展示进行鼓励性评价,培养学生的自信心、自尊心和成功感,提升学生的语言表达力,全面提高学生的社会能力、个性能力和学生的综合素质,为将来顺利完成职业角色的转变打下坚实基础。

因材施教,突出培养学生的实践能力和创新能力。以 CACHE Level 1 CFC课程中第25课 Finding out about Forest Schools 第四课时"设计户外活动项目"为例,该课主题具有实践性,而"设计户外活动项目"这一任务又给了学生很大的创造空间。在完成任务的过程中,学生能在团队的作用下锻炼发散性思维,设计出许多既符合课题要求,又有创意的项目,提升学生的学习兴趣。

六、体会与思考

(一)改变教学理念,体现"以人为本"

传统课堂多以教师为主,作为认知主体的学生在教学过程中往往处于受灌输的被动地位。在 CACHE Level1 CFC 课堂上,教师采用行动导向教学法,以学生为中心,围绕学生设计教学活动,鼓励其积极主动参加学习活动。行动导向教学倡导"以人为本",教学与活动结合起来,让学生在活动中自主学习,教师在其中发挥主导作用,精心设计"任务",通过有效的课堂活动引导学生将书本知识与实践活动相结合,以加深对知识的理解和运用。同时,在活动中培养学生的个性,使学生的创新意识和创新能力得到充分的发挥和提高。

(二)采用"过程式"成绩评定方法代替"终极式"考试模式

在传统教学评价方法方面,我国的教学评价方法相对滞后,以考试形式和内容为例,多年来均以记忆性知识为主,评价形式"一张考卷定终身"的局面未有大的改观。CACHE 课程采取"过程式"成绩评定方法代替"终极式"考试模式,即对学生实施课堂内外表现、作业完成情况、幼儿园见习表现等环节的全程跟踪考查和综合考核管理,从而对学生的学业成绩和能力提高指数做出客观、全面、严谨的定量分析和定性评价,并以鼓励性评价为主,培养学生的自信心、自尊心和成功感。

参考文献

高职教育研究所. 行为导向教学法简介[J].陕西职业技术学院学报，2007
（4）.

收获成功，创造未来
——简笔画教学案例

上海市新陆职业技术学校　何宁

【摘　要】美术是学前教育专业一门重要的专业技能课程，对学前教育专业人才的培养有着不可或缺的作用。简笔画又是美术专业技能训练中的一项主要内容，是学前教育专业学生必须要掌握的基本绘画技能。面对果洛学生基础差、学习中有逃避情绪的情况，教师要转变教学理念、改进教学方法、优化教学内容、改变评价方式，让学生在学习中都获得成功感。从而提高学生美术学习能力，掌握基本美术技能技法，提高其艺术水平和审美意识，为以后能胜任学前教育工作打下坚实的基础。

【关键词】民族班　美术教学　简笔画　学习支架　小组合作　分层评价

一、实施背景

近几年笔者一直担任青海果洛民族班的美术教学工作。刚到果洛民族班上课时，提问没人回答：有的同学低着头，就怕被点名提问；有的同学整节课两眼无神，根本不明白教师在说什么；甚至还会有人在课上睡觉……

经了解发现藏族学生在以往学习中，从未接受过正规的美术技能训练，对美术方面的知识和技能缺乏基本常识。从而造成学生害怕上美术课，甚至还有学生对美术学习的厌恶、逃避情绪。这些情绪不仅影响学生在校美术学习的成效，还会因美术能力不够而无法适应将来的工作岗位。基于学生薄弱的美术基础，立足改变学生美术学习状况，笔者进行了相关教学探索。

二、实施目标

根据果洛学生实际情况，教师要及时改善教学理念，帮助学生制定学习计划，教学中注重与学生生活经验紧密关联，在积极的情感体验中培养学生观察能力、想象能力和创造能力；其次要改进教学方法，引导学生由被动转为主动学习，激发学习积极性；优化教学内容，先安排简单易学的内容，增强自信，渐进发展；改变评价方式，使学生成为评价主体，根据学生能力差异，进行分层评价，让每位同学都获得成功感。

三、实施过程

在以往的传统教学中，过于强调对学生知识的传授，在课堂上采用"填鸭式"教学方法。造成学生学习被动，积极性不高，缺乏对学习重要性的认识。此外在教学中，很少能将课堂上的知识向课外进行延伸。这些不但影响了同学们审美能力和创造能力的提升，学习美术的价值和意义也没有得到相应的体现。如今在素质教育理念的影响之下，出现了全新的现代美术教学理念。它彰显学生学习主体地位，教师引导学生独立思考、制定学习计划、提出问题并解决问题。在现代美术教学理念的引导下，把自主合作探究学习的教学模式运用到教学中。引导学生围绕学习任务，开展积极主动的探讨和研究活动，进行独立思考、自主探索、相互研讨、提出见解、发现规律的学习过程。这种自主探究学习模式是新课程改革所倡导的一种有效而又十分可行的学习方式，不但加强了师生间的交流和互动，提高学生学习的积极性与主动性，而且满足了果洛民族班美术教学的现实需求，更好地完了成学习任务。

这个探究活动采用的是小组合作的模式，学生可根据需要自由组合，主动地建构新知，能同时培养学生自身的学习能力和团结协作能力。最后运用评价量规对同学们的研究成果进行分层评价。这样每位同学都能从中收获成功感。下面笔者以花卉单元课程的教学为例，具体论述自主探究模式在果洛民族班简笔画中的运用。

（一）出示学习范例，明确研究步骤

1. 确立研究方向

在任务开始之初，教师出示研究内容——简笔画花卉的设计与应用。

先组织学生就设立的项目进行讨论，引导其选择自己想要研究的方向。

果洛民族班学生以后要到幼儿园或学前教育机构工作，工作中她们需要完成美术教学、环境装饰设计等任务。这些任务的完成就要用到简笔画技能。同时简笔画技能训练是绘画部分中最简单、最易上手的内容。针对果洛民族班学生的学习基础而言，是最适合先学习的内容。而且选择她们在家乡生活中接触过的花卉内容，使其能更快融入学习中，激发她们的学习兴趣。

根据这个教学内容的设立，教师运用演示文稿的形式向学生出示了"简笔画花卉的实际运用"这个研究主题的学习范例，提示大家将开展以"简笔画的形式绘制花卉，并运用于幼儿园工作中"为主题的项目学习。告诉学生如何通过对实物花卉进行观察、到图书馆查询资料、利用互联网上的 DIIGO 与 GOOGLE 等工具，进行信息收集与整理等资料收集方法。引导学生总结研究的内容，例如：了解花卉中有哪些种类常用于简笔画的绘制；简笔画绘制花卉有哪些方法；简笔画花卉可以用于以后哪些工作中等相关内容。并进行项目小组的自由组合，组长指导组员进行角色分工，每组通过设立的博客与项目外的朋友互动与协作。确定小组研究方向，最后向大家展示自己的研究成果，进行自评和互评。

通过这样的方式学生可以对自己所要研究的项目是什么，过程和方法有哪些，以及最后如何进行成果体现，有了一个初步的了解。虽然学生对所学内容还知之甚少，但都能认真参与讨论。通过这个步骤，激发起了学生学习积极性。

2. 设计单元计划单

接下来教师引导学生设计学习任务单元实施计划单。在这个计划单中详细罗列学生在单元研究开始前所要做的准备、单元进行中所需要进行的工作以及单元结束后如何进行成果展示的详细步骤。希望学生通过这个任务单可以对自己具体需要做些什么事情一目了然，避免无从下手或盲目乱做的问题。

（二）引导合理分工，开展前期工作

学生对研究项目大致有所了解以后，进行自主科学分组、合理搭配。一般情况下合作小组以4人为宜，遵循"组内异质，组间同质"的原则。组内异质,就是根据学生不同的能力组合在一起,让她们互相协作,便于组内互相交流与合作。比如有信息技术能力较强或手机软件运用较好的同学,教师就指导她们进行资料收集和PPT制作工作;表达能力强的同学,则指导她们承担汇报成果的任务;有的同学绘画能力比较好,就担当作品绘制任务;而组织能力强的同学,则担任组长一职。而组间同质,就是每个组的综合能力都大体相似,这样则有利于开展组间公平竞争。

在某种程度上尊重学生意愿,根据学生的知识基础、学习能力、兴趣爱好、心理素质进行综合考虑,然后搭配成若干学习小组。此外,各小组成员保持相对稳定,一般不随意变动。还可将班级行政小组和合作学习小组合二为一,使课内课外形成一体,让小组成员互相帮助、优势互补,增强小组成员的集体观念与集体荣誉感。

（三）运用现代教学手段,进行研究学习

1. 设计研究计划,进行社会调查

以小组为单位设计研究计划。依据单元计划设计研究计划,罗列时间节点,以及人员分工等事宜。

落实计划的第一步就是引导学生进行社会调查。可以通过网络查询或参观访问幼儿园、学前教育机构等方法,具体了解简笔画的实际用途。指导学生根据预先制定好的计划,进行有目的的调查、总结,为下一步的研究工作做准备。

2. 建立交流小组,进行资料收集研究

在上一阶段任务完成后,就要指导学生建立自己的交流平台,进行小组内部收集资料以及绘制图例展示交流讨论。鉴于有些学生平时没有电脑可以上网找寻资料,有些学生对信息技术还不够了解,教师对学生运用手机上的QQ或微信建立自己的小组群,以及如何用手机找寻资料,进行了培训。这样大大地提高了学生研究的热情,提升了研究水平。

在这个过程中,组长组织组员们对彼此收集的资料,绘制的相关图例以及参与讨论的次数态度等方面,进行自评、互评。教师也对每位学生的态度,研究参与程度进行打分,从而督促所有的学生都积极参与研究。

（四）建立平台,研究成果展示

通过一段时间的交流以及资料的收集,每个小组都基本拥有了自己的一些研究成果。教师建立一个平台，帮助学生展示自己的研究成果。在实践中，笔者鼓励学生将研究成果制成 PPT，图文并茂地展示给大家；将绘制好的作品上传到 QQ 群、微信群等，与别人分享；在教师组织的研究成果汇报会上以作品的形式展示。

（五）运用量规，互动评价

在最后的研究成果汇报时，教师提供给大家一个评价量规。在这个评价量规里，分别对演示文稿和汇报作品的评价明确了分层标准。演示文稿可以从内容体现、版面设计和资源引用三个方面进行评价。在成果作品展示部分，可以从理念体现和绘制质量等方面进行评价。评价分为优秀、良好和需改进三档。例如：在内容体现方面做到内容详细并有条理地反映了所搜集的内容，通过演示文稿能反映小组研究课题的思路和方法的就可以评为优秀；比较详细有条理地反映了所搜集的内容，通过演示文稿能反映小组研究课题的思路和方法的评为良好；对所搜集的内容有所反映但不够详细，没有反映小组研究课题的思路和方法的就评为需改进。

引导学生运用这个评价量规，互相评价，互相鼓励，大大提高了其自信心，收到了意想不到的效果。

四、实施保障

（1）组织保障。成立学习小组，4 人为宜，遵循"组内异质，组间同质"的原则。有信息技术能力较强或手机软件运用较好的学生，进行资料收集和 PPT 制作工作；表达能力强的学生，承担汇报成果的任务；有的学生绘画能力比较好，担当作品绘制任务；组织能力强的学生，担任组长一职。

（2）制度保障。每位学生都要认真参与到研究学习，教师根据每位学生的学习态度、成果展示的成绩，进行评价。

（3）外部支持。学生要会运用简单的信息技术、要有电脑或手机等上网设备、会用 QQ 或微信等交流平台。

五、特色与成果

经过多年民族班简笔画教学探索，笔者在教学中主要进行了以下探索：一是结合学前教育专业未来的工作环境，设立教学任务情景，合理设定任务情景,让学生在做中学,学中做;二是结合民族班学生在简笔画中的最近发展区,给出降低其学习简笔画难度的方法,提高其学习简笔画的兴趣;三是结合民族特色进行简笔画教学,增加学生学习简笔画的亲近感;四是在教学中,将绘制简笔画的方法,化繁为简以口诀法的形式让学生便于记忆和消化所学的知识。

通过3届果洛民族班的教学工作,帮助学生们建立了学好美术科目的信心。也获得了一些成绩:①辅导的2016学前9班的卓玛措同学,获得了第十三届全国中等职业学校"文明风采"竞赛全国比赛三等奖;②辅导的2016学前9班的卓玛措同学,获得了第十三届全国中等职业学校"文明风采"竞赛上海市复赛一等奖;③辅导的2016学前9班的泽布同学,获得了2017年浦东新区第十三届学生艺术节绘画作品比赛中学组三等奖;④辅导的2016学前8班的周措同学,获得了浦东新区第二届"文化根·民族魂·中国梦"中小学生书画活动中学组绘画二等奖;⑤辅导的2016学前9班的周措同学,获得了浦东新区第三届"文化根·民族魂·中国梦"中小学生书画活动中学组绘画比赛一等奖;⑥辅导的2016学前9班的卓玛措同学,获得了2018年浦东新区学生艺术单项比赛银奖;⑦辅导的2016学前9班的德金措同学,获得了2018年浦东新区第十四届学生艺术节"阳光天使"杯工艺作品比赛二等奖;⑧辅导的2016学前9班的夸着措同学,获得了2018年浦东新区第十四届学生艺术节"阳光天使"杯绘画作品比赛三等奖;⑨辅导的2016学前9班的罗吉同学,获得了2018年浦东新区第十四届学生艺术节绘画作品比赛三等奖;⑩辅导的2016学前9班的卓玛措同学,获得了2018年浦东新区第十四届学生艺术节绘画作品比赛二等奖。

六、体会与思考

通过自主探究学习模式的尝试,调动了学生学习积极性。每个学生都积极主动地去探索、去学习。培养出来的自主学习能力是学生学会求知、学会学习的核心,学生还会举一反三到其他内容的学习中。无论是知识、技能方面,还是学习能力方面都得到了提高,综合素质也上了一个新的台阶。

教师的教育教学质量和自身的专业素质也得到了提升。在教学中关注并发展了学生的个性和独创性，给学生以广阔的思维空间。在以后的教学中，笔者将从学生未来的发展实践出发，大胆地进行教育教学的改革和创新，不断地在教学中提升自己，不断去研究探索新的教学方法，努力提高不断进步。

参考文献

[1] 林美华.再探合作学习在美术课堂中的应用[A]//中国管理科学研究院教育科学研究所.2020年现代教育技术研讨会论文集（二）[C].中国管理科学研究院教育科学研究所:北京恒盛博雅国际文化交流中心,2020:2.

[2] 吴春平.高中美术特长教学中小组合作学习的运用[A]//教育部基础教育课程改革研究中心.2020年"教育教学创新研究"高峰论坛论文集[C].教育部基础教育课程改革研究中心:教育部基础教育课程改革研究中心,2020:1.

[3] 贺娟娟.中职美术教学有效性的提高[J].科学咨询(科技·管理),2019(09):116.

[4] 张鑫慧."任务驱动"在初中美术"综合·探索"学习领域应用研究[D].广州：广东技术师范大学,2019.

德育渗透在啦啦操教学中的实践探究

上海市新陆职业技术学校　张华

【摘　要】啦啦操运动是一项年轻而富有生命力的体育运动，其自身在课堂教学中具有很强的德育特性。本文借助国家课改的背景和学校啦啦操教学的现状，就啦啦操教学中如何进行德育渗透进行了实践探究。通过分解具体任务，增强表达沟通；创新教学形式，激发协作能力；实施综合体验，培养鉴美志趣等阶段展开实施，获得了一定的教学成效。后续将就如何形成规模课程，拓宽中职生参与范围，发挥教学特色，丰富啦啦操德育渠道进行思考。

【关键词】德育渗透　啦啦操　教学　育人价值

一、实施背景

(一)啦啦操教学改革的概况

目前，许多学校都进行了体育教学改革。在普修课的基础上开设了专项选修课或者社团拓展课，在选修课和社团拓展课上，学生可以根据自己的兴趣爱好，选择适合自己的运动训练项目。由于啦啦操运动是融音乐、体操、舞蹈为一体，具有健身、健美、健心等作用，所以深受广大学生的喜爱。该运动对学习的群体内各成员具有强烈的凝聚力、约束力和推动力，对其他学生也具有强大的识别力、辐射力、感染力、征服力，属于一项基于团队形式的体育项目。通过开展啦啦操专项课的教学，不仅可以增强学生的体质，激发学生的体育兴趣，还能够培养和提高学生的综合能力。

自2014年起，教育部体卫艺司和国家体育总局体操运动管理中心联合在全国中小学推广校园啦啦操项目，学校在此大背景下，根据实际情况，积极开展校园啦啦操的教学。在2017—2020年最新版《全国啦啦操竞赛规则》中提道："啦啦操运动是充分展示团队高超的运动技巧、体现积极向上的团队精神、追求最高团队荣誉感的一项运动。"通过几年的教学实践，笔者也深深体会到啦啦操运动在中职校开展的必要性和重要性，该项运动不仅能强健体魄，塑造良好的形体，还能培养学生吃苦耐劳、团结协作的高尚品质，并能通过学习、训练、比赛等过程对学生进行德育渗透，促进中职生的身心健康发展、塑造良好人格，提升综合素养。

（二）啦啦操教学中存在的不足

在啦啦操教学过程中，大部分教师仍然选择了诸如讲解法、重复法和示范法等传统的教学方法，对启发式、情景式、研究式等方法使用频率较低，忽略了学生道德意识、审美意识的培养。在啦啦操教学中，学生是主体，教师是引导者，再加上啦啦操教学具有很强的实践性，要求教师在教学方法和手段的选择上，采用新颖的、贴切的教学方法和手段。从而更好激发学生的学习兴趣。丰富多变的教学方法和手段，使学生更好习得技能的同时，感受到团队协作的精神，拥有积极向上的精神风貌，具备互助协作的能力。

二、实施目标

基于当前学校啦啦操教学中的现状，笔者借助课堂教学的一些改革措施，充分发挥啦啦操的育人功能，达到以下三点目标：第一，学习啦啦操课程项目，习得啦啦操项目的基本技能，提高自身审美能力和音乐审美能力，强化自身动作美和形体美；第二，学习啦啦操的过程中，强身健体，感受体育文化的魅力和精神所在，锻造克服困难、善于拼搏、积极向上的精神与意志，不断完善自身个性发展，提高学习状态和强化自身人文素养；第三，在啦啦操课程中融入思想政治元素，进而在教学中过程中不断提高思想道德教育水平，完善思想道德素质，实现精神生活和物质生活的全面发展。与此同时该项目讲究团队合作，在技能训练中，还能培养学生的团队合作能力，相互鼓励、共同进步，让学生在集体生活中逐渐养成良好的行为习惯，建立健全人格，从而热爱生活、热爱运动。

三、实施过程

（一）分解具体任务，增强表达沟通

交流是从表达开始的，表达能力的高低决定了交流的广度与深度。表达能力主要包括口头表达能力、文字表达能力、数字表达能力、图示表达能力等。通过开展啦啦操专项课的教学，以任务为载体，为学生提供上台讲解的机会。在具体实施中，结合不同人物邀请学生讲解动作要领。由于面对的是同班或同年级的学生，故能相对容易的克服发言紧张和恐惧心理。加之啦啦操课堂的气氛轻松活跃，所以学生在表达自己的思想、感受时可以较为灵活、轻松。此外，学生在锻炼身体的同时，可以互相探讨、互相交流，从而提高了表达能力和交流能力。指导教师通过让学生在课后用图解和文字表述所学的动作组合和套路等内容，对学生的文字和图示表达提供了训练的机会。

（二）创新教学形式，激发协作能力

以创编组合队形为例，将学生分组，每组根据基本组合动作，创编动作队形，要求队形合理流畅，美观新颖，组员们要集思广益，团结协作。在不断创编和改进的过程中，学生们学会了沟通交流、组织配合、团队协作、探索创新等。学生的能力得到了锻炼和提高。由于体育教学的自身特点，学生之间相互交往和交流的机会很多。如果能够选用合适的体育课教学方法，对于学生组织协调能力的培养和提高是非常有利的。例如，在啦啦操教学中，采用分组练习时，各组组长就有了领导和组织学生练习的机会，在组织练习的过程中，组织和协调的能力就得到了锻炼，能够充分发挥自身的才干和学识。为了让更多的学生得到锻炼，可以在教学中将固定组变为临时组，组长轮流做，发展学生的多向交往能力，使他们能够在新生组合中互相感染、互相激发、学会协调人与人之间的关系，培养组织协调能力。

（三）实施综合体验，培养鉴美志趣

啦啦操是一项健与美相结合的运动，在教学过程中，蕴藏在教学内容中的美能够通过教师的示范，以及学生的练习得以表现，使教学美与体育美完美结合，这是其他教学所不能及的。培养学生的审美能力可以从音乐和动作上入手，通过播放不同节奏类型的音乐，让学生体会音乐的风格，鼓励学生根据自己所理解的音乐，想象与音乐相融合的动作，使同学们能够在课上体会到音乐美。当然，学生如果能很好地理解音乐的风格，对于学习啦啦操的动作也是十分有益的。例如，校园啦啦操中的街舞啦啦操部分，当学生听到 hip-hop（街舞）的音乐，就会很自然地弹动双膝，做起动作

来刚劲而不失弹性。这种感觉就是来自对音乐的理解。总之，无论是爵士啦啦操、花球啦啦操、街舞啦啦操，还是自由舞蹈啦啦操，都能充分体现创新的编排、优美准确的动作表现、流畅的过渡连接、难度的完美完成和多样的队形变化，学生通过成套动作的学习，给其带来艺术和运动美的享受，并且直接感受到力与美的和谐、形体美与心灵美的融洽，同时还能从身体的各种运动中体会到人体的自然美，学生在感受美、体验美的同时，也学会了创造美和鉴赏美。

总之，啦啦操运动的德育核心是强调通力合作、集体至上的团队精神、协作精神、服务精神和大局意识。团队精神的核心是协同合作，学生们在学习啦啦操的配合动作、托举动作和队形变化等一系列动作时，需要队员之间的密切配合，协同合作。课堂上通过分组合作、小组竞争的教学形式，使学生在练习时体验到作为一个集体项目，讲求的是整体的动作体现，实力的展示。学生们会有意识地在练习过程中形成强烈的团队协作意识，提高团队协作能力，增强团队合作精神。

四、实施保障

(一)学校重视德育教育,营造良好育人氛围

校园体育文化是学校教育的重要组成部分，中职学校旨在培养德、智、体、美、劳全面发展的建设人才，担负起建设美丽中国、实现民族复兴的重任。学校高度重视校园文化建设中体育文化的价值，以及学生德育工作。与此同时，啦啦操运动的开展又能丰富校园文化内涵，助推中职校园体育建设的开展。此外，啦啦操运动的特点与"体育强国"战略精神实质相契合，具有重要的现实意义。

(二)教师专研德育渗透,强化内外资源融合

学校教师全面贯彻党的教育方针，落实立德树人根本任务，无论在课堂教学中还是在课外社团指导中，时刻关注德育元素的渗透，形成协同育人效应。啦啦操指导教师们也积极利用校内外资源，组建联合教研团队，加强教研活动，讨论教学方法手段的创新。通过带领学生积极参与各类啦啦操比赛的实践活动，将德育元素渗透在日常教学与指导的过程中。

（三）认真落实教学计划，有效实现育人目标

根据学校自身所有的啦啦操课程资源，结合学生的年龄特点和发展潜力，制定科学合理的教学计划，并在教学过程中帮助学生解决思想问题和处事问题，及时交流并丰富课程内容。在课堂教学过程中，以小组为单位开展教学活动，并配合适当的奖惩机制帮助团队激发协作精神，根据学生的学习情况和思想素质发展对学生的整体情况进行评分或者奖励。

五、特色与成果

（一）德育渗透助推啦啦操教学成效

学校从2009年开始成立校健美操社团，学生在社团中进行健美操、啦啦操、健身街舞、爵士舞蹈等相关内容的学习和训练。随着啦啦操项目的蓬勃开展和迅速推广，啦啦操比赛和表演项目逐年增多，要求也逐年提高，对学生技能掌握的程度也随之增加。由于训练时间有限，要想在有限的训练时间内尽量学到更多的表演内容和比赛套路，必须想方设法提高学生的学习效率和训练效果。要提高学生的思想重视程度，提高其学习的主动意识，需要从团队建设上下功夫，让学生有集体荣誉感、责任意识、团队精神。通过对学生进行任务分配和合作互助式训练模式的探索和实践，笔者发现在教学和训练中对学生进行德育渗透，不但提高了学习效率，还增强了学生的综合能力，为其终身发展奠定了重要基础。

（二）教学变革增强学生学习获得感

针对体育课程的特性变革啦啦操教学，将课堂交还给学生，使学生在学习和训练的过程中有所收获：通过任务分解，培养学生良好的表达沟通能力；通过协作互助，提高学生灵活的组织协调能力；通过综合体验，提升学生独特的鉴赏审美能力；通过凝心聚力，增强学生强烈的团队合作精神。在具体实践中，学生的技能水平在逐年增强，健美操社团连续十年荣获浦东新区、上海市阳光体育大联赛健美操啦啦操一等奖、多次荣获国家级奖项，受邀参加各级各类展演五十余次，被评为浦东新区明星社团、数十位学生因为啦啦操比赛获奖而获得免试升入高校的资格。

六、体会与思考

（一）形成规模课程，拓宽中职生参与范围

体育思想素质教育课程是根据体育自身的文化和学生思想素质教育融合而来的体育课程，它并不是通过思想政治教育课来替代体育课实现的，而是通过帮助学生提高协作能力、审美能力、团队精神等的体育思想素质教育课程来实现的。啦啦操教学能够很好地渗透德育内容，通过开展校园啦啦操教学，在教学中有意识地对学生进行德育渗透，培养学生的综合素质，提高其综合能力水平，使之在未来的社会生活、就业中发挥更大的优势，为社会创造更大的价值。因此，在社团的基础上，未来的努力方向是更加系统地组织课程资源，序化课程内容，由教学项目转化成更加规范的啦啦操选修课程，使其惠及更多中职学生。

（二）发挥教学特色，丰富啦啦操德育渠道

啦啦操运动是集体项目，参与此项运动必须树立合作共赢理念，养成团队协作的习惯。随着社会的发展，年轻一代的思维模式和关注点更倾向于个体的"我"，对于集体合作产生的强大力量认识不足。然而缺乏团队合作精神对学生的未来发展是极其不利的。因此充分发挥啦啦操教学的特色，让学生看到团队的力量，进而在团体中找准自身定位。学生在日常排练过程中，学会融入集体，互相鼓励，团结协作。参与啦啦操运动，还可以充分彰显个性，表现当代中职生自信张扬、勇往直前的精神面貌；参与拉拉操比赛，能大大提升学生的集体荣誉感和归属感，真正体会到与他人合作的重要性和必要性，进而培养团队意识与合作精神。

虽然啦啦操教学在体育思想素质教育中具有一定的挑战性和特殊性，但通过师生的有效互动与实践，在不断发展的过程中丰富德育渗透的渠道，能培养学生的审美情感、乐观精神、团结合作意识和创新能力等，让啦啦操这项年轻而富有生命力的体育运动在中职校园文化建设中蓬勃发展。

参考文献

[1] 吕慎."体育强国"视域下啦啦操运动进中职校园的战略定位、现实功能与可持续发展策略[J].学校体育，2020（5）.

[2] 李文潇.啦啦操的独特魅力及其校园育人功能[J].开封文化艺术职业学

院学报，2020(11).

[3] 任志梅.啦啦操教学对职校学生自信的影响作用探讨[J].江西电力职业技术学院学报，2020（2）.

英语教学与思政教育相结合的策略研究
——以"中本贯通"英语例句教学为例

上海市新陆职业技术学校　李华菊

【摘　要】英语课堂教学中词汇教学离不开例句，恰当的例句能让学生很好地领会和把握词汇的语义特征和用法特点，词汇教学举例时可以把思政教育贯穿其中，能达到事半功倍的效果。采取的四个策略分别为：相关性策略、时代性和联系现实性策略、教育渗透性策略和文化性策略。

【关键词】例句　思政教育策略

一、实施背景

本届中本贯通的孩子都是"00后"，他们学习能力强、思想开放、可塑性强、容易接受新鲜事物，但缺乏认识事物、辨别是非的能力。他们生活在思想开放、舆论多元化、网络和社交媒体高度发达的各种信息充斥生活的大背景下，很容易受到多元文化思潮及各种思想观念的影响。因此，在学生的人生观、世界观的形成过程中特别需要正确的引导。加上"00后"学生自我意识比较强，自信、张扬，合作意识淡漠，抗挫折能力比较弱，不愿意接受严厉的批评和空洞的说教，而课程思政就是把思想引领融入每一门课程教学中，在知识传播、能力提升的过程中，潜移默化地对学生进行价值观、人生观的引领。而词汇是最基本的语言学习结构。"没有语法，人们可以传递一点点信息，而没有词汇，人们则无法传递任何信息"，英国著名语言学家威尔金斯(D. A. Wilkins)曾这样肯定词汇学习的重要性。老师在英语课堂进行词汇的教学时，离不开例句的选用。新课标提倡词汇教学要重视对词汇深层含义的理解，也要重视语境的支持，重视文化的影响。例句法就是一种实现新课标词汇要求的很好的方式。虽然中本贯通的学生英语水平比普通高中的要弱一些，但课堂上我依然用高标准高质量的备课精心组织教学，抓住一切有利的时机对学生进行人生观价值观的积极渗透与培养。

二、实施目标

"学前教育中本贯通"七年一贯制的人才培养,不是简单的两个阶段课程和时间的叠加,而是经过慎重思考的综合设计。课程设置力求体现出中本贯通专业的逻辑性、连贯性、提升性;实现文化课、专业课、实践实训环节的贯通;所以英语教学选用是和普通高中一样的牛津教材。作为一门文化基础课,英语既是工具课也是通识素养课,承载着落实立德树人根本任务、发展素质教育的功能。但长期以来,受课时有限、大班统一授课、评价方式单一等诸多因素的影响,英语教学普遍存在"重语言轻文化、重知识轻思想、重结果轻过程"的现象,课堂教学目标以知识、技能、方法的掌握为主,忽视学生情感态度价值以及核心素养的培养。因此,如何促进课堂中知识传授和价值观有机统一是亟待解决的问题。

三、实施过程

以下是我结合自身的理论学习和教学经验,以牛津英语高一上学期第一课《Body Language》中的词汇为例谈谈组织高质量例句教学和思政教育相结合的四个策略。

(一)相关性策略

教师在选择例句时应该尽量使用学生学过的尤其是刚学过的重要的词和词组,做到温故而知新,知新且温故。同时,例句要符合学生特点,同时还要注重句子的思想内涵。如在学习 More Reading《Eye Contact》里的词汇 consider 时,老师就可以复习课文中的词 the senior employee, well-dressed, 例如:

The senior employee is considering devoting more time to educating the college graduates. 词汇搭配强调 consider doing.（那名高级职员正考虑花更多的时间引导教育那些大学毕业生。）

The well-dressed lady was considered to be the most generous in the agency.（那位衣着讲究的女士被认为是这个机构最慷慨的人。）

例句中要尽量出现目标词的运用和使用规则,包含引导学生积极向上的正能量。同时还要拓展出它的各种派生词、近义词、反义词以及固定搭配。依然以 consider 为例，它的派生词有 considerate, consideration, considerable, 近义词有 think over, 反义词 ignore，常用搭配有 be under consideration, take something into consideration, it is considerate of you……

例　如：When greeting customers Debbie took her body language into consideration while Simon ignored his. (当问候顾客时，Debbie 会考虑她的身体语言而 Simon 却忽略掉。)

It is very considerate of you to offer me so much assistance. (给我这么多的帮助，你真是太好啦。)

以这种方式学习和运用这些例句会给学生留下深刻的印象。

(二)教育渗透性策略

老师在举例时，要关注例句内容的内涵，注重其内涵的广度、深度和表现力，帮助学生们从中更好地把握词汇的意义，也更有助于他们情感态度的健康发展。从这个层面上来说就把对学生的教育和教学统一起来了，把德育教育渗透在英语教学之中了。

例如：It is polite to maintain eye contact with others while it is rude to stare at others during a conversation.（对话时和别人进行眼神接触是有礼貌的，而盯着别人看是粗鲁的。）这个例句即教会了学生与人交往的基本礼仪，也把新词 maintain, eye contact, stare 和 rude 结合在一起使用，使得学生对新词的掌握更加清晰牢固。在讲到 lack of 时，我用了例句：Scientists warn us that a lack of certain kinds of food is dangerous, especially for children. (科学家警告我们说缺乏某种维生素是危险的，尤其是对于孩子。) 教育孩子们平常饮食一定要平衡，不能偏食、挑食。而 Those who show respect for others will be respected as well. (那些尊重别人的人也会得到别人的尊重。) 教会孩子们要想获得别人的尊敬必须要先尊敬别人。在学到 concentration 时，我拓展了它的动词形式 concentrate 以及与之相应的词组 concentrate on doing sth 以及 concentrate one's effort/mind/ attention on sth, 并让学生翻译：那些课堂上集中精力学习的学生在将来更容易获得成功（Those who concentrate their attention on their studies in class are more likely to achieve success in the future.)来激励学生要努力学习。

例句的宽泛性和教育性有助于改善和发展学习者的词汇能力,有助于他们触类旁通地领会和运用词汇知识,并在此基础上对词汇之间的广泛联系和组合搭配做出较为准确合理的挖掘、提炼和引申,也有助于学生在以后的写作中加以利用。

（三）文化性策略

"语言的底座是文化,词汇结构、语意结构和搭配无不打上该语言社团文化的烙印。"语言的学习同时也是在学习文化,所以学习词汇时列出的例句一定要体现出该语言的文化特性,尤其是文化差异对比,提高学生对中外文化差异的敏感性。例如,在学习 avoid 时,我比较了东西方人在进行语言交流时需要眼神接触和眼神回避的不同之处。

In western cultures, maintaining eye contact in conversation is necessary.（在西方国家对话时保持眼神接触是必要的。）

In many Asian cultures, avoiding eye contact shows respect when talking with anyone in authority or with anyone older. （在亚洲国家和权威的人以及年长的人谈话避免眼神接触表示尊敬。）

在讲到 remark 时,适逢美国大选,媒体有大量的有关特朗普的报道,我给了学生一道翻译题：媒体评价特朗普不是一位政治家而是一位商人。学生们都翻译成 "the media remarks that Trump is not a politician but a business man." 汉语中的"政治家"是翻译成 politician 吗？ Politician 这个词在美国英语中,往往有很强烈的贬义色彩,引起别人的蔑视,它指的是为谋取个人私利而搞政治、耍手腕的人。这个词还有"精明圆滑的人"（smooth-operator）之义。汉语"政治家"这个词应译为 statesman,在英国英语和美国英语当中都很贴切,statesman 主要表示善于管理国家的明智之士。这些带有浓郁的中外文化差异的例句让学生觉得语言学习不再那么枯燥,学生在以后的自我学习和阅读中会不自觉地关注文化差异。

（四）时代性、联系实际性原则

词汇教学所举例句要能够与时俱进,贴近生活,多联系社会实际和学生生活,并选择时代感强烈的例句,这样让学生觉得英语离自己很近,印象深刻。在帮助学生关心国内外形势,增强教学的时代感的同时,也让学生感到语言鲜活有意义,使他们不自觉地受到思想品德方面的教育。如 you are a lucky dog if you have an opportunity to attend the opening ceremony of the World cup。（如果你有机会参加世界杯开幕式你真是太幸运啦。）A lucky dog 的表达让学生感到新鲜有趣。讲到 attention 这个词时，我会说 As a teacher I should pay attention to mu behavior, and so should we all.（作为老师我应该注意我的行为，我们都也应该这样。）联系到现在的垃圾分类：we are glad that now more and more people are paying attention to the protection of the environment.（我们很开心越来越多的人正在关注环境的保护）扩展到学生的学习和听讲：If you pay no attention to what the teacher says in class you will fail in the exam.（如果你不注意听老师讲的，你就会考试不及格）这几个例子都很贴近学生生活，贴近实际。

四、实施保障

词汇教学中渗透德育教育和思政教育只是英语课堂教学中一个很小的切入口，作为教师很容易把这些策略运用到词汇教学的实践当中。

（1）授课方式保障。中本班的学生从职一年级人手一本高考英语词汇手册，在教授新词时我们会把书中的词汇和高考词融合在一起扩大学生的词汇输入。

（2）组织保障。整个教研组在词汇教学方面进行了整整两年的探讨与研究，组内教师相互交流相互学习，通过备课组的集体备课把这些思路贯穿运用到实际的教学当中。

（3）育人宗旨保障。课堂教学还包括语法教学的举例、阅读篇章中思政教育以及单元教学的专题教育等，由点带面由浅入深层层递进，帮助学生学习语言知识，提高学生的语言能力和文化素养的同时也不忽略对学生进行思想道德教育，这也是教育"育人"的宗旨。

五、特色与成果

（1）教科研成果。在英语教研组研讨词汇教学的两年中，组内多位教师在词汇教学方面取得了突出的成就。有四篇教科研文章发表在《浦东职教》和《浦东教学研究》上。有对读前词汇教学和语块词汇教学的探索，有对语境词汇教学的思考，这些成果都结合当前的思政教育，把语言教学和思想政治教育完美地结合起来，收到很好的效果。

（2）学生成绩。我校中本班级的英语在历年的高考成绩中名列前茅，尤其是2021年毕业的中本班英语成绩在全市同行业中名列第一第二名。

（3）辅助教材的开发。中本班学生的基础水平相对于普通高中的学生较弱，市面上没有合适的辅助教材和练习来加强巩固学生的知识习得。我们结合高考英语词汇和三校生词汇编撰了适用于中本贯通学生的词汇册，并一一列出词块和例句，例句都严格贯彻例句运用策略来实施。

六、体会与思考

（1）词汇例句教学是从整体着眼运用各种策略的同时对学生进行思政教育。实行中本贯通是培养优质学前教育人才的一种有效途径，中本贯通教育中的基础教育强化人文素养，重视专业能力培养，实现知识、技能及态度并重，道德修养与职业素质同步提升。而语言教学中尤其是例句是英语课堂教学中最常见的具有语用价值的媒介，它联系教师信息源与学生信息接受库两个语言空间，所以，在词汇举例中，教师要从整体效果着眼，综合运用各种策略，集趣味性、启发性、科学性、思想教育性、文化性和激励性等特点，激活学生的智力潜能和激发学生的学习兴趣。

（2）词汇例句教学不能和整体语言教学割裂开来。学生对词的掌握是通过感知理解和运用来实现的，作为教师首先要钻研教材、大纲和教学理论，把教法和学法统一起来，把握词汇教学的方向、重点和难点。所以我们不能撕裂性地教词汇，因为侧重词汇会削弱或者完全割裂语言教学的整体性和系统性。因此，我们在对学生进行词汇例句教学时不仅关注学生的思想教育，更要注重和英语整体教学的结合。

参考文献

[1] 李娟. 从词汇层面看英汉文化差异[J].湘潭师范学院学报：社会科学版，2007(5).

[2] 束定芳,庄智象.现代外语教学：理论、实践与方法[M].修订版.上海：上海外语教育出版社，1996.

青海果洛民族班幼儿卫生保健学科
教学的实践与探索

上海市新陆职业技术学校 胡枫

【摘　要】"幼儿卫生与保健"是学前教育专业学生必修的专业基础课程,也是该专业的一门主干课程。《幼儿园工作规程》中的第五条列出了幼儿园保育和教育的主要目标,第一条便是"促进幼儿身体正常发育和机能的协调发展,增强体质,促进心理健康,培养良好的生活习惯、卫生习惯和参加体育活动的兴趣。"笔者结合青海果洛民族班的教学经验,针对学生的学习基础和特点,对本课程的教学内容、教学方法、学习评价方法及学生学习习惯等方面进行了探讨。

【关键词】对口支援　学前教育　中高职贯通　幼儿卫生与保健学科

一、实施背景

（一）学生情况

19学前 (9) 班是我校第一届青海省果洛州民族生学前教育中高职贯通班。班内24名学生来自青海省果洛州的不同地区,学生的学习基础有较大差异。有的学生能够熟练使用普通话;有的学生可以听、说普通话,但书写不熟练;有的学生在听说读写上都有明显困难。学生在开始学习"幼儿卫生与保健"课程之前,仅了解一些简单的人体健康知识,对于幼儿生理知识的掌握情况几乎为零。

（二）课程情况

随着学前教育行业的快速发展,对学前教育人才需求提出了很高的要求。

"幼儿卫生与保健"是学前教育专业学生必修的一门专业基础课程,也是该专业的一门主要课程。它是研究幼儿的机体与其生活和学习环境之间的相互关系,研究促进幼儿健康成长的卫生要求和卫生措施而制定的一门科学。《幼儿园工作规程》第五条列出了幼儿园保育和教育的主要目标,其中第一条便是"促进幼儿身体正常发育和机能的协调发展,增强体质,促进心理健康,培养良好的生活习惯、卫生习惯和参加体育活动的兴趣"。可见幼儿卫生保健知识的重要性。

本课程教材使用的是华东师范大学出版社2014年8月出版的《幼儿卫生与保健》。该教材由我校学前教育专业教师合力撰写,笔者也参与了编写,故对教材较为了解。该教材编写注重科学性、系统性,密切结合幼儿园的实践,有较强的应用性。

二、实施目标

由于新冠疫情原因,本课程的第一学期内容2019学前(9)班的同学们是在线上完成学习的。但由于学生的学习条件有限,出勤情况不是特别理想,最终仅有14名学生参与了期末考试。考虑到学生在我校学习三年后将升入西宁城市学院继续学习,而卫生保健课程的教学计划是在本校完成的,为保证学生的学习效果,2020学年第一学期又复习了一遍理论知识部分,学生基本了解了幼儿的生理特点和卫生保健方法、幼儿生长发育的规律的相关知识、营养素对婴幼儿生长发育的作用、幼儿膳食管理的相关知识。第三学期学习的轮岗实训部分是学生了解幼儿园工作的重要学习过程,包括幼儿常见疾病和传染病的种类、病因、症状、预防方法的知识及托幼机构意外事故处理的相关知识,这些也是保证幼儿在园健康安全的重点工作。全面学习"幼儿卫生与保健"课程能够为学生日后继续学习学前教育知识,进入学前教育领域做好幼儿健康保育工作打下基础。

三、实施过程

针对青海果洛民族班生源的学习基础和特点,教师有针对性地调整教学内容、教学方法及学习评价方法,并且关注学生学习习惯的培养。

（一）教师教学内容的调整

在民族班的教学中,基础知识的学习较其他班级更需要投入精力和时间。譬如学习意外伤害处理中需要学生了解清洁与消毒的概念,辨认清楚常用的医用材料及医用器具等,要请学生提前预习了解,并在课堂中反复巩固,以保证民族班全体学生都能跟上学习进度;另一方面,由于民族班学生较其他学生参与家庭劳动的时间相对更多,兄弟姐妹也多,课堂教学中选择实用性强、贴近生活的教学内容,学生有切身经历,更愿意参与到学习过程中,以达到教学目标。教学过程中,为避免语言基础薄弱的学生跟不上节奏,笔者还常配上相关图片,便于直观理解,再要求学生适当做记录,帮助学生跟上学习进度,同时锻炼其汉语书写能力。

【教学片段一】

师:今天,老师给大家带来了一段小视频,请大家仔细观看,然后告诉我,你们观察到了什么?

学生观看教师剪辑的《幼儿意外事故》视频。

师:同学们在刚才的视频中看到了些什么?

生:有个小朋友从滑梯上滚下来了。

生:小朋友摔跤了。

师:还有吗?

生:小朋友撞墙上了。

生:还有掉水里了。

师:很好,同学们观察得都很仔细。你们有没有自己或者兄弟姐妹遇到过类似的意外事故呢?

生:有。我小时候从楼梯上摔下来过。

生:我弟弟走路,走着走着就自己摔倒了。

师:同学们生活中还遇到过哪些意外事故?

生:撞车。

生:被热水烫到。

生:被狗咬到。

师:同学们举出了很多例子,让我们来看看这里的图片里还有哪些意外。

教师展示幼儿意外事故图片,引导学生说出事故类型和发生意外的原因。

在教学片断中,笔者请学生结合自己的生活经验,如有弟弟妹妹发生意外事故的情况,让学生对学习意外伤害处理相关知识更加重视,引起学习兴趣。

(二)教师教学方法的调整

民族班教学中,少采用讲授法,多采用演示法、观察法、练习法等,能减少语言隔阂,便于果洛学生理解,提高学习效率。"理论是练习实际、加强运用的'制高点',应用是联系理论、解决实际问题的'着手点'。"在以往的教学过程中,笔者侧重于打好理论基础后,再进行实践,从而实现知识向能力的转化。教学设计和实施中常采用一节课讲解理论知识,一节课实训操作的方式。最初进行民族班教学时,发现学生会参与"听讲",但实际接收到的知识却远低于预设。教学中,笔者将浅显易懂的理论知识穿插进实训教学中,配合情景模拟操作,帮助学生体验如何应对幼儿园环境中发生的各种事件,培养学生以耐心、细心、爱心的态度对待幼儿。

【教学片段二】

师:幼儿在活动中最常见的一种伤害就是摔伤,摔伤一般有哪些表现呀?

生:疼。

生:出血。

师:同学们说得很对。那么宝宝摔伤后,你们会怎么处理呢?

生:吹一吹。

师:宝宝都出血了,吹一吹好像不是很有用呢。再想想。

生:把血擦掉,贴创可贴。

师:这个方法有点用,但是不是最好的。接下来,请同学们看老师演示的幼儿摔伤后小外伤的处理过程。老师要请一名同学扮演幼儿,其他同学要仔细观察,看看我们要使用哪些材料以及如何完成处理的操作。

教师请一名同学上台,进行表演。

师:小明同学,你摔到啦?小心点,老师扶着你,找个椅子坐下来。让老师看看哪里疼呀?

生:左腿疼。

师:好的,老师看看其他地方有没有摔到。(查看)没有。这点小伤我们不怕,老师来帮处理你。(边口头说明边完成操作。)取干净毛巾,凉开水,棉签,红药水,干净纱布,创可贴等材料。给某某同学用凉开水冲洗伤口，用干净毛巾清洁伤口周围，用棉签轻轻清洁伤口，去除表面粘到的污物。观察伤口。如果伤口较小、较浅，出血较少，可以换一根棉签，蘸取红药水，在伤口表面轻轻涂抹消毒伤口，自然风干。如果伤口较大或出血较多，用棉签涂上红药水消毒后，用干净纱布覆盖。好了，老师处理完毕。某某同学都没有哭，真勇敢。

教师提问材料和操作过程，学生依次回答。

教师布置模拟操作任务，请学生代表挑选材料，三人一组，按照步骤完成操作。教师巡视指导。请学生代表展示……

教学片断为幼儿意外伤害处理的教师演示部分，目的是以学习任务引领学生，提高学习兴趣。教师请了一名同学参与到表演过程，使学生更有参与感。在之后的提问中，几名同学分别回答了演示中使用的材料和操作过程，笔者还简单解释了"清洁"和"消毒"的概念。在小组操作过程中，学生们互相帮助，分步骤完成了操作。虽然，部分学生无法完整用语言表述，但基本的操作已经可以独立完成，达成了实际职业能力的培养目标。

（三）学习评价方法的调整

在几年的民族班教学过程中，笔者发现由于学生的汉语能力低，以书面测验为形式的考核方式，不能体现部分学生真正的学习掌握水平。常有果洛学生在卷面考试中，由于不能理解题目，常有答题完成不佳的情况发生。而实际上，我们教学中应当力求学生能将所学知识融汇于实践操作中，能在以后的工作和生活中实际运用。因此，可以按照个人特点将考评方式多样化，如画图说明操作，口头表达与动手实际操作等方式，增强学生的学习成就感，减少其受挫感，也有助于学生日后进入幼儿园尽快适应自己的岗位，为藏区孩子高质量就业创造条件，为教育精准扶贫提供人才支持。

（四）学生学习习惯的培养

（1）培养学生课前预习的习惯。部分果洛学生早期学习习惯养成不到位，很多学生没有预习意识，在课堂过程中容易遇到一些基础知识上的困难。因此，在学科学习上，可以给学生明确预习的要求，细化到名词解释，这样不仅能提高预习效果，而且也提高学生的自学能力，为未来进入高等院校学习打好基础。

（2）培养学生说好普通话的能力。普通话口语能力不是一日就能提高的。虽然很多任课老师不断地强调学生在日常生活中要说普通话，实际上，老师不在时，学生就会用藏语交流。为了营造普通话语言环境，教师可以利用课前准备时间，让学生在两分钟预备铃时进行课文内容朗读，也可以请学生上台展示以锻炼语言表达能力，为日后踏入社会打下良好的基础。

（3）培养学生多动手操作的能力。专业课教师要立足于国家和地方对学前教育工作者的需求，培养学生熟悉幼儿园日常工作内容和操作方式。在模拟操作中，学生能够掌握幼教工作者应有的技能，培养对幼儿的爱心、耐心及对幼教工作的细心、责任心，从而逐步熟悉并热爱幼儿教育事业。

四、实施保障

（1）配备优秀师资。参与果洛学生幼儿卫生与保健课程教学的教师应当具有丰富的专业知识和教学经验，对果洛学生有一定程度的了解，对学生具有充分的耐心、关心及责任心。

（2）实训器材保障。由于课程涉及教学实训操作，需要相应的实训器材及良好的实训环境。学校配备有数个学前实训室，用以不同内容的实训，实训材料也很丰富，能够给予全面充足的保障。

五、特色与成果

（一）实施特色

我校学前教育专业的幼儿卫生与保健课程教学已形成完整配套的课程标准、教学计划、教材编写，在课堂教学模式和方法上也得到了一定的完善。在此基础上，我们根据青海果洛民族班学生的知识基础和学习特点，结合教学实践，研究出适合于民族班学生的教学内容、教学方法及学习评价方法，对中高职贯通民族班的幼儿卫生保健课程教学具有重要意义。

（二）实施成果

目前，我校已经培养了六届青海省果洛州的毕业生。有的毕业生已进入到当地幼儿园工作，并能很好地完成各项学前教育工作，工作中不可缺少的就是卫生保健知识。有的毕业生考入了西宁城市学院学习，在考取幼儿园教师资格的过程中，也运用到了卫生保健相关知识。这一届民族学前教育中高职贯通班学生的幼儿卫生保健期末考试成绩全部合格，达到幼儿卫生保健课程的教学目标要求。

六、体会与思考

2018年11月，中共中央、国务院印发的《关于学前教育深化改革规范发展的若干意见》提出：学前教育是终生学习的开端，是国民教育体系的重要组成部分，是重要的社会公益事业。作为一名培养学前教育工作者的教师，笔者将持续认真、积极地培养学生的职业能力。在民族班的教学中，打破以往的传统教学思路，及时调整并多尝试适合民族学生的教学方法，采用多元评价的方式，帮助学生适应并学好学前教育相关课程；在"对口支援"和"中高职贯通培养"的工作中，不断改进和探索教育教学的方式、方法，培养好青海果洛州的未来教育人才，并在整个过程中不断积累教学经验，为其他相关课程提供可借鉴的方法和途径。

参考文献

王维臣.教学与课程导论[M].上海：上海教育出版社，1999.

浅谈艺术与民族精神教育
——农民画与美术教学结合"浓浓乡土情"

上海市新陆职业技术学校　洪燕

【摘　要】农民画作为中国民间艺术的重要呈现形式，取材于农村的景色或农村的生活片断，以鲜艳绚丽的色彩，朴素简洁的笔触呈现于画中，抒发着中国农民对新生活的热爱与追求。农民画的背后是中华优秀传统文化、社会主义先进文化的多元化表达。如何充分挖掘农民画背后的德育元素，并将其与当前美术教学相结合进行课堂教学改革的探索，是一个值得探究的课题。笔者借助农民画和美术教学探索德育元素的选用及其渗透方式和成效，并就教学方法和教学内容进行反思，以期更好地改进教学，提升质量。

【关键词】图案基础知识　金山农民画　水粉装饰画　民族精神教育

农民画除了具备美学价值外，更具丰富的文化价值，其背后蕴藏着浓厚的民族精神。如何运用好身边的德育素材充实美术教学？笔者以农民画为载体，将农民画与美术教学中第三单元《图案基础知识》内容相结合，将民族精神教育通过农民画渗透到教学中，进行了实践探索。

一、实施背景

中国农民画作为一种民族民间的艺术，其本身就和古老的传统艺术有着承接关系。题材多取自古老的民间故事、传说和现实生活，以自身感情、思维方式、审美情趣来观察事物，撷取素材，创造出具有时代风貌、生活气息浓郁的画图，彰显出民间绘画特有的艺术气质，因此具有强烈的时代感和鲜明的民族地域文化特征。

艺术是特殊的意识形态和独特的精神文化，具有丰富的历史和人文内涵，深刻反映和影响着人类生活与社会文明发展。中等职业学校艺术课程要坚持立德树人，充分发挥艺术学科独特的育人功能，以美育人，以文化人，以情动人，提高学生的审美和人文素养。我校学前教育专业学生的就业方向主要是幼儿园。在幼儿园的教育教学中，绘画是本专业学生必须掌握的基本技能，为今后更好地胜任幼儿园教育教学工作打下良好基础。作为艺术课程重要组成部分的绘画，其教学过程要渗透艺术感知、审美判断、创意表达和文化理解。

二、实施目标

在美术教学过程中，除了让学生学习美术知识和技能，欣赏美术作品，提升审美情趣与美术实践能力外，更应该将我们的民族精神教育融入其中，基于此，笔者尝试着将金山农民画这一富有民族和文化特色的美术作品与美术教学相结合，在水粉装饰画单元中，设计了"浓浓乡土情"这一单元。除了教授学生学会欣赏和分析图画，掌握色彩搭配技巧，激发创作欲望之外，也可以借助农民画，使学生了解并掌握中国传统文化，激发学生的民族自豪感与自信心，从而增强学生的爱国主义情怀。

三、实施过程

上述目标的实现首先基于德育元素的选用，其次在于如何在教学中渗透，最后则是渗透的成效。

（一）巧用资源疏渠道——挖掘农民画背后的深意

中国农民画是我们中国文化的重要组成部分，历史悠久，源远流长，它深深地根植于民族文化土壤之中。经过数千年的不断丰富、革新和发展，创造了丰富多彩的具有鲜明民族风格的形式手法，形成了独具中国意味的绘画语言体系，在东方以至世界艺术领域中都具有较高的地位与深远的影响。

就农民画的形式而言，笔者借助多媒体手段，搜集了关于农民画的视频和图片，分门别类地向学生展示农民画，如广东龙门县农民画、陕西农民画、浙江义乌农民画、河南舞阳农民画、上海金山农民画等，以形象生动的呈现方式调动学生学习兴趣，使其更加积极地投入后续的创作状态。

就农民画的内容而言，笔者结合学生群体的实际，选择学生比较熟悉的上海金山农民画作为切入口，既拉近了农民画与学生之间的距离，同时便于更好地诠释农民画的内涵。从金山农民画的艺术地位、表现形式、题材选取、造型构思、色彩选用等角度向学生阐述金山农民画的丰富内涵,同时也更能从一幅幅农民画背后展示的鲜明特色与作者表达的情怀等方面引发学生共鸣。

（二）依托教学搭平台——助推美学与文化的融合

在美育中充分融入德育元素,真正将民族精神教育落到实处是育人的首要目标,将课堂还给学生是育人的重要环节。这就要求我们在课堂教学中,真正将课堂还给学生,就是给学生充分观察、交流、赏析、评判的时间,尊重学生表达,鼓励学生发表意见,充分肯定学生。

在具体操作过程中,主要表现为师生之间的有效互动。之所以称之为"有效互动",即要求教师摒弃一些形式上的看似"热闹"的简单判断类型的问题,精心构思问题,把握系列问题之间的层次关系,引导学生先从表面后到实质地表达自己的观点和看法。

除了有效互动之外,教师的实时反馈是加固学生知识点掌握和情感渲染的重要手段。在学生的表达过程中,教师既要从美术课程本身的教学目标加以引导,如"农民画的绘画特点——朴实、生动、绚丽、抒情","农民画中色彩搭配的特点——色彩大胆、绚丽、对比强烈、色彩纯度高",同时还应高度关注农民画背后传情达意,如"农民画的表现手法有着明显的地域特色,它以大红大紫的色彩、夸张化的描述、寓意深刻的主题、简洁明快的风格勾画出了美丽的田园风光、栩栩如生的农家生活、气氛热烈的劳动场面和欢天喜地的节日庆典,充分体现了现代民间艺术的特点"。在不同的农民画的展示与讲解过程中,让学生领略到不同地区、不同时代农民画背后的民族精神的体现。

（三）借助展示显成效——践行做中学的育人真谛

理论与实践相结合是职业教育的题中之意,也是当前教学改革的着力点。在本单元教学中,将前期对农民画分析过程中掌握的绘画技巧,与后续的课堂练习相结合,正好实现了理实一体化的教学目标。

在具体操作过程中,教师需要在指令、展示、总结等环节加以把关。首先需要做到指令明确,即对学生操作的要求明细化,如"针对农名画特点中色彩运用的特点进行创作""处理好画面中色彩的和谐和统一"等,只有在明晰的指令中,学生才能事半功倍。然后是提供展示机会,即针对学生完成的作品进行展示与点评,在点评的过程中,学生可以进行自我查漏补缺。再者是做好课堂小结,主要就本堂课所学知识点和学生展评中存在的问题加以归纳,小结的主体可以是学生,也可以是老师,或者是两者的结合。归纳中尤其要注意除了知识、技能层面以外的德育目标的完成度,从而更好地体现德育在美育教学中的有机渗透。

四、实施保障

一堂高质量的、渗透德育元素的美育课的实施难度非常大,需要强有力的制度、组织、经费等方面的保障。

(1)制度保障。制定相关的教学实施制度,从制度上给予保障。比如说集体备课制度、跨学科/跨专业教学研讨、教师奖评优待、课时费的差别对待等。无论是文化基础课还是专业课教学,高质量课堂的实现必然要依靠人力、财力、物力等方面的综合保障,确保其有效且持续运行。

(2)组织保障。组建专业化的师资队伍,为教学实施提供智力支持。由于本单元教学融入了德育元素,为了体现专业性,除了该课程的专任教师外,也可吸纳部分思政课、专业课教师,在上课前开展联合研讨,进行集体备课,确保课堂在不变味的前提下更有内涵。这一模式还可运用于今后其他单元的探索中。

(3)经费保障。除了师资外,充分调动学生学习的积极性是提高课堂教学成效的重要因素。尤其是在实现教学目标的基础上,给予学生相应的嘉奖,能够更好地激发学生的内驱力。比如说,结合作品展示环节,可以给学生颁发相应的奖项;就农民画环节,可以提前组织学生前往金山进行采风,通过学生自身视角选择相应的农民画并加以介绍,可能效果更佳。上述目标的实现就需要配套的经费支持。

五、特色与成果

将德育元素渗透到美术教学中,是当前在美术教学领域中进行教学改革的一次探索,亦是艺术课程学科核心素养要求所在。作为美术教学课改的初步尝试,在课程设计与实施过程中,笔者收获颇丰,同时结合教学实施成效及时总结与反思,从而助推后续成长。下面仅就设计理念、操作流程、实施成效等层面谈谈特色与成果。

（一）设计理念——德育元素向美术教学的有机渗透

立德树人是教育的根本任务，既要有学科 / 专业方面的深度，更要在无形中融入德育元素。在平时的教学中，笔者致力于将德育元素有机融入美术教学中，尤其是将爱国主义教育、民族精神教育、传统文化教育等方面与美术教学有机融入。本单元的设计便是以上海金山农民画作为切入点，学生在了解金山农民画的艺术魅力和国际地位的同时，也深刻地感受到金山农民画之于上海人民的自豪和骄傲，从而激发学生的民族自豪感与自信心，增强学生的爱国主义情怀。

（二）操作流程——课前准备到课堂实施的有条不紊

课堂的生命力在于执行。先进的设计理念落到实处才能体现其价值。在将理念付诸行动的过程中，笔者从课前准备到课堂实施等均做到了有条不紊。在课前准备上，依据整节课的构思，选用了大量的素材，并力求贴近学生实际。在课堂实施中，变"以教师为主的课堂"为"以学生为主的课堂"，教师在整个过程中，扮演的是启发者、引导者的角色，学生则是真正的主体，他们通过观察、赏析、评判、创作等途径，表达了自己的观点，展现了课堂所学，教师在此过程中给予及时反馈，实现师生间有效互动。

（三）实施成效——课堂学习向课后比赛的有效跨越

此次在美术教学上的探索，不仅改变了课堂现状，实现了自我加压式的成长，同时也助推了学生的成长。这种成长的范围已经跨越了课堂学习，向着课后比赛延伸。这也是此次教学改革探索的重要成效，主要体现在以下几方面：①通过本单元教学，学生们将金山农民画特点与图案基础知识相结合进行创作，参加上海市各项美术竞赛，获得一定的成绩；②笔者指导2016届民族班的学生参加第十二届全国中等职业学校"文明风采"竞赛中，东尼吉的绘画作品《风车》获得市三等奖，扎革吉的绘画作品《唢呐少女》获得市三等奖，多毛的绘画作品《蚕》获得市三等奖；③笔者指导学生凌明佳参加2018年浦东新区第十四届学生艺术节"阳光天使杯"比赛，获得新区中学组一等奖；④笔者指导学生高静雯参加浦东新区第三届"文化根、民族魂、中国梦"中小学书画活动，获得中学绘画组一等奖，笔者获得浦东新区第三届"文化根、民族魂、中国梦"中小学书画活动优秀指导奖。

六、体会与思考

在美术课堂教学改革探索中,有所收获,也有反思,主要体现在教学方法、教学内容两方面。

(一)变换教学方法,增强学习兴趣

所谓"教学有法,但无定法,贵在得法"。在课堂教学方法的使用上,尤其是导入部分,可采用多元化的导入方式。"好的开头是成功的一半",精彩的导入能最大限度地调动学生的好奇心,激发学生的学习兴趣,因此需要高度重视。在导入环节,笔者采用的是图片导入形式,这就对图片的选用要求非常高,在今后的导入环节,可以尝试视频播放、学生展示、问卷调研、游戏互动等形式,通过教学方法的变换,增强导入环节的吸引力,进而增强学习兴趣。此外,在教学中除了学生展示外,也可采用小组比拼、项目教学、角色扮演等教学方法。

(二)丰富教学内容,拓展学习深度

将农民画与美术教学相结合进行初步探索是美术课堂教学改革的第一步。通过教学设计与实施,让笔者更深刻领悟到一两课时的内容是很难让学生领会并掌握农民画的技能技巧的。课程内容是教学的载体,是育人的重要纽带,这就要求后续教学中要进一步丰富教学内容。以中国农民画为例,其在创作手法上大胆借鉴剪纸、刺绣、皮影、雕刻、戏曲等古老传统民间艺术形式,这就使其内涵更加丰厚。要想真正掌握农民画中的绘画技巧及了解背后的民族精神和文化底蕴,势必需要增加授课内容和时长,从而让学生更深入地了解农民画的精髓,拓展美术学习的深度。

参考文献

[1] 中等职业学校艺术课程标准（2020）[DB/OL].https://max.book118.com/
　　html/2020/0309/5010140200002230.shtm.

[2] 教育之本在于立德树人[DB/OL].https://theory.gmw.cn/2018-10/12/
　　content_31662993.htm.

[3] 程胜蓝.浅谈立德树人与中等职业学校美术教学的融合[J].作家天
　　地,2021(10).

因人施教，运用"折纸图形符号"开展折纸教学
——以果洛藏族学前教育专业为例

上海市新陆职业技术学校　侯俭燕

【摘　要】手工是学前教育专业学生必备的一项技能。在幼儿园的教学过程中，幼儿园环境的布置、课堂的教学都离不开手工艺品的展示。折纸可以衍生出相当丰富的启蒙功能，包括提高空间感知能力、逻辑和顺序思维能力等等。折纸，尤其是在学前和小学阶段，是一种独特而有价值的课程，可以说是幼师必备的技能。果洛藏族学生由于文化和习俗的差异，在原有的教学中她们从未涉及折纸这个模块，折纸的动手能力相对较弱。本案例结合日常课堂和社团进行教学实践，一方面重视学生对图形符号识别、常用技法和基本形折法的训练，另一方面因人施教，促进每个学生在原有水平上的提高，以便果洛学生将来踏上工作岗位后将折纸教学更好地运用在幼儿园的教学中。

【关键词】果洛藏族学生　纸教与学　折纸符号　因人施教

一、实施背景

党的十九大报告指出，"进一步做好新形势下的民族工作，不断加强中华民族大团结，根本在于建设各民族共有精神家园，积极培养中华民族共同体意识。"习近平总书记在全国民族团结进步表彰大会上进一步强调，"实现中华民族伟大复兴的中国梦，就要以铸牢中华民族共同体意识为主线，把民族团结进步事业作为基础性事业抓紧抓好。"加强民族团结进步教育，建设各民族共有精神家园，是铸牢中华民族共同体意识的基础一环。

上海市新陆职业技术学校为青海省果洛自治州培养学前教育人才是上海市关于"对口支援""精准扶贫"工作中的一个重要项目。学校自2013年开始招收果洛州藏族学生，2019年学校与西宁城市学院实施"学前教育中职—高职贯通教育培养"。旨在通过全新的教育理念、先进的教育手段，

促进对口地区幼儿教育水平提高，实现教育均衡发展与民族团结进步。

随着教育改革的不断深入，"手工"成为学前教育专业中越来越重要的内容。在手工制作的过程中，折纸教学能有效帮助幼童开发大脑、习得精细动作。笔者曾先后在六届学生中开设折纸社团课，在教学过程中，改变原有的教学方法，尝试了图形符号识别、常用技法和基本形折法训练等新的折纸教学方法，取得了较好的效果。

二、实施目标

学前教育专业手工创作课程着重于学生美术和手工的创作与动手能力培养，通过对各种美术和手工要素的学习，使学生把所学美术知识转化为自身能力。美术手工创作也是幼儿教师等学前教育工作者应用最为广泛的技能，它不但能够较好地提升幼儿动手能力，同时还可以激发幼儿大脑的创造性思维，对于幼儿将来的成长有很大帮助。果洛学生在之前的教育中从未接触过折纸，折纸动手能力较弱。因此笔者从加强图形符号识别开始，强调折纸的常用技法和基本形折法的训练，通过读懂折图、精准对齐、完成所有步骤这三步引导果洛学生逐步掌握折纸技能。

折纸这一手工制作过程不仅能增强学生手部精细度，更能充分发挥学生的想象力和创造力，让学生大胆实践，调动他们学习的激情，培养了学生的创新意识。同时，教师还在折纸的教学过程中融入了传统的花式、图案与习俗，让果洛的藏族同学通过折纸这一技能加强跨民族间的文化认同。

三、实施过程

折纸活动能培养学生的动手能力、探索精神、丰富想象力等。笔者发现在以前任教折纸活动的班级里并没有完全体现出这一特点，总结原因是过多运用了"填鸭式"的教学方法。老师讲解、演示，同学跟着做的过程限制了学生的学习兴趣和创造精神的发挥，使学生没有真正获得动手操作和表现创造能力的机会。怎样突破这一薄弱环节，引起了笔者的思考。在大力提倡创新的今天，笔者在果洛班尝试了新的折纸教学方法。

（一）重视学生图形符号识别、常用技法和基本形折法的训练

现代折纸虽然仅仅发展了30多年，其独特的魅力还是迅速席卷全球，

成为不可小视的艺术。它的传播之迅速，归功于一套完整的折纸符号体系，只要了解了符号的内涵，就能复制出精美的作品。在各类折纸教程中，影响最广的是图解教程，图解教程中表达折法的就是"折纸符号"。它是一套国际通用的折纸图解术语，使得折纸可以方便地通过图解传播且没有文字障碍，这点对于将汉语作为第二语言的果洛学生而言非常友好。

图形符号识别、常用技法和基本形折法的训练是折纸的"指南针"，笔者在授课过程中花了一定的时间与同事一起来研究、掌握这些折纸图形符号和折纸常用技法：在开始折纸前一定要反复识记，无论作品折叠过程有多长，只要将作品的起步、关键的技法和结果的定型熟知于心，经过一定时间的训练和积累就会得心应手，这样有助于作品形象定位和程序的记忆。

笔者遵循由浅入深、由简到繁、由易到难、循序渐进的原则提供不同作品，在折叠过程中先让学生学习一些基础的"折纸图形符号"，然后挑选有所学符号的作品让学生练习，这样学生既记住了所学折纸符号，又学会了折纸作品。然后再学习一些常用的折纸技法及基本型。在学生学习基本折法的时候，提供与这一折法相关的多种作品，巩固对基本折法的掌握。如：学习双菱形折法时，提供了菱形的变形——茶壶、啄木鸟、鹤的作品。这种举一反三的教学方法，不但使学生学会了一个基本折法，而且为将一个作品变形成另一个作品打下基础，开拓了学生思维的多维性。在课堂的教学组织上笔者利用集中教学、分组教学和个别教学等形式，巩固学生对图形符号的理解和运用，保证每名学生有练习机会，以达到教学目标。

（二）重视因人施教，促进每个学生在原有水平上的提高

果洛学生以前从未正式接触过折纸，折纸能力较差，她们本身也因个体差异动手能力参差不齐，所以笔者采用面向全体与因人施教相结合的原则，在课前做好充分准备，对重点难点心中有数，在活动中注意观察，注重学生学习的过程，深度把握学生的实际水平，指导时有的放矢。

面向全体学生提出要求。刚开始让学生学习看图折纸时，采用集中教学的形式，启发、引导学生掌握作品中的重点与难点。

通过分组教学、个别指导的形式指导每名学生，使她们在原有水平上得到提高。分组原则视具体教育目标而定，有时按能力强、中、差分为三组；有时按以强带弱的形式混合分组。对于能力强的学生侧重于培养学生

独立突破难点完成作品的能力，而且折叠的作品要选型美观、轮廓分明。对于能力差的学生注重其观察力的培养，通过教师指导、示范或让能力强的学生帮助折出作品，同时也允许学生拆开范例，跟着范例学习难点部分，逐步培养学生独立动手操作的能力和求新、求异的思维品质。在按"以强带弱"原则混合分组时，笔者给学生提供范例，鼓励他们交谈讨论，共同克服困难，发现变化规律，合作完成一个作品。组合期间，能力强的学生帮助能力较弱的学生，这并不是让能力强的学生"代工"，而是创造条件让他们有相互学习的机会。在活动中学生可以自由交谈，互相协作，在自己学会的同时帮助同伴共同进步。在大胆尝试过程中，学生还学会了共同克服困难的方法，如：在折纸花球的训练活动中，每组学生团结协作，互相商量，互相尝试，有的组轮流折，这一步我会了我折，下一步你会了你折；有的组推选一位学生折，其他人帮他观察，发现有问题时及时提醒他；还有的组把步骤范例打开，再按折印还原，然后自己学折。笔者则深入各组巡视指导，观察了解学生探索情况。这样，学生改变了过去有困难就求助教师、缺乏信心且有依赖性的习惯，养成了动手动脑，互相帮助的好习惯，使每一个学生在原有水平上得到了提高。

四、实施保障

（一）教师个人能力提升保障

为了果洛学生能更好地学习折纸，笔者自费购买各类折纸书籍并参加各类折纸培训。2018年1月去日本进行折纸交流5天；2018年4月参加世界三大折纸大师之一田中捻宪的折纸课；2019年2月去南京参加折纸培训；2019年8月去乌镇乌村参加为期2天的折纸展会；2020年8月参加乌镇乌村为期3天的线上折纸展会；2021年8月参加乌镇乌村为期5天的线上折纸展会；2021年8月参加为期2天的国际折纸马拉松。这所有的培训和赛事都让笔者掌握了更多的国际折纸前沿信息，不断提升自身专业技能与教学技巧。

（二）学生学习用材保障

折纸的教学和练习都需要大量耗材，学校会根据学生需要给予全面充足的保障供给，每年学校下拨资金购买折纸耗材。

五、特色与成果

（一）实施特色

现代折纸有其独特的魅力，已经成为不可小视的艺术。根据果洛学生学情、结合折纸课程知识要求、能力要求，让学生通过对图形符号识别、常用技法和基本形折法的训练，能够边对边、点对点，对折，平分，读懂折图，精准对齐，完成所有步骤，完成设计师的作品。果洛学生学会了折纸的技能技法，能将这门用材简易又具有相当丰富的启蒙功能课程带到高原，将折纸教学更好地运用在幼儿园教学里，帮助孩子开发大脑发育。

（二）实施成果

自2013年9月第一届果洛学生参加了折纸社团，他们就迈开了不断前进的步伐。2014年果洛学生参加浦东新区学生艺术单项比赛，荣获银奖；2015年参加浦东新区学生艺术单项比赛，荣获金奖、铜奖；2019年参加浦东新区学生艺术单项比赛获得铜奖。同时，这些果洛的学生还参加了2017年第十四届、2020年第十八届上海教育博览会，现场进行折纸展示及教学。

在教学过程中笔者也经常因教材不合适而犯难，目前市场现有的折纸教材多以单个事物为主，且部分步骤不够清晰，需要经过多次的揣摩与实践才能完成。中职学生容易因看不懂、折不好而感到挫败。所以笔者博采众家之长，利用了诸如图解教程中的"折纸符号"，教学生进行图形符号识别，又引入了国际通用的基本形折法，并增加实验教学比例。2017年8月笔者主编出版了《创意折纸大本营——炫彩礼盒》。通过多年实践教学经验的累积，于2020年5月主编出版了《玩转折纸——炫彩礼盒》，弥补了折纸教材在中职学校学前教育专业应用的欠缺。

果洛班的学生在经过一个学期的折纸训练后有了很大的提高，每周能看图稿独立完成一个30单元的纸球，当教室里挂满了不同类型的折纸纸球时，折纸的作品难度也越来越大，对同学们的挑战性也越来越大了，看着满教室的作品，她们对折纸兴趣也越来越浓了。经过三年的学习，学生们已经可以通过看各国折纸图稿，完成世界级大师级别的作品了。

六、体会与思考

手工折纸富于变化，造型生动活泼可爱，是一个手脑并用的过程，不仅可以开发儿童智力，同时也能提升中职学生的注意力、观察力、想象力、理解力，又可促进手肌肉群的灵活性和大脑的发育。它是手工课程中的重要一部分，对果洛学生毕业后能否胜任幼儿园的教学、保育工作有着重要意义。

手工折纸是中职学前教育专业课程的一部分，学前教育专业的学生学习折纸，目的不仅是要掌握手工折纸的基本方法，还要在教学中发展学生的想象力与创造力，培养学生耐心细致、精益求精的品质和有计划的工作习惯，甚至是将来工作岗位的具体应用。所以折纸课不仅是某种技能的掌握，更是学生个人能力的综合运用。作为中职学前教育专业的教师，我们应该从教学效果中反思，使自己具备创造者的特征，探索新的教学方法，创设更适合学生的教材与教学方式。

参考文献

[1] 蔡盈.中职学前教育专业折纸课程课型创新浅谈[J].职业教育，2015（6）.

[2] 张巧.基于"工作分析"的中职学前教育专业手工课程研究[D].成都：四川师范大学，2018.

[3] 侯俭燕.创意折纸大本营——炫彩礼盒[M].上海：上海科学技术出版社,2017.

民族生律动性钢琴弹唱教学实践探索

上海市新陆职业技术学校　崔妍

【摘　要】钢琴弹唱能力是学前教育专业学生必须掌握的基本技能。作为学校与西宁城市学院联合开设的"学前教育中高职贯通培养模式"下民族生学前教育专业，不仅要立足于本专业人才培养的基本目标，还要立足国家民族教育政策方针指示和师资培养的目标需求。学校民族生律动性钢琴弹唱教学能力的培养在跨文化教育实践中任重道远，也面临着巨大的挑战，探索律动性教学法在弹唱教学中的应用，对帮助民族生理解不同文化背景下的音乐，促进教学能力的转化将起到良好的作用。

【关键字】民族生　弹唱教学　律动　多元文化

学前教育专业民族生弹唱教学能力的培养是专业人才培养的重要组成部分，其教育实践质量在一定程度上影响着学前教育目标的实现和教学活动的顺利开展。笔者尝试在多元文化有效融合的过程中，借助律动构建民族生的跨文化理解能力，从而在弹唱教学中促进民族生音乐教育实践能力的培养。

一、实施背景

新陆职校为青海省果洛自治州培养学前教育人才是上海市关于"对口支援""精准扶贫"工作中的一个重要项目。学校自2013年开始招收果洛州藏族学生，2019年学校与西宁城市学院实施"学前教育中职—高职贯通教育培养"的创新实践——通过全新的教育理念，先进的教育手段，提升人才培养质量，促进对口地区幼儿教育水平提高，实现教育均衡发展。笔者一直从事民族班的钢琴弹唱教学，根据西宁城市学院对民族生中高贯通弹唱教学目标要求，分析民族生弹唱教学现状，基于多元文化视角，将律动性弹唱教学模式融入教学中，进行了教学创新。

所谓"律动性"是指音乐的节奏具有鲜明的动感，与稳定平静恰成对立面，意指"节奏具有有规则、有节律地运动的特征"。通过律动性弹唱实施，笔者对民族生律动性弹唱教育内容的选择进行了分析，并对民族生律动弹唱教学模式的构建提出了相应的策略。

二、实施目标

民族生学前教育专业中高贯通弹唱教学能力的培养在学前教育专业学生教学能力素质培养中占据重要的地位，其教育实践质量在一定程度上影响着民族生学前教育目标的实现和教学活动的顺利展开。随着多元文化音乐教育理念在师范生教育实践中的不断融入，笔者提倡要促使本土特色的民族文化教学与钢琴音乐的世界民族性文化有效融合，通过律动构建民族生的跨文化理解能力，在弹唱中促进多元文化视野下幼儿教师音乐教育的实践能力，更有效地实现中高职贯通培养模式下的钢琴弹唱教学目标，以适应未来职业的需求，提高民族生的艺术核心素养。

三、实施过程

（一）民族生弹唱教学现状与校园律动生活实践启示

1. 教授方法传统、内容枯燥、形式单一的问题

民族生中高职贯通学前教育专业钢琴弹唱教学基本沿用传统的示范教授法进行授课，多采用"示范讲解、模仿练习、还课纠错"的方式，授课内容主要涉及钢琴基础和儿歌弹唱两部分，曲目选择沿用比较经典的练习曲和乐曲以及儿童歌曲。考虑到授课对象为藏族生，该群体生活背景和已有认知决定了跨文化乐器学习理解能力有限，传统的教学举措面对民族生教育实践的时候总是捉襟见肘，教学中急需探索适合学前专业民族生弹唱能力培养的教学方法，找寻激发民族生弹奏兴趣的途径。

2. 民族生校园律动性实践活动给弹唱教学带来的启示

每当节庆性聚会的日子，这群来自青海果洛藏族地区的学生唱着原生态的藏歌，奏着热巴鼓，跳着锅庄舞，思乡与异地的相逢熟识在此刻像火一样燃烧在每个人的内心，给学校带来了特色性的西藏传统乐舞文化，也给参与教学实践的音乐教师提供了许多思考。民族生虽然文化基础知识薄弱，但在学校组织的音乐艺术实践中却表现出色，他们有着良好的音乐律

动参与性和歌唱表现力，有着接受多样化音乐和对音乐进行二次创作的天然热情，这些与弹唱教学中的歌唱、即兴创编所需要具备的素养不谋而合。

3. 基于文化理解的问卷调查为实施多元化钢琴作品弹唱指明了方向

笔者自2013年起一直从事民族班的钢琴弹唱教学，为了更有效地开展教学，每届都会针对民族生的音乐作品喜好以及音乐课程期望学习的作品类型等进行调研，"民族生校园音乐生活问卷调研"结果显示，他们希望教师在专业音乐课程中设计藏族音乐或中国民族音乐的比例高达80%，民族生业余选择聆听的音乐涉及30多个不同国家不同语种的音乐类型。这些数据为笔者在民族生弹唱教学实践中实施多元文化音乐教育理念提供了理论依据，也为弹唱教学实践中民族作品的介入指明了方向，即选取藏族乃至中华民族作品作为文化理解的桥梁。

（二）民族生律动性钢琴弹唱教学内容的选择

1. 民族音乐素材的选取为构建律动性弹唱教学搭建桥梁

藏族有句谚语："没有歌舞的生活，犹如没有灵魂的生命"，藏族生是一个能歌善舞的群体，这一群体在内地求学的生活中，对律动歌舞保留着深入骨髓的热情，并且具有强烈的民族音乐传播、民族文化表达意愿。因此，教师在教学前期可通过藏民族音乐素材的选取激发其从事律动性弹唱音乐实践兴趣。

我校学前教育专业藏族生钢琴教学主要采用在数码钢琴教室统一授课的形式，空间上虽然受阻，但仍旧为集体教学活动提供了集体弹唱的有利场所。钢琴对于西藏生而言是件跨文化乐器，但其本质上也是有音高的打击性乐器，藏族生在日常的律动性活动中对打击乐器的热衷和熟悉可以有效地链接到藏族钢琴作品。可以说，藏民族乃至中国多民族音乐素材的选取为构建律动性弹唱教学搭建了桥梁。所以，藏族生弹唱教学可以通过藏族音乐作品的律动参与促使其开展与身体结合的节奏运动，唤起肢体的音乐表现本能，培养出作品弹奏中应有的音乐文化感受理解力和敏捷的手指反应能力，在体验的基础上用弹奏表现音乐，达到弹唱的有效结合。

2. 律动性儿童歌曲弹唱为民族生幼儿音乐教育做好积淀

根据学前教育人才培养方案及学前教育中高职贯通培养模式，笔者在弹唱教学内容的选择上更多选用能够有效实施律动教学需要的儿童歌曲。

传统的钢琴弹唱教学疏于对音乐的律动体验，教师在教学过程中重在强调伴奏音型以及弹唱准确音和节奏，学生在学习中更多的是机械地练习和演奏，无法真正地将身心融入音乐，了解作品的韵律美及弹奏应有的乐感，更无从谈起作品的二次教育应用问题。将律动性的儿童歌曲加入民族生的弹唱教学，设计与作品风格吻合的体态律动，在演唱的同时用身体把乐句、重音、旋律、节奏等要素有效地表现出来，能够有效地帮助民族生理解不同文化、不同民族的儿童歌曲作品，形成准确的音乐感觉。结合所选儿童歌曲设计出与弹奏相关手指律动则能够更有效地引领民族生实现具有音乐感的准确弹奏。同时，教师在钢琴弹唱教学中对律动活动的设计也为民族生未来更好地参与幼儿音乐律动教育实施做好示范。

3. 世界钢琴音乐作品的律动性弹唱为增强民族生的文化理解力服务

随着民族生求学过程中音乐文化接纳力的增强，他们的业余音乐生活也变得丰富多彩。在问卷调研和访谈中发现，民族生大多喜欢节奏鲜明的流行音乐、非洲音乐以及各种舞曲音乐。在钢琴弹唱授课中，民族生对世界范围内节奏鲜明的钢琴作品表现出良好的肢体律动参与度，教师一有示范演奏，他们便有动起来的倾向，正如奥尔夫先生所言："原本"的身体反应，这种律动反应是自带的、天然的。也是我们在钢琴弹唱教学中从音乐感知入手加强作品理解的前提。因此，民族生能够主动地律动表现钢琴弹唱作品将引领我们帮助其更好地理解不同国度、不同文化的钢琴作品，带给教师更为贴近音乐本质的弹唱授课实践体验。当教师和学生都能够参与沉浸在音乐中时，弹唱课堂所呈现的艺术氛围便是最好的美育。

（三）民族生律动性钢琴弹唱教学模式的构建

1. 从单声部律动弹唱开始

授课过程中，笔者发现民族生在歌曲演唱上的优势是天生的。如果说民族生的音乐生活离不开歌唱，钢琴弹唱教学中旋律的弹唱恰恰和这种天性极为吻合，并且旋律的弹唱本身就占据很重要的位置，正如一些钢琴教育家所推崇的"声乐是钢琴演奏的终极解决之道"。教师在教学中如果能够引导民族生用歌唱的方式来唱谱，就能够帮助其更好地找到旋律弹奏所应具备的乐感，进而引导学生把歌唱的感觉从嗓子转移到手指，使其明白钢琴弹唱实质上是利用钢琴将人类在歌唱中产生的音乐思维进行演奏上的表达,这种表达可以突破人类嗓音的极限。如此一来,弹奏中的"歌唱性"便极易表现出来。同时,教师如果能够根据作品的旋律、节奏、强弱等音乐元素设计体态律动则能更好地提高学生的节奏感和弹唱课堂的活跃度。

2. 伴奏声部的律动弹唱配合

民族生弹唱教学的伴奏声部可以从节奏鲜明的伴奏音型入手,在伴奏音型单手弹奏之前教师可以带领其做一些有趣的手指律动游戏,帮助学生有效地了解伴奏时需要运用的指法,随之引导学生将手指律动游戏和自己的旋律歌唱相配合,让学生在想象与肢体小关节的律动中体味唱和的感官配合,在键盘上完成手指游戏的实践操作,更好地奏出伴奏音乐的韵律美感,更好地完成伴奏与唱的配合。

3. 体验基础上的律动性弹唱及即兴创作

教师通过单手的弹唱配合引导后,可以进一步启发学生在理解领悟音乐的基础上,关注伴奏节奏与身体节奏结合的音乐本能反应;启发学生从音乐文化、音乐元素等多角度深层次地体验自己所弹唱的音乐;启发学生对所听到的音乐与自身对音乐的感知和情感理解即兴做出反应;引导其将肢体动作与乐曲节奏、旋律紧密结合,发现作品长音、休止处需要填补的节奏,即兴创作出补充性的乐句,通过律动的形式可以有效激发学生自身对音乐作品潜在的想象力和创造力。

四、实施保障

(1)配备优秀师资。学校把果洛民族生的培养工作作为学校的重点工作之一。在钢琴弹唱教学上配备优秀师资任教,这些老师既具备扎实的钢琴专业素养,又具有先进的教育教学理念。

(2)学习资源保障。习琴贵在练习,学校在常规琴点安排的基础上,周末为民族生增设练琴课,保证充足的练琴时间;同时学校给予民族生全面充足的教材保障供给。

(3)激励机制。为促进民族生的人才培养,激励教师积极投入到民族生工作中,学校设立民族生教育先进个人与先进集体荣誉奖项,并将文明组室的评选与对口教育工作相挂钩,同时在年终绩效考核时,单独作为一个奖励项目。

五、特色与成果

(一)实施特色

学校的学前教育专业共包含三年制学前教育、与上海行健学院的中高贯通学前教育、与上海天华学院的中本贯通学前教育、与西宁城市学院的民族生中高贯通前教育等四种类型。除民族生学前教育外其他三类的钢琴课程教学已形成配套完整的课程标准、教学计划、教材使用，也形成了有效的课堂教学模式和教学方法。民族生学前教育的钢琴弹唱课程教学的系列相关标准、计划、教材、模式、方法等仍具有很大的提升空间。所以根据民族生学情、结合钢琴弹唱课程知识要求、能力要求、考查内容范围等，研究总结出适合于民族生钢琴弹唱课程学习的模式、方法和策略，对民族生的弹唱课程教学有着极为重要的意义，同时也体现了对口支援、教育扶贫、乡村振兴、缩小地方教育差距的国家战略思想。

(二)实施成果

学校从2013年9月开始招收第一届民族生专业艺术学习，使民族生以扎实的钢琴弹唱基本功和富有表现力的表演活跃在学校的校园文化舞台上。从2019年至2021年在参加西宁城市学院的高考单招转段考试中，连续三年弹唱专业素养考核全部通过，实现了我校与西宁城市学院联合开设的民族生"学前教育中高职贯通培养模式"下的弹唱教学目标。

六、体会与思考

钢琴弹唱学科是"民族生学前教育中高职贯通培养模式"中的专业必修课程，具有极强的专业性。为了更好地提高钢琴弹唱教学效果，笔者经过多年坚持不懈的实践探索、反思总结，借助律动性开展钢琴弹唱教学改革。在边探索边实践的过程中，基于减轻民族生跨文化乐器学习负担，引领其体验多元文化的音乐世界，不仅培养了民族生钢琴弹唱的职业素养，更提高了他们的跨文化理解能力，让钢琴弹唱课程成为他们心灵美育的蓄水池，让民族生教育真正落地。

民族生教育是一项系统性工程，作为职教领域的民族生教育，应同时立足政策和教育两大背景。在此前提下，基于学生的学情和成长环境，适时对教学进行调整，以期更好地服务于民族生培养的目标和初衷。

参考文献

[1] 赵晓生.钢琴演奏之道[M].北京：世界图书出版社,1999.

[2] 李妲娜, 修海林, 尹爱青. 奥尔夫音乐教育思想与实践[M].上海：上海教育出版社, 2010.

中高职贯通背景下学前教育专业数学单元复习课研究
——以空间几何体单元为例

上海市新陆职业技术学校　　邱永春

【摘　要】根据中高职教育贯通的相关精神，以空间几何体单元复习为例，探究学前教育专业数学单元复习课的新模式。基于数学知识体系及学生的学情，遵循数学教学与学生就业相结合的职业教育教学规律，创设"我是小小建筑师"主题活动。通过制作立体模型、编制题目、变式拓展、梳理知识点等任务，激活学生思维，强化学生的理解能力，提升学生的动手能力，为将来就业奠定坚实的基础。

【关键词】学前教育　中高贯通　空间几何体

一、实施背景

（一）中高职贯通专业教学需要进行课程整合

为认真贯彻党的十九届五中全会精神，面向"十四五"推进高质量现代职业教育体系建设，学校认真发展中高职贯通教育，并对学前教育中高贯通班的课程进行系统设计、有效整合。例如，对学前教育专业三年级的数学课程进行创新与变革，在空间几何体单元复习时，将数学课程的教学活动与手工制作有效整合在一起，运用卡纸制作高楼大厦或城堡的模型，与学前教育的场景设计相匹配，为学前教育中高贯通三年级学生量身定制了"我是小小建筑师"主题角设计的单元活动。

（二）学前教育专业学生的数学学习品质亟待提升

学前教育中高职贯通三年级虽然开设了数学课程，但是学生的学习效果并不理想，一方面因为没有升学考试的压力，学生没有学习数学的动力；另一方面因为学生体会不到学习数学的用处和现实意义，缺少学习数学的兴趣，没有持续有效地学习数学的坚韧毅力，数学学习品质不良，亟待提升。

二、实施目标

"我是小小建筑师"主题角活动,以小组为单位共同讨论利用所学的多面体和旋转体的相关知识来设计制作建筑物的立体纸模型,主要目标如下:

第一,复习巩固空间几何体的相关知识点,加深学生对相关知识的理解记忆。在数学模型的制作过程中体验表面积公式的推导过程,展现知识形成和发展的过程,为学生提供感受数学知识和体验学习过程的机会,使学生在数学学习活动中获得新知、培养能力发展情感,培养学习数学的兴趣与学好数学的信心。

第二,小组成员能够从自己制作的纸模型中提炼出数学问题,并能解决问题,从而提高学生数学建模、解模、释模的能力。

第三,学生作品在制作的过程中,互相协作共同完成小组的作品,从而锻炼了她们互相协作的能力。并让她们发挥各自的特长,做自己力所能及的事,在同伴的帮助下共同进步。

第四,提升学生的动手制作模型的能力,体会数学源于生活,高于生活,最终服务于生活。同时也为学生将来去幼儿园或者早教中心实习与就业奠定必要的基础。

三、实施过程

(一)以纸造体,引导棱柱的复习

首先,教会学生用一张正方形的纸折叠出一个正方体。通过观察这个正方体展开图来回忆棱柱的相关知识点,从特殊到一般,这样不仅直观而且使得学生的知识点掌握得更加扎实,即使将来把相对应的公式忘记了,只要拥有这种展开立体图形来推导出表面积的思维方式就可以推导得出棱柱、棱锥、圆柱、圆锥的侧面积和表面积的计算公式。

接着,要求学生课后用一张边长分别为27厘米和19.2厘米长方形的纸,剪裁出一个正四棱柱(不允许割补),比一比谁的正四棱柱的体积最大。在尽可能用足纸张的前提下,大多数学生都尝试了两种方案中的一种。设正四棱柱的底面边长为 a,高为 h,留一点拼接的地方。方案一,如图1所示,$4a = 26$ 且 $a + h = 19.2$,此时的体积为261.95平方厘米;方案二,如图2

所示，$4a = 18$ 且 $a + h = 27$，时的体积为 364.5 平方厘米。两个方案比较后，发现第二种方案体积更大。

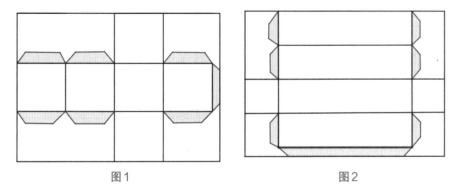

图1　　　　　　　　　　　　　图2

（二）挖掘折纸盒中的数学问题，进行棱锥的复习

课堂上学生通过视频学习如何用一张 A4 纸折叠出一个正四面体盒子。师生共同探讨折纸过程中的数学问题。学生在亲身实践的过程中发现折纸中的数学问题，感受到数学就在我们身边。

1. 长方形折纸一边三等分

如图3所示，长方形 $ABCD$ 中，点 E 是 AB 的中点，点 O 为 AC 与 DE 的交点，过点 O 作 $MN // AD$，证明：$AM = \frac{1}{3}AB$。利用初中所学的相似三角形的知识来解释。$\triangle AOE$ 与 $\triangle COD$ 相似，且相似比是 $1:2$；$\triangle AOM$ 与 $\triangle CON$ 也相似，且相似比也是 $1:2$，所以 $CN = 2AM$。因此可以得到 $AM = \frac{1}{3}AB$。由此让学生思考将一张长方形纸的一边五等分或者其他奇数等分呢。如图4所示先用折叠的方式折叠出长方形纸的一边上的四等分，即图中虚线所示，再折叠出折痕 DE 与 AC 相交于点 O，过点 O 折一条折痕 MN 平行于 AD，可以得到 $AM = \frac{1}{3}AB$。同理，任何奇数 $2n + 1$ 等分可以在偶数 $2n$（$n \geqslant 1$）等分的及出生进行操作。

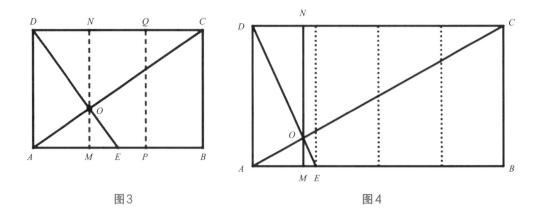

图3　　　　　　　　　　　　　　图4

2. 长方形的纸中折叠出一个等边三角形

如图5所示,在图3的基础上将纸以点Q为圆心将点D旋转翻折到线段MN上交点为D'。此时得到的角DFQ为60°。

在图5中添加辅助线DD',翻折过程中QD = QD',MN所在直线是线段QD的中垂线,所以DD' = Q'。所以,三角形QDD'是等边三角形,角DQD'为60°;由于翻折ΔQDF与ΔQD'F全等,角QDF等于30°;在RtΔQDF中,角DFQ为60°。

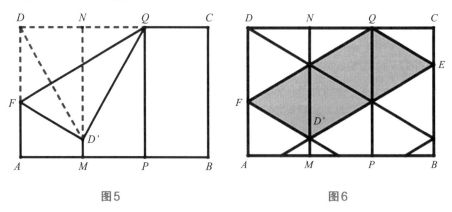

图5　　　　　　　　　　　　　　图6

3. 正四面体的相关计算

如图6所示,最后的折痕,找到四个连续的完整的等边三角形,也就是平行四边形FD'EQ构成了最终的正四面体的四个面。

已知,长方形的纸长为27厘米,宽为19.2厘米,求用这种折叠方式折叠出来的正四面体的表面积和体积?

通过翻折,可以观察出每个面都是全等的等边三角形,从折痕中发现此正四面体的斜高为长方形的长的三分之一等于9厘米,那就可以利用已知等边三角形的高为9厘米,求出等边三角形的边长$6\sqrt{3}$厘米即正四面体的棱长。接下来可以利用棱锥的相关的公式可以算出所折叠的正四面体的表面积和体积。

(三)利用自制的纸模型编题,开展旋转体的复习

利用剪裁的方式来制作圆柱和圆锥的几何体模型,并利用自己制作的几何体纸模型来尝试着自己编题,自己求解,然后同桌互换题目来解答,最后互对答案,如果结果不同可以互相讨论或请求外援。课前要求学生寻找生活中的情境实例来编写一道有关于旋转体计算的应用题。老师抛砖引玉给出一道例题:某集市上,卖西瓜的人大声吆喝着:"大西瓜20元1个,小西瓜20元3个"。把西瓜近似看作球,用细绳和直尺测得大西瓜最大的周长为78cm,小西瓜最大的周长为54cm。假设大西瓜和小西瓜的密度相同,瓜皮的厚度近似相等。如果花20元钱买西瓜,请判断是买大西瓜还是买小西瓜? 一个小组的学生设计了一道题:小松过生日,请几个同学一起吃披萨,现在有两种可以选择,12寸的129元一个,9寸的97元一个,是买两个12寸的还是买3个9寸的划算?

(四)以小组为单位,开展"我是小小建筑师"主题活动

课前将全班30位同学,按照异质分组法把学生分成5个小组,每个小组6位同学,选出一位小组长,统筹安排小组成员的任务分配,一位同学为技术支持负责拍摄照片记录,一位同学为设计人员,负责设计图稿的描绘。学生以小组为单位用卡纸制作三维立体几何模型,来创建幼儿园的"我是小小建筑师"主题角。每个小组选择本组制作的三维立体几何模型中的一个立体组合模型,结合已复习的知识点(如图7所示)和已有生活经验,编写相应的题目或提出想法,然后进行组间交流,交流的内容包括编制的题目和相应内容的"知识模块"。最后,教师根据学生的编题情况,根据学生的知识掌握情况,与学生一起对所编题目进行有详有略的修改、补充、点评、解答。例如:如图8所示,这是我们小组制作的多面体的三视图,请画出这个几何体的直观图并计算出这个几何体的表面积和体积。这道题需

要学生具备一定的空间想象能力,才能够做出该几何体的直观图(如图9所示)。考查了学生三视图和直观图的相关知识点,以及棱柱的相关计算公式。

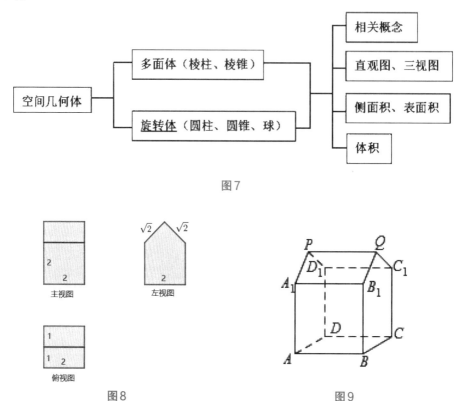

图7

图8

图9

四、实施保障

(一)制度保障

学校中高职贯通教育的顺利进行为学前教育专业数学复习课的整合式开展提供了机会与可能。新陆职校领导组根据市教委关于中高的总体部署,结合我校实际,制定了相关的《学前教育专业中职——应用本科教育贯通培养》专业工作方案,为数学复习课的创新提供了充分的制度依据。

(二)组织保障

学前专业数学复习课的整合设计离不开校级层面领导的组织与支持。

首先，在学校教学副校长的指导与支持下，组织召开了数学教研组和手工制作教研组教师的研讨会议，共同制定了课程教学内容与教学计划，为有计划、有序地展开数学教学活动奠定了基础。其次，学校多方搜集相关教育教学资源，比如微视频、手工材料、书籍、案例等，帮助教师们解决了课程开展过程中的困惑和难题。

（三）外部支持

中高职贯通学前教育专业在建设过程中得到了市示范性、实验性幼儿园的大力支持，比如提供见习场所等。尤其是，幼儿园园长、骨干教师对学前教育课程开发与设置进行了积极指导，并对数学复习课的开展提供了宝贵意见。

五、特色与成果

（一）源于教材，高于教材

教学中做到了源于教材，但又不拘泥于教材，且适度地高于教材，对教学内容有充分的掌握和把握。教学设计时，紧密联系生活实际，并把数学素养与学前教育专业知识相融合。同时，在教材资源之外，教师充分利用网络资源以及幼儿园的资源来设计空间几何体的复习单元，做到资源的多样化，丰富了学生的认知体验。

（二）争做小老师，考考大家

在教学过程中，教师的角色发生了转变，教师不再是主导者，而是协助者。教师主要为学生搭建平台，让学生展示自己小组制作的作品，学生以小组为单位，根据所学知识点来编写问题，大家一起来解决问题。整个过程中，如学生遇到不能解决的问题，可求助教师，但教师也不会直接给出解决方法，而是提供问题解决思路，充分体现了以学生为主体的教学场景，真正的还课堂于学生。

（三）携手共进，一起成长

"复习课生动有趣，也接触到了以前没有接触到的折纸过程中的数学问题，学到一些以前没学到的小技巧，只是复习课要适当加大难度。"这是学生甲与老师交流时的一些想法。学生乙："很喜欢上老师的数学课，上课很有趣，上次这样子上课还是在小学，已经很久远了，老师教学方式新颖，在快乐中学习,让我们注意力更加集中,从而提高自己学习的效率,总之就是很好。"还有的学生说:"老师上课对学生都很尽责。我记得上次在课堂上老师您在我旁边认真书写我们在课堂上的点子,总结下来。此外,您让我们记笔记,您的字迹认真,格式正确,是您为我们做了示范,这样能够让我们养成一个良好的习惯。您上课也很有趣,不是一味地给我们传授知识,也会给我们讲一些相关的趣事,所以上课我不会打瞌睡。老师,请相信,我们身上散发的智慧之光,永远闪烁着您亲手点燃的火花。"这是学生给老师的鞭策。

六、体会与思考

学生普遍反映这样的教学模式更加有趣,不仅学习了数学知识,还学会了用数学的思维来解决生活问题,同时还提升了自己的动手操作能力。教师也在教学过程中不断地发现问题,解决问题,与学生共成长。

中高职的教育教学改革势在必行,我作为一名一线的数学教师,也响应国家与学校的号召,在自己的能力范围内与同事们共同尝试着数学教学活动,源于教材但高于教材,真正做到数学教材与专业课程相整合,发展学生数学思维能力,实现教材的二次开发。

参考文献

[1] 白军鹏.结构化视角下立体几何单元复习课的思考[J].上海中学数学,2021(3).

[2] 陆新生.正方形折纸——边三等分方法的探究[J].上海中学数学,2014(12).

[3] 马淑杰,张景斌,陈福印.数学结构不良问题的育人价值——以高中结构不良数学问题专题复习课为例[J].数学通报,2020(10).

探析民族生舞蹈编创能力的提升途径
——以学生参与编排当代舞《等待》为例

上海市新陆职业技术学校　周伊晚

【摘　要】近年来，随着素质教育进一步的推广、深入，人民大众对于艺术学习的热情日渐高涨，飞速发展的学前教育，呼唤创新的时代精神都要求我们不断思考、探索、革新教学的方式。秉持着美育的初心，为落实德育思想，通过将编创元素加入至职三年级民族学生舞蹈课中的形式，来提高学生的舞蹈艺术修养，引导学生用舞蹈感悟生活、表现生活，从而为提升我校民族学生的创新、组织能力寻求更多的途径。

【关键词】舞蹈　编创　美育

一、实施背景

上海市新陆职业技术学校被评为浦东新区艺术教育特色学校，成立了艺术教育舞蹈特色项目。在我校特色项目的影响下，我校民族学生的美育工作也如火如荼地开展起来。以往，中职三年级的民族学生的舞蹈课多以剧目的编排练习为主，多以中国民族民间舞蹈为题材，选取具有代表性的成品剧目进行临摹表演，以此来开发学生的身体表现力。纵观以往的教学，在此过程中对于三年级民族学生的舞蹈表演技能强调过多，临摹的教学手段在学生的技术、技能上关注较多，且训练的内容较单一，一定程度上忽视了理论及艺术趣味的学习和培养。

二、实施目标

当今用人单位（幼儿园）及上级学校对于中职阶段的民族学生的期望更加全面和严格，能跳、能教似乎已经不再能满足当前的岗位需求了，而是更期望学前教师具备一定的编创能力，能承担幼儿园各项活动、比赛的编创和排练。面对这样的时代呼唤，如果一味坚持现有的活动模式，恐怕只能故步自封。新时代下，如何达到"训练＋编创"的双重活动目标，正是提升民族学生综合素养的新难题。

三、实施过程

（一）突破口：当代舞的学习和训练

当代舞是西方现代舞在中国发展过程中衍生出来的具有中国特色的舞蹈种类。承袭现代舞的特点与表现，当代舞也标志着革命、创新与新生。相较于古典和民族民间舞，当代舞更加关注个体内心体验和社会精神现象，强调舞者在舞蹈中的思考，其表达的主题更为深刻。不同于古典舞和民间舞中大量的程式化动作，当代舞更追求打破程式、彰显个性的动作风格，因此也更具个性及编创潜力。社团若想实现"训练＋编创"的双重目标，加入当代舞的学习无疑是个重要的突破口。

（二）实施方法：典型性剧目的改编创作

1.剧目的选择

目前在各大展演比赛中，当代舞作品不多，适合中职民族学生表演的作品更是少之又少。对于当代舞基础、编创基础为零的民族学生来说，如果能有一个优秀的剧目作为学习范例，学生们能"依葫芦画瓢"地进行改编是行之有效的学习方式。

当代舞剧目《我等你》是第九届荷花奖金奖作品，舞蹈刻画了一群日夜等待军人丈夫归家的军嫂形象。《我等你》的人物形象具体、清晰；动作干净、简单，且指向性明确（提取大量生活化动作如翘首盼望等表现人物"等待"的状态）；编舞流畅，调度明朗；在加入了戏剧性的表演后，作品更加生动感人。从编创技法上看，《我等你》是一个值得学习的优秀范例。然而，《我等你》描述的是军嫂思夫的人物情绪，这对于许多还未成年的民族学生来说过于成熟，如能重新定位人物，更改作品主题，借鉴《我等你》中的编舞优点，便是最为理想的改编思路了。

通过课下访谈，任课教师了解到"母亲"这个形象对于民族学生来说很有意味。不少民族学生与自己的母亲十分亲昵，但青春期的冲动好胜常常使她们与母亲频繁争吵，而每次争吵过后她们又深感内疚与后悔，大多数学生未必能真正理解母亲表达爱的方式。经过师生、生生间的交谈讨论后,作品确定以"母亲"这一饶有意味的形象为刻画对象,以"等待"这一情绪为主题,描述母亲等待期盼孩子回家的状态。由此,作品《等待》便呼之欲出了。

2. 编创手段与排练方法

1)提炼人物形象,编创静态造型

此环节教师提醒学生要牢牢抓住关键词"母亲"和"等待"。任课教师引导学生观察、捕捉妇人的动作习惯和特点,提取"等待"这一情绪状态的肢体特点。指导教师一方面将人物的情感逻辑细细说与学生听,帮助学生理解作品情绪的来源、走向,一方面情景带入式地帮助学生走进人物的内心世界,体会人物的内心情绪。任课教师常常用语言创设一个情景,让学生带着角色投身至情境中,教师一边用口头语言诉说作品中人物的内心情感,学生一边配合以特定的动作呼应,由此,创造出与人物情绪贴合的静态造型。

2)戏剧编创,从生活中汲取灵感

《等待》有明确的人物形象,如何依靠学生自己的身体语言来完成人物的塑造和场景叙事呢?指导教师以剧目《我等你》为参考,剖析《我等你》中具代表性的动作,引导学生思考,鼓励学生模仿其中动作并进行改编创作。比如,《我等你》中反复出现了军嫂打扫屋子、擦拭窗户等做家务的动作,目的是为了突出军嫂等待丈夫归家的热切和兴奋,正是这打扫等动作表明了军嫂的妻子的身份,创设了"家"这样一个场景。教师将此编创逻辑分析给学生听,并指出像"扫地"这样如此简单的动作在舞蹈叙事中有着四两拨千斤的作用,引导学生从生活动作中汲取灵感,为贴合"母亲"这一形象的特点,创设出一系列如打电话、怀抱婴儿等带有戏剧性、情节性的动作语段。

3)回溯生活经验,多途径增强作品感染力

《等待》的情节结构是 A-B-C 三段式的,前半段 A 是铺垫性内容,作品主题的感染力借由 B 段过渡,并集中体现在 C 段中。戏剧性的舞蹈常常面临叙事的要求,动作在叙事上常常显得繁冗而苍白,对于 B 段这样简短而又有着强烈叙事性的内容,教师引导学生利用声音特效完成叙事和情感上的过渡,通过讨论,学生们最终选择以一通无人接听的电话特效声来完成母亲从期盼到失落的转折。对于C段高浓度的情感升华需求,除了动作和表情上的增强,教师引导学生回溯自身的生活经验,回味童年的记忆,在听觉上再次寻求新的方法。学生们最终选用上海童谣《摇啊摇,摇到外婆桥》这个经典的、具有传承意味的童谣作为C段伴奏的主题动机,在音乐伴奏上增强作品气氛,突出母亲抚育孩子时日复一日付出的无私的爱。

四、实施保障

学校对民族学生的美育工作始终给予高度的重视。我校具备相对完善的艺术教育组织管理体系,健全的组织机构,职责明确,运行有效,为民族学生的舞蹈教育工作奠定了扎实的基础。在资金方面,上级部门下拨的有关对口支援的专项经费中,能做到专款专用,比如为民族学生购买舞蹈练功服、舞蹈练习道具等,这些为毕业班民族生进行舞蹈编排提供了有力的经费保障。在硬件设施方面,学校现有专用舞蹈教室3间,形体教室1间,舞蹈教学训练器材齐全,演出服装、道具两千余套;专用教室有专人管理,有完善的专用教室使用管理规定、使用记录、定期进行相关器材设备的检查和更换,确保教学训练的正常使用,这些都是有力的场地硬件保障。目前,我校有舞蹈教师6人,其中专职教师5人,外聘教师1人。2018级果洛班级舞蹈课的教师是我校青年教师周伊晚老师。周老师硕士毕业于湖南师范大学,专业知识扎实,能够较好地指导毕业班的民族学生完成剧目的编排。

五、特色与成果

对于非专业的中职民族学生,初听"编创"一词,常常无从下手。编创并非立在神坛上的神像,只要教师找对了方法,学生便可轻松上手。编创也非空穴来风,教师需因地制宜地根据学生情况,结合编创技法,设计合理的训练方法。《等待》能顺利完成"训练+编创"的双重目标,离不开以下几项思路和方法:

(一)以赏析作品作为教学手段,帮助学生分析编创逻辑

《等待》的创作是依托于作品《我等你》的,关于当代舞的艺术特点、编创的基本常识,学生都是通过赏析《我等你》而获得的。在着手实施编创

前，通过对优秀剧目进行欣赏、剖析，学生对当代舞有了一个直观、清晰的印象，学生在编创时也有了可参考和依照的对象，从而避免了无从下手的尴尬局面。另外，赏析也是培养学生艺术趣味的有效方式，通过对具体剧目的解析，为学生树立正确的审美取向，潜移默化地提高学生的艺术修养。

（二）设定限定性指令，引导学生命题编创

在《等待》中，教师让学生对其中指定片段进行编创，并针对每次的编创提出编创的要求，下达编创指令。编创指令是从编创技法中提炼出来的，学生按照指令进行编创的过程其实也就是学生学习编创技法的过程。设定编创指令，能让学生编创时有思路可依，也能帮助学生更透彻地理解编创技法。当学生完成编创任务时，也已透彻掌握了其中的编创技法。

（三）增加戏剧性冲突，让编创与表演训练巧妙结合

《等待》中有不少戏剧性的情节，如妈妈着急地打电话，电话迟迟未接的失落等。适当加入戏剧性的冲突，一方面帮助学生找到了作品发展的路线，理清作品编创的事态逻辑和情感逻辑；另一方面，戏剧性的冲突促使学生在投入表演时情绪更加饱满，而内心情绪的饱满相应带动了肢体表现力和感染力，进而在整体上提高了学生的舞蹈表现力。

（四）角色扮演式的换位编创，追求至善至美的育人过程

《等待》作品全程是以母亲的身份进行演绎的，学生在参与编创、排演过程中势必要转换身份去体味"母亲"这一形象。通过教师的引导，学生对人物进行深度地思考和挖掘，由此及彼地进行换位体会，一定程度上会引发学生对自身行为的反省，提醒她们转变在现实生活中的负面态度。换位编创的方法在教授专业知识之余，润物细无声地渗透了羊羔跪乳的教育思想，在美育的初衷下，额外收获了德育的惊喜。

六、体会与思考

近年来，随着素质教育进一步的推广、深入，人民大众对于艺术学习的热情日渐高涨，飞速发展的学前教育，呼唤创新的时代精神都要求我们不断思考、探索、革新社团的训练模式。在教师搭建的阶梯上，学生通过亲自参与舞蹈的编创过程，从获奖作品《我等你》的赏析中学习编创技巧，从自己与母亲的亲子关系中寻找主题灵感。在教师设定的限定性指令下，学生

进行命题编创,并将编创与表演训练巧妙结合,最终促成了《等待》这一作品的完成。秉持着美育的初心,为落实德育思想,通过将编创元素加入职三年级民族学生舞蹈课中,来提高学生的舞蹈艺术修养,引导学生用舞蹈感悟生活、表现生活,从而为提升民族学生的创新、组织能力寻求更多的途径。相信通过此次教学探索,学生不但提高了自身的艺术修养,同时也能更好地满足用人单位对于幼师舞蹈编创能力的需求。

参考文献

[1] 柴小轩.少儿舞蹈教学中引入创造性舞蹈的研究[D].上海:上海师范大学,2021.

[2] 布伦达·普·麦克臣.舞蹈:作为艺术教育[M].上海:上海音乐出版社,2015.

[3] 吕艺生.素质教育舞蹈文集[M].上海:上海音乐出版社,2014.

[4] 金宁.创造性教学在舞蹈课中的运用[J].辽宁师专学报(社会科学版),2004(03).

[5] 冯慧.基于翻转课堂的中职学前教育专业舞蹈教学研究——以《幼儿舞蹈创编》为例[D].保定:河北大学,2019.

上海—青海果洛民族班学生中高职贯通教育培养模式探索

——以学前教育专业"托幼园所保育工作入门"课程为例

上海市新陆职业技术学校　聂艺苑

【摘　要】上海市新陆职业技术学校与青海西宁城市职业技术学院围绕学前教育专业进行跨区域中高职贯通培养。本文以中职阶段学前教育的专业课"托幼园所保育工作入门"为例，通过分析课程目标、教材内容、民族班学生情况及存在的问题，基于教材，适当调整授课内容，探索适合民族生的教学方法，调整传统的考核与评价方式等，帮助民族班学生形成良好的职业道德观念，为民族生高职阶段的学习打下扎实基础，探索学生自主合作学习的方式，关注结果性评价与过程性评价，为民族班后续的升学与就业提供了支持。

【关键词】民族班　学前教育　中高职贯通　保育课程

一、实施背景

上海市新陆职业技术学校与西宁城市学院联合进行"民族生学前教育中高职贯通培养培养模式"，探索民族生中职与高职教育贯通的课程设置、教学管理、实训实践的开发与共享，实现人才培养计划、培养过程、实践平台与课程内容的贯通。共同培养兼具专业理论知识、实践操作技能，同时适合藏族地区的复合型学前教育人才，帮助藏族学生实现文化基础增强、专业领域拓宽、实践能力提升的发展目标。在此背景下，新陆职校开设了"托幼园所保育工作入门"的课程，并将其作为学前教育专业职一年级的必修课，也是中职阶段最早接触的专业课程。

二、实施目标

"托幼园所保育工作入门"作为一门专业综合性实践课程，具有理论性与实践性相结合的特点。通过这门课的学习，使学生理解和认同婴幼儿保育工作的专业性、独特性，认识到保育工作在婴幼儿身心发展中的价值；了解托幼机构保育工作的职责、素质要求和职业生涯发展情况；初步掌握托幼机构的保育操作要点，达到保育员（四级）、育婴员（四级）职业资格鉴定的相关要求。同时能够关心、爱护、尊重婴幼儿，养成良好的职业素质和细心严谨的工作作风，具有时刻关注婴幼儿、注重保教结合的职业意识，掌握专业的保育知识与能力，并培养学生分析和解决实际问题的综合能力，为接下来在高职段继续学习和在藏族地区工作打下坚实基础。

三、实施过程

在具体授课过程中，我基于培养目标、教材内容分析与民族班学生的实际情况出发，从教学内容、教学方法、考核与评价方式几个方面进行调整，希望以通俗易懂的方式帮助民族班学生理解保育的基本知识与操作技能，同时培养学生的综合素质和能力。以下是民族班"托幼机构保育工作入门"课程的具体实施过程。

（一）分析教材内容与学情

在任教果洛民族班"托幼机构保育工作入门"课程前，我在确定课程目标的基础上，先对教材和学情进行了分析，以便民族班学生更好地适应和学习本门课程。

1. 教材内容分析

在课程内容上，本门课程借鉴中国劳动社会保障出版社1+X职业技术职业资格培训教材《保育员（中级）》《1+X职业技能鉴定考核指导手册》等教材，包括婴幼儿生理特点及卫生保健、小儿生长发育及体格锻炼、小儿常见疾病预防与护理等方面的理论知识，以及卫生保健、生活保育、物品管理等技能操作类内容。涉及知识较为零碎且较难理解，操作要点较多。同时由于考证需要，教材内容注重知识与技能的灌输，过于强调应试，与实际工作情境差距较大，且缺乏职业情感教育的内容。

2. 学生情况分析

我授课的班级是学前教育专业民族班中高职贯通一年级的学生。在知识储备上，学生普遍学习基础较差，文化知识储备较少，加上缺乏幼儿园生活的经验，缺乏常识性知识，对于托幼机构保育员的定位以及保育工作都还不了解，缺乏专业认知。在学习能力上，相对一般中职生而言，民族班学生在学习能力上稍弱，大部分学生对知识的接受度和领悟力较慢，学生学习能力差异较大。在学习态度上，学生普遍较为认真，课堂反馈较好，但有时学生并没有真正理解知识，缺乏质疑和探究精神，对保育知识没有本质需求，学习的动力、积极性较弱。

（二）基于教材，适当调整授课内容

1. 突出重难点，适当删减教材内容

针对教材内容零碎且难理解的问题，结合民族班培养目标确定了课程内容的重难点，如适当删减较为复杂且不重要的知识点，将知识点简单化，如第一部分婴幼儿的消化系统、神经系统等知识点讲解都较为浅显，以便学生更好地接受重点知识。同时明确每节课的重难点，考虑到中职阶段课程的基础性和今后工作中的实用性，我将本门课的重点放在技能操作部分，同时兼顾考证技能与实际工作中的需要。

2. 兼顾培养目标，适当增加德育渗透

职业教育教学课程除了传授给学生技能外，还应渗透职业道德或职业素养的内容。针对教材中考证内容缺乏职业情感，并结合我校德育课程体系适当增加了德育渗透。如《保育员职业道德》一课中，通过描述虐童热点事件的案例，启发学生理解并说出教师的哪些行为是不对的。职业道德是一个抽象且复杂的概念，对于民族生来说很难内化为具体的行为。因此，我展示了保育员工作中的几个案例片段，引导学生思考：如果你是保育员，你应该怎么办？接下来分析保育员行为中正确的地方，以此来帮助学生将良好的职业道德转化成具体的教育行为。使学生真正理解保育员职业道德，将尊重儿童、细致工作的态度落实到实际行动中，从而提升民族生的道德品质，培养良好的职业素养。

（三）探索适合民族生的教学方法

1. 树立自信，调动学习的主动性

针对民族班学生学习基础差、缺乏幼儿园生活经验、课堂上缺乏自信、缺乏质疑和探索精神等方面的问题，引导学生利用课外时间观看《幼儿园》的纪录片，并在课堂上利用图片、视频帮助学生初步了解幼儿园的保育工

作和一日活动的流程，丰富其关于幼儿园生活和工作的相关经验。在课堂上鼓励学生大胆回答问题，并敢于上台展示，引导学生利用网络提前搜集信息，尝试让学生利用角色扮演再现幼儿园保育工作情景，以模拟课堂的形式开展保育工作并及时表扬，帮助民族生树立自信，真正做到敢说会说。

学生通过角色扮演理解保育员的基本道德和素养，了解幼儿心理发展特点。在整个过程中，培养学生的耐心、爱心和责任心。在实训操作课程中，利用实训设备，指导学生保育工作的动作，关注学生的语言表述，通过建构实践教学体系，培养民族班学生的实际工作能力。

2. 因地制宜，探索适合的教学方法

针对课程内容过于强调考证的应试教育，脱离实际工作场景，以及民族班学生学习保育的动力和积极性不够等问题，在兼顾考证知识点的情况下，我在课堂教学中不断尝试探索适合民族班的教学方法，先后尝试了任务单引领、案例分析、小组讨论、学生试讲、小组竞赛等多种方式，力求改变以往教师单纯讲解的现状，引导民族班学生主动思考，提高参与课堂的积极性，便于理解和接受保育的知识点与操作要点。

尤其是通过案例、图片等创设真实的工作情景，引起学生主动思考和学习。如在《玩具的保管》一课中，我利用"实习生卓玛的求助"的图片来创设真实的问题情境，提出"图书、木制玩具、塑料玩具应该如何清洁与消毒"这一问题，通过任务驱动来引起学生的学习兴趣，同时学生根据已经学过的紫外线消毒、消毒液消毒、煮沸消毒等方法来思考每种方式适合哪种不同材质的玩具。另外，在玩具的摆放中，我又继续以实习生卓玛面对运动器械、图书、玩具应该如何摆放创设实际情境，借助任务单来让学生尝试和体验不同玩具摆放的原则和技巧；最后再通过知识迁移延伸到课后作业音乐区玩具的保管。通过一步步启发引导，帮助民族班学生提高思考问题和解决实际工作问题的能力。

（四）调整传统的考核与评价方式

传统课程的考核方式是考试，而"托幼机构保育工作入门"是以学生掌握保育工作知识与技能为目标，同时兼顾保育员中级的考证。在本门课中，我重点关注学生的实际操作能力，同时兼顾理论知识。在平时和期中、期末的考核中，既涉及基本理论知识的卷面考核，又涉及实际操作的技能

考核，在操作技能考核时尤其注意考查学生知识要点掌握是否全面、操作的熟练和规范程度、操作过程中的态度与仪容仪表是否符合保育工作要求等，真正做到将结果性评价与过程性评价相结合。

四、实施保障

（1）制度保障。我校领导组根据市教委关于中本（中高）的总体部署，结合我校实际制定了民族班"学前教育"专业《中高职教育贯通人才培养方案》，并严格按照方案执行课程。

（2）师资保障。我校将民族生教育作为重点工作。授课教师为"双师型"教师，同时拥有幼儿教师资格证、育婴师及保育员高级职业资格证书，熟悉幼儿园保教工作。同时，学校还组织民族生到幼儿园进行见习与实习，为民族班学生配备了校外实习指导老师，由优秀的保健医生和优秀的保育员担任，均拥有大专以上学历，保育员拥有高级以上职业资格证书和5年以上工作经历，爱岗敬业，口语表达能力较强，具有指导保教技能的能力。

（3）实习基地。我校有专门的校外实习基地，且具有一定办学规模（全园不少于10个班级），设施设备齐全，保教管理规范、保教人员素质和人文环境良好的上海市一级以上托幼园所。合作双方经过充分协商，签订《校外实习基地合作协议》，明确双方的责、权、利，并正式挂牌。同时与实习基地密切合作，规范民族生的实习考核制度，校、园合作制订学生的实习考核办法，并组织指导相关人员和实习指导教师组成实习考评小组，对学生的实习情况进行全面考核与评定。

（4）实训设备保障。我校拥有模拟幼儿园、多间保育实训室。设备齐全，能够满足学生日常技能操作的需要。

五、特色与成果

（一）教学特色

首先，本门课以中职保育课程为载体，增加职校德育渗透课程，帮助民族班学生形成良好的职业道德观念；其次，本门课程对课程内容进行了适当调整，体现了中高职课程的融合，既包含中职校的保育知识和能力，又涵盖了幼儿教育的内容，为民族班学生高职阶段的学习打下扎实基础，体现了整个课程的连续性；再次，本门课程大胆探索课堂教学方式，因地制宜地调整教学方法，改变了以往民族班学生的学习方式，鼓励学生大胆发言、体验角色扮演，由被动地听教师讲解转变为学生自主合作学习，将整个课程变得生动有趣，提高了民族班学生的学习积极性和主动性；最后，本门课运用书面考试与技能考试相结合的考核方法，不仅关注结果性评价，更注重学生技能操作中的过程性评价，为民族班后续的升学与就业提供了支持。

（二）教学效果

教学方式的转变促进学生学习方式的转变。由被动地听老师讲解到主动权掌握在学生手里，在这门课中民族班学生最大的变化是学习能力得到了提高。

通过本门课的学习，民族班学生初步了解了托幼机构保育工作的职责和内容，意识到保育工作人员应具备良好的职业道德和职业态度，初步养成了热爱幼儿、细致工作及服务幼儿的意识，基本掌握了保育员四级考证的操作项目要求，并在实习中能够尝试解决工作中的实际问题，完成保育实习工作，并顺利升入西宁城市学院。

六、体会与思考

民族班学生的基础薄弱、学习能力普遍较弱，尤其是专业课程的学习与普通中职生相比较为困难，对教师教学带来了巨大的挑战。教师从分析教材与学情入手，在充分了解学生目前知识水平和认知习惯的基础上，基于教材适当调整教学内容，探索适合民族学生的教学方法并结合考证要求调整课程评价方法，积极调动学生学习积极性，帮助民族学生树立自信，逐步适应课程的学习。这对"中高贯通"培养中职阶段第一门专业课程来说，具有非常重要的意义。它不仅开启了民族学生中职阶段的专业学习之旅，也为后续相关课程的学习提供了很好的参考。对口支援项目对推动西藏地区学前教育工作意义重大，民族生的教学任重而道远，这些都需要教师在今后的教学实践中不断摸索，不断改进。

参考文献

崔新玲，梁进龙，王建国.高等院校学前教育专业课程设置研究——基于学前教育专业学生的视角[J].课程与教材，2018（05）.

民族班"幼儿教育活动设计与实施"案例分析

上海市新陆职业技术学校　李青青

【摘　要】上海市新陆职业技术学校自2013年以来,承担了学前教育专业青海果洛班学生的教学任务,通过培养合格的幼儿园保教工作人员,促进当地学前教育事业的发展。在"幼儿教育活动设计与实施"课程的教学过程中,根据学生的实际情况,弱化与考试脱节的理论知识教学,及时调整教学模式,给予学生较多的实际操作机会,提高学生学习课程的积极性,用先进的理念潜移默化地影响学生,为她们能够顺利通过考试,升入高职阶段学习打下坚实的基础。最终成长为一名合格的学前教育工作者,并能将新想法新理念应用于实际教学中。

【关键词】学前教育　对口支援　自主学习

一、实施背景

由上海市新陆职业技术校承担的对口支援青海果洛班的学生教育,目前已实现中高贯通。学生前三年在新陆职校学习,三年级下学期通过基础课、专业课等考试,按照成绩升入西宁城市职业学院学前教育专业继续学习,毕业后将从事幼儿教师工作。而"幼儿教育活动设计与实施"是"中高贯通"学前教育专业课考试中必修科目,高职院校将从教案设计、主题活动设计和说课等方面对学生进行全方位考察。

二、实施目标

根据学生的年龄特点及学校实际情况,通过对"幼儿教育活动设计与实施"课程的学习,学生能具备简单的撰写教案和主题活动设计的能力,并尝试说课;能通过中职升入高职的考试,为高职相关专业课的学习打下基础,最终成长为一名合格的学前教育工作者,并能将新想法新理念应用于实际教学中。

三、实施过程

(一)确定教学内容与重点

"幼儿园教育活动设计与实施"课程理论性强,涉及内容多,但与考试内容存在脱节,且有些果洛藏族学生汉语言能力弱,如果完全按照教材内容设计教学活动,学生难以全面理解和掌握。这就要求教师根据学生情况,对教学内容进行整合,主要集中在五大领域教学活动设计与主题活动设计中,弱化了幼儿园教育活动含义、特点、意义、理念等内容,并根据当前思政建设要求,在教学过程中渗透思政教学。

(二)教学活动实施及方案调整

在确定教学内容与重难点后,由教师组织开展教学活动。教师先进行相关知识的讲解,将复杂的知识简单化,学生尝试学习与练习。最终完成主题活动设计与教案撰写。但在这一过程中,存在很多问题:教案撰写大部分来自网络,个别学生全部参考网上教案,通篇无自己的想法。结果就是教案上交后,学生脑子依然空空如也;主题活动设计表述不明确,有些以名词或动词作为活动内容,不够严谨。即使教师增加了图片、视频和案例分析等相关内容,但部分学生依然兴趣不浓,面对这些问题,教师对教学活动方案进行调整,在教学活动中给予学生更多实际操作的机会。

学生实践活动前,先进行测试,教师以自家孩子观看舞台剧为案例进行讲解,给予学生课堂任务,让学生自己准备表演游戏。在下一周课上演示时,三个小组分别演示了游戏《狼和小羊》、藏族经典故事《和尚和鸡》及自编故事《真正的朋友不会背叛你》,在整个演示过程中,不论表演的学生还是观众,积极性都很高。尤其在后面的评价过程中,学生能较多地表达自己的意见和建议。通过这次尝试,教师决定更改教学方案。

针对主题活动方案设计问题,每节课前请两位同学上台讲解自己的设计思路,展示设计成果,其他师生对相关情况进行评价,最终修改得出一个相对成熟的方案。针对学生抄袭网上教案的情况,教师设计了"小课堂",请学生以小组为单位设计教案,并请一位同学进行说课,小组其他成员作为保教人员开展活动,其他同学作为小朋友进行配合。通过这样的模式,学生的积极性得到了很好的调动,她们不再依赖网上现有教案,而是能够更多地开动脑筋自己设计编写教案。

（三）教学实施成效

改变教学实施方案后，学生上课积极性明显提高，对自己编写的教学设计中的教学内容有了更深的了解，并能根据小课堂展示情况，对自己的教学设计进行修改，进一步优化学习内容。同时，通过小课堂的展示，学生对说课更有信心，能较为清楚地说明授课内容与过程，这对汉语言能力较弱的藏族孩子来说是极大的提升。在西宁城市学院的考试中，全部学生都以较为优异的成绩通过该学科测试，并获得了招办人员的极大肯定。

四、实施保障

（1）基础保障。学校为民族班的学生配备了全校最优秀的师资，从基础课到专业课，语文课除由校长任教外，还邀请了语言文字测试中心的老师进行普通话教学与辅导，帮助学生完成普通话考试任务。数学学科由教科研主任和数学组高级教师任教，无特殊情况，教师跟班三年。相关专业课由相关干部或高级教师任教，为学生的成长打下坚实基础。

（2）制度保障。民族班学生入学以来，学校成立了果洛工作组，对学生的衣食住行进行全方位保障，利用周末及节假日，带领学生认识上海，开拓视野，学生能够自然大方地进行教学和表达自己的想法，与这些方面密不可分。

五、特色与成果

教师将教学计划和内容进行调整后，理论知识的要求降低，更注重学生的实践操作，学生学习的积极性有较大提高，在课堂上上课走神的人数减少，学生回答问题的积极性得到提高。学生的课堂参与度提高，教学任务布置好后，有较多的学生乐于参与到任务的制定和达成。教学实用性提高，在后期的理论学习中，学生尝试着将案例分析的内容套用到理论知识点中，这对于理论知识的掌握有较好的促进作用。

"幼儿教育活动设计与实施"课程的开展模式，对其他班级以及后续民族班的教学有较为直接的借鉴意义。如，后续专业课教学中，教师可以尝试给予学生更多的机会，例如在"幼儿卫生与保健"课程的教学中，学生充分发挥自己的聪明才智，用各种形式完成了八大系统的学习，最精彩的是自主编写了绘本故事。在"婴幼儿保教育"课程的教学中,学生通过自主学习,发现问题,课上讨论,观看操作,逐步提升的方式学习,取得了较为突出的成效,学生考证通过率较高。

六、体会与思考

新课改提倡学生主动参与,乐于探究,勤于动手,要培养学生搜集和处理信息的能力,分析和解决问题的能力等,在课堂教学中,教师应注重学生的个性发展,尊重其独特体验。鼓励学生大胆发表自己的想法,阐述自我感受,教师在学生发言的基础上,给予正确引导,帮助学生树立正确的三观,达到教书育人的目的。

近年来,随着社会的进步,对现代公民有了更高的要求,如:要具备适应社会的能力,具备学习能力和创新精神,具有合作意识、良好的文化素养和人文素养,具有开阔的视野和终身学习的能力,因此,我们传授给学生的不仅是知识,还要有能力,让学生成为学习的主动者。在访谈中发现,藏族班的学生从小接受的是传统教育方式,而作为未来的教育工作者,她们的教育理念会影响到一届又一届的孩子,因此,教师首先应该帮助学生树立正确的教育观,使先进的教育教学理念能以有效而积极的方式得以传承。

参考文献

[1] 贾栓柱.浅谈学生自主学习的有效性[J].课程教育研究, 2019 (52).

[2] 邰霞娟.网络平台下高职学生自主学习数学能力的培养[J].现代职业教育, 2021 (08).

[3] 是丽云.信息化背景下职校自主学习模式研究[J].科教导刊 (上旬刊), 2018 (2).

[4] 杨兆丰.职校生自主学习有诀窍[J].江苏教育, 2014 (36).

[5] 卜月芹.浅谈职校生自主学习能力的培养[J].中学时代, 2014 (21).

基于文体特征的古代人物传记教学案例

上海市新陆职业技术学校　张娇

【摘　要】古代人物传记具有特殊的文体特点和文本价值，语文教师可基于文体特征确立教学内容。一方面关注多篇古代人物传记中文体特征的共性，另一方面在文体求"异"中将单篇个性和多篇共性有机融合，使学生既能明确多篇文章的共性价值，又能兼顾到单篇文章的个性价值，从而实现教学价值的最大化。

【关键词】文体特征　古代人物传记　教学

一、实施背景

《中等职业学校语文课程标准》（2020版）指出："在学习和运用祖国文字的过程中，体认中华优秀传统文化蕴含的思想理念、传统美德、人文精神，增强热爱中华文化的思想感情。"古代人物传记蕴含丰富的价值取向，对指导学生健康成长发挥着极为重要的作用。语文教师要充分利用好教学资源，引导学生从中汲取营养，提升道德修养。

但在实际教学过程中，很多语文教师在讲授古代人物传记时，随意性较大，教学方法单一，教学模式老套，文言文教学单纯采用字词句及文意解析的方法，根本无法诠释出人物传记的独特魅力，甚至有些老师对古代各种散文的文体特征也混淆不清，无法给学生清晰而深入地讲析。学生在学习文言文时难免存在抵触心理，对知识不求甚解，没有系统的感知，更别提触动情感，热爱中华文化了。

二、实施目标

古代人物传记作为散文的一种，具有特殊的文体特点和文本价值。学生通过学习传记文学，可领略中华传统文化的魅力，从主人翁身上习得优秀品质，感受他们的民族气节和爱国情操，提升审美和鉴赏能力，在真、善、美中规范自身言行。教师应灵活采用多种方式挖掘其意义,使学生从文本中收获最大价值。

三、实施过程

基于文体特征设计教学目标,组织有效的教学形式,可引导学生领悟文章价值,具体做法如下。

(一)明确古代人物传记文体特征

语文教材中篇目繁多,教师要有一定的辨识能力,明确每篇文章属于什么文体,并能对各种文体的特征了如指掌。文体是文章的血脉,每篇文章因文体不同,它的表达方式、语体形式势必不同,教师要先明确各种文体的特征,才能有的放矢地教授学生,使学生对同类文章有整体认知。

语文教材中出现的古代人物传记,大多属于正史,文中的历史人物都是真实存在的,"人物的真实性"是这类文章的第一个文体特点;而作者在写作过程中,融入了一定的感情色彩及想象虚构,"表达的艺术性"是这类文章的第二个文体特点;人物传记主要是凸显人物形象,因此作者在描写人物时,采用了较多的表现技巧,"写人手法的多样性"是这类文章的第三个文体特点;在典型的历史环境下,传记人物具有独特的行为方式及语言表达形式,因此,"历史环境中人物的独特性"是这类文章的第四个文体特点。

教师要先对古代人物传记的文体特征有明确的认识,才能确立授课目标,选择恰当的教学资料,使学生通过单篇或多篇的学习形成系统的认知,加深对这类文章的整体感受,从而提升思维水平和学习能力。如果教师自身对古代散文的各种文体混淆不清,就无法灵活选取授课内容,更别提教授学生了。

(二)基于文体特征确立教学内容

教师在明确古代人物传记的文体特点基础上,需明确教学内容,文章的文体不同,教学内容也应有所区别,例如,古代叙事散文和古代人物传记散文中都有叙事环节,但因文体不同,教学重点也有差别,古代叙事散文重在探讨如何叙事更为生动,而古代人物传记则重在探讨如何通过叙事凸显人物性格,体现人物的闪光点。

中职语文教材中的人物传记文章共有三篇——《张衡传》《苏武传》《廉

颇蔺相如列传》，平时的教学中教师采用单篇教学比较多，如果要对古代人物传记有系统认知，采用多篇联读的方式，效果会更好，学生在单篇个性和多篇共性中能增加对人物传记的整体认知。基于文体特征设计教学内容可有多种方式，比如：可依据"人物的真实性"和"表达的艺术性"的文体特点，设计问题如下：传记主人翁和作者生活不在同一时期，何以三篇文章都将故事叙述得如此详细，你认为这样写真实吗？

教师可给学生提供学习支架，例如上网查阅、古书查询等方式，通过查阅资料，同学们很快可以了解到历史上张衡、苏武、廉颇、蔺相如这些人物都是真实存在的，他们身上体现出了中华民族的优秀品格，有的在政治上颇有建树，有的在能力上颇为突出，都是大家学习的典范。课堂上大家分组说一说这些历史人物的生平，由此加深学生对传记"人物真实性"这一文体的认知。但同时，对于文章的叙事过于详尽可能存在虚构这一问题，每个同学可各抒己见，谈谈"既然作者没有亲眼看到，那么这样的虚写有何意义呢？"引导学生结合文本进行探讨：《苏武传》中提到苏武"杖汉节牧羊，卧起操持，节旄尽落"，作者怎么知道苏武睡觉、起来都拿着汉朝的旄节牧羊？通过分析可以看出这句话凸显了苏武对汉朝的衷心，他的爱国气节跃然纸上。再比如可以分析《廉颇蔺相如列传》中"相如因持璧却立，倚柱，怒发上冲冠"这一语句，虽是作者想象的场景，却可以看出蔺相如的勇敢无畏及拳拳的爱国之情。通过对文本的深入分析，同学们就会明白古代人物传记在创作时以尊重历史为前提，为了凸显人物性格，作者会进行合理的加工与虚构，并赋予一定的主观情感，使主人翁的形象更具闪光性，而这种"表达的艺术性"正是古代人物传记的文体特点之一。这种对文体的认知不是教师在授课之初告诉同学们的，而是师生在对文本分析中一步步归纳出来的，这种学习过程不仅加深了对文章的认识，而且提升了归纳和分析能力。更为重要的是，"授之以鱼不如授之以渔"，在学习过程中，同学们对同类文本多了认知，更利于后期开展学习指导。

当然，设计何种问题串起整个教学过程，采用何种教学方法进行授课，每位教师势必会有所不同，但基于文本的教学，可以使学生在学习中习得知识，获得能力的提升，帮助他们在辨识文章的基础上获得同类文章的解读技巧，这种学习脱离了单纯知识的积累，使教学更为有效。

(三)在文体求"异"中确立教学内容

古代人物传记虽有其独特的文体特征,但在教学过程中,如果一味按照文体来授课,势必千篇一律,缺乏课堂生动性和有效性。在确立教学内容的时候,教师在基于文体的基础上,还要考虑到每篇文章的个性问题,使单篇个性和多篇共性有机融合。

例如:古代人物传记有"写人手法的丰富性"这一文体特点,但《廉颇蔺相如列传》主要将人物放置在秦、赵两国的矛盾冲突及蔺相如与廉颇的矛盾冲突中进行塑造,在矛盾中表现蔺相如的爱国情怀及大度坦荡的胸怀;《苏武传》主要运用对比的手法,将苏武的誓不投降与张胜、李陵的贪生怕死进行对比,凸显恶劣环境中苏武对国家的忠贞坚守及傲岸不屈的性格;《张衡传》在描写地动仪的时候花了大量笔墨,将地动仪的外形描摹得细致入微,惟妙惟肖,而在写浑天仪时却一笔带过,整篇文章有简有繁,详略得当。同样都是写人,三篇文章却各有侧重点,教师在备课时就需关注并引导学生予以重视。

那么,教师该如何讲授使学生逐步认知呢? 笔者认为教师在教学中要关注单篇的个性问题及多篇的共性问题,将两者有机融合,推动教学进程,完成教学任务。例如,我们可采用任务教学法设计问题如下:小刚完成了一次历史穿越,见证了蔺相如、苏武及张衡的人生轨迹,请帮小刚梳理一下这三人都经历了什么?

同学们要完成任务,需要回到文本梳理情节,在寻找中能看到蔺相如在国家矛盾和人物矛盾中的杰出表现;苏武在与常人的对比中毅然选择坚守;张衡地动仪的制作最为传世和经典,文中着墨也最多。三篇文章有善用细节描写的共性写法,又有采用矛盾冲突手法、对比手法、详略手法凸显人物性格的个性写法,而不论采用何种写法,都凸显出了人物的性格,展现出他们的闪光点,体现出"写人手法丰富性"这一文体特征。

在文体求"异"中确立教学内容,需要实现单篇个性和多篇共性的有机融合,使学生既能明确多篇文章的共性价值,又能兼顾到单篇文章的个性价值。

四、实施保障

基于文体特征开展古代人物传记教学工作,需要语文教师有扎实的语文功底，对教材中出现的各种文体有清晰的认知，特别是对古代人物传记的文体特征了如指掌，能分析归纳出多篇人物传记在文体上的共性特征，也能关注到单篇文章的个性特征，这样才能选取恰当的教学内容，采用有效的教学形式，实现教学价值的最大化。

五、特色与成果

基于文体特征开展古代人物传记教学工作，可使学生在文本学习中形成系统的认知，学生明确了古代人物传记的文体特征，不仅利于后期同类文本的解读，而且利于更好地从人物传记中汲取营养，使文本价值扩大化。追踪以往几年的教授过程，教师发现学生的学习兴趣明显提高，更容易学得主人公的优秀品质和高尚情操，更重要的是，学生形成了有层次、有条理的知识体系，古代人物传记的文学价值和教育价值得到了完美体现。另一方面，基于文体特征开展教学工作，教师的教学思路会更为清晰，教学形式也将更丰富生动，对后期人物传记的教学工作会有一定的帮助。

六、体会与思考

基于文体特征设计教学内容，教师需考虑多篇文章的共性特征和单篇文章的个性特征，除此之外，教师在设计教学内容时，考虑的因素还有很多，比如学情、考情等等，不管采用何种形式，都需要教师不断思考，将文本内容和学生实际情况进行有机融合，选取适合学生的教学形式进行授课。另外，教师需不断学习，提高自身的业务能力，灵活处理教材，这样才能在教学过程中灵活变通，在一步步实践中摸索出最适合的教学方法。

参考文献

[1] 振港.文体形式是确定教学内容的重要依据[J].教育实践与研究，2021(1).

[2] 陈丽.人教版高中语文古代人物传记教学研究[D].漳州：闽南师范大学，2017.

[3] 周旭东.高中古代人物传记教学策略研究[D].都匀：黔南民族师范学院，2018.

浅谈如何利用汉语文本激发藏族学生的爱国情怀

上海市新陆职业技术学校　　闵浩

【摘　要】果洛藏族学生从汉语言情感情境的熏陶，到语文教材的阅读、理解，这种过渡是非常重要的。文本是作者与读者沟通的唯一桥梁，真正做到正确解读、深入研读文本，是把握作者情感与理念的最终目标。引领藏族学生走进语文文本，让学生学会在文本阅读中感知、理解与体验，感悟生命的绽放，接受民族团结爱国思想，课堂是课文作者、教师、学生心灵交融的最佳场合。

【关键词】民族情怀　语文教材　爱国教育

一、实施背景

一个没有历史的民族是不能成为伟大民族的，一个没有历史的国家是不能成为伟大国家的。历史需要传承，传承历史最重要的工具，就是语言文化，语文教师应该做一名语言文字的文化传承者。我是一名语文教师，这让我有了条件，而我校藏族学生的学前教育的基础文化课语文教学则给予了我充分的机会。

《中职语文课标》强调，语文教学要重视价值取向。在当今社会发展的时期，教师要充分利用教材，挖掘思想教育的内涵，形成积极的人生态度，树立正确的价值观，提高人文素养。

"上海与青海果洛职教联盟"是2013年开始的。党和国家的民族政策给予了藏族学生千载难逢的教育机会，她们从青海阿尼玛卿雪山下的果洛草原，来到东海之滨的现代化都市上海，成长过程里的生活、学习、思想、心理、情感、价值观等一切都会发生变化，如何在这样的政策形势下，对藏族学生进行汉语言文化的教育，以期提高她们的中学汉语文学习能力，取得真正有效的成果，不是件容易的事情。

新陆职校民族班的学生，都是从青海果洛各个初级中学毕业后来沪的藏族学生。她们的汉语言水平说起来是初中毕业，但是不仅在上海，就是在青海果洛当地也算是相对较差的，而且参差不齐。

党和国家的政策，学生的机遇，教师的职业道德和责任，分明就摆在眼前。民族班藏族学生的语文课的教育和学习，应该从多方面入手。

二、实施目标

职教联盟式委培教育模式是新的探索，旨在为边疆少数民族学生创造现代大都市环境下的教育和教学生活体验，打好汉语言运用基础，提高藏族学生汉民族文化教育水平，为祖国民族大团结培养新型的具有专业技能的社会有用人才。

三、实施过程

（一）开展学习汉语言重要性的思想教育

2016年开始，我担任"上海与青海果洛职教联盟"在我校委培的民族班语文教学，面对这些藏族学生，不能单纯用上海学生理解的语文课程组织教学。

首先要解决的思想问题，就是为什么要学习语文和普通话？

学习母语是为了交际，学习第二语言同样也是为了进行交际，明确学习汉语言的重要性体现在：一方面汉语是中国传统文化体系的一部分；另一方面，学习汉语言更便于沟通，对个人综合素养的提升大有帮助。

"普通话诵百年伟业，规范字写时代新篇"是新时代推广普通话的主题。全体师生营造"说一口标准的普通话，写一手规范的汉字"的语言氛围是教育部的要求，其中包含了诸多的语文教学元素。

中华大家庭五十六个民族，在不断发展自己本民族文化的同时，必须巩固提高整个民族的普通话水平，这是百年大计，也是未来学生走向更加广泛的社会生活必须具备的能力。

（二）让学生在强烈的情感氛围中，适应汉语言文学的阅读和理解

我校的合作单位西宁城市学院，语文教学大纲要求的教材是高等教育出版社《中职语文》（共三册），其中基础模块两册，拓展模块一册和人教版七至九年级语文教材。这就让我必须考虑，在教学中要从教师的教和学生

学习两个方面的教学实际来适应学生学习发展的需求。

从草原情感的情境熏陶到文本教学的阅读理解,是一种重要的教学过渡方式。让学生在课堂阅读中感悟文本的内涵,引领学生走进文本,在与文本的内心交流体验过程中,加深对文章的理解,联系自然与社会中的人、事、物、景的内蕴,产生的一种思维顿悟,在这种反复"认识—体验、再认识—再体验"的过程中,开掘思想教育的内涵,注重学生心灵的浸润,唤醒学生心灵的感动,学生就会在文本阅读中感悟生命的绽放,让课堂成为作者、教师、学生心灵交融的最佳场合。

哲学家黑格尔说过:"没有激情,世界上任何伟大的事业也不会成功。"

语文教学一定伴随着相应的情感活动。而情感激发正是在语文教学过程中有意地利用相关的事物唤起人的情感,来激发、引导学生,使学生在强烈的感情氛围中自奋其力,自致其知。

民族学生要理解藏民族是我们中华大家庭的一员,学习自己祖国的文化历史和文字文化,就是对自己祖国最深诚的爱。

(三)用课堂教学实例,潜移默化

下面我结合《最后一课》的教学实践,谈谈自己对民族班学生的汉语文教学中爱国思想情怀的教育思考。

《最后一课》是一篇著名的翻译小说,其内容和语言特色,都非常值得学生学习。

1.在阅读中,要重点感悟作者通过小弗朗士表达的爱国情怀

藏族学生非常喜欢"小弗朗士"的观察能力。

小说作者抓住小弗郎士在上课前后的心情、态度变化,来塑造这一人物形象,文本有几处描写得很讲究。

小弗郎士上课前后心情、态度有了如下变化:从贪玩、不爱学习到热爱法语,从怕老师到理解、同情、敬爱老师,从幼稚不懂事到热爱祖国——这一转变是有原因的。韩麦尔先生的一言一行,对他产生了巨大影响,更重要的是亡国之痛,带给他巨大的震撼,是普鲁士侵略者对法兰西人民民族感情的无情伤害,促成了小弗郎士心灵深处爱国主义思想的猛醒。

小弗郎士这个人物是很生动的,其内心的变化很符合其年龄性格,也可以看出作者选择从一个孩子的教育当中点明语言的作用,在本国母语上

可以寄托深厚的爱国情怀。

小弗郎士最后对"最后一课"严肃意义的深刻理解,也表明他已经由天真幼稚变得懂事起来了。

列宁说得好,"爱国主义,就是千百年来形成的对自己祖国的深厚感情。"它是一个民族赖以生存和独立的一种凝聚力,是一个民族永恒而无价的精神财富。小说的叙述,令师生读来对什么是爱国主义情怀了然于胸。

藏族同学有机会来上海学习,学习的是汉语,汉语和藏语都是祖国语言,爱国一是对祖国山山水水、一草一木,对人民、历史和文化的无限热爱;二是把个人的前途、命运同祖国的前途命运紧紧维系在一起。

2. 在阅读中,分析感悟作者对韩麦尔先生人物描写中蕴含的爱国情怀

外貌描写:"我们的老师今天穿上了他那件挺漂亮的绿色礼服,打着皱边的领结,戴着那顶绣边的小黑丝帽。"——表示对就要失去的国土的敬意。

神态描写:"韩麦尔先生坐在椅子里,一动也不动,瞪着眼看周围的东西,好像要把这小教室里的东西都装在眼睛里带走似的。"——写出了韩麦尔先生对毕生从事的教育事业的无限留恋,对祖国故土一往情深的热爱。

动作描写:"他转身朝着黑板,拿起一支粉笔,使出全身的力量,写了两个大字""他待在那儿,头靠着墙壁,话也不说,只向我们做了一个手势"——充分表现了他爱祖国、恨敌人的全部思想感情,把崇高的爱国主义感情推到了最高峰。

语言描写:"我们必须把它记在心里,永远别忘了它,亡了国当了奴隶的人民,只要牢牢记住他们的语言,就好像拿着一把打开监狱大门的钥匙。"(指导朗读:用深沉缓慢的语调来读,表达出这位教了四十年法语的老师对这最后一课的眷恋,对将要失去祖国语言的难舍。)

除了表达强烈的爱国热情,"监狱大门"比喻普鲁士对法国人民的统治和封锁,"钥匙"比喻法国语言。同时,还表达了对学生的无限期望,对民族和祖国前途的坚定信念。

3. 课文语言感情的起伏变化,时刻撞击着每个人的爱国情怀

韩麦尔先生上课一开始,用的是"柔和又严肃"的语调,到他宣布:"这

是我最后一次给你上课了……今天是你们最后一堂法语课……"这几句话在小弗郎士幼小的心灵里轰然炸开，镇公所门前的布告，教室里异乎寻常的情景，现在全明白了——"我的最后一堂法语课！"

"柔和"表明他对祖国、同胞、学生的满腔深情；"严肃"说明亡国的悲痛。当课上小弗郎士背不出书来的时候，他不责备学生，而是陷入了痛苦的思索，"这正是阿尔萨斯人最大的不幸！"

他用带着内疚的心情勇敢真诚地作自我批评，痛心地检讨自己的过错，表现了高度的责任感和深厚的爱国热情。接着，又深情地赞美了祖国的语言，赞美了祖国。当学生专心书写的时候，他又陷入了沉思，体味着深沉的亡国之痛。

当"最后一课"结束时，他尽情地吐露了自己的悲愤。

"深情、悲痛——思索、内疚——沉思、悲愤"是韩麦尔先生感情的变化过程，从中蕴含着他对祖国深沉的爱和对侵略者无比的痛恨。

"啊！这最后一课，我真永远忘不了！"这句话单独成节，表达了他难过、愤慨的心情，深深撞击着每一个人的爱国情怀。

"最后一课"重复出现，既紧扣课题，又表达了对这最后一课的眷恋，对将要失去祖国语言的难舍。

民族情怀和爱国情怀是分不开的，学好祖国语言就是爱国情怀的表现。

让课堂发出生命的活力，让学生对学习有兴趣，在充满兴趣、质疑和批判中产生创新的火花。

（四）普通话学习是促进语文教学的重要手段

我校民族班的专业是学前教育。根据我们对果洛州重点幼儿园——大武幼儿园和玛沁幼儿园将近1 000位适龄儿童的调研情况得知，90%以上的幼儿可以听说普通话。西宁城市学院大专学段对普通话的要求很高，他们在大专一年级时就组织教师资格证的报考，其中学前教育的教师资格证的普通话水平要求达到二级甲等（87分）。利用好这些语言环境，会使语文教学取得事倍功半的效果。

2019年民族班共有24人参加普通话考试，其中有5人普通话成绩为二级甲等，占21%；10人二级乙等，占42%。

2021年（2020年因为疫情暂停）共有民族班30人参加普通话考试，其中有16人普通话成绩为二级乙等，占53%。

我们采取了音乐老师担任普通话辅导员的积极措施，在普通话发音发声的技巧上给予指导；聘请浦东语委办专业普通话测试员前来讲座；聘请专业朗诵师表演朗诵作品，改善了汉语言教学环境，营造了普通话氛围，提升了学生学习的兴趣，效果良好。

四、实施保障

上海市教委、浦东新区教育局、浦东职教集团对"学前教育中本贯通"专业建设工作高度支持，在政策、师资、宣传等方面提供了强有力的保障。在学校教务处和"学前教育专业中本贯通"工作领导小组的带领、教学组织下，新陆职校领导组根据市教委关于中本（中高）的总体部署，结合我校的具体师资情况，适时合理安排教学工作，为顺利完成教学计划，把优秀毕业生送入高学段继续深造提供了有力的保障，也使得民族教育在我校学前教育专业里获得长足的发展。

五、特色与成果

汉语言、普通话的教学，以及学校各项社团的活动，为学生们创造了语言环境和氛围，优秀学生脱颖而出。

2018届学生多杰卓玛，参加了浦东新区和上海市演讲比赛和诗歌朗诵，获得一等奖；毕业后被青海果洛州聘为专职播音员，草原美丽的格桑花的声音传遍了千里草原。

2020届学生白云才，积极参加浦东新区社团活动，从一个懵懂的藏族学生，通过三年的努力，迅速成长，普通话考试92分，接受了浦东电视台节目的专题采访，现和班级15位同学一起升入西宁城市学院学前教育专业继续深造。

六、体会与思考

艰辛是必然的，成果也是显而易见的，在伟大祖国日新月异的今朝，民族教育事业也和党的扶贫政策一道，受到全体人民的重视。

　　藏族学生学前教育与普通高中教育相比具有鲜明的技术应用性特征，是以培养高素质应用型技术人才为主要目标，兼具应用教育和技术教育并侧重技术教育的层次教育。三年学制里，以文化基础和专业实践能力培养为重点，以体验感知为主要手段，积累实践操作能力，由实践上升到理论，毕业后就有可能成为高素质知识型发展型的幼儿教师。

参考文献

【美】帕克·帕尔默.教学勇气［M］.吴国珍，译.上海：华东师范大学出版社，2005.

后 记

在浦东新区教育局的大力支持下,《守正·精业·创新》职业教育教学案例集终于和读者见面了。本书收入的案例是来自上海市新陆职业技术学校一线教师的实践探索和教学成果,体现了鲜明的时代特征,具有一定的引领性。在汇编过程中我清晰地感受到,在新课程渐进改革中,中职教师正在不断探索实践。

课程思政是新课改的一个重要的方向、理念,是需要具体落实的实践探索。理念先行,实践紧随,知行合一。在教学中,要主动将思政内容融入综合素质和专业课教学中,将时代性与历史性的内在关联契合贯穿于教学目标设定及实现的闭环中,发挥专业课教学育人主渠道作用。上海市新陆职业技术学校以立德树人为目标,将显性教育和隐性教育融贯同行,在各种专业课中开展了一系列的实践,注重德育工作的主动性、实效性,形成了全员、全方位、全过程参与的德育模式,同时也在浦东新区学校德育工作中有了一定的先试先行示范效应。

在本书付梓之际,再次感谢专家及领导的指导和支持;感谢上海市新陆职业技术学校优秀案例的作者们,本人在与他们的沟通交流中也受益匪浅;感谢上海浦东新区行之教育发展中心(《守正·精业·创新》汇编小组)一丝不苟、精益求精的编辑和校对。中职课程思政改革还在与时俱进深化中,还有需要持续探讨探索的课题。由于水平有限,同时也受本书篇幅所限,还有一些好的案例没能收入本书。书中如有疏漏,敬请谅解并指正。

陈扬兴

2022 年 1 月 18 日